Português para PROFISSIONAIS

atuais e futuros

© Adalberto J. Kaspary, 2016

Capa, projeto gráfico e diagramação
Livraria do Advogado Editora

Conselho Editorial
André Luís Callegari
Carlos Alberto Molinaro
Daniel Francisco Mitidiero
Darci Guimarães Ribeiro
Draiton Gonzaga de Souza
Elaine Harzheim Macedo
Eugênio Facchini Neto
Giovani Agostini Saavedra
Ingo Wolfgang Sarlet
Jose Luis Bolzan de Morais
José Maria Rosa Tesheiner
Leandro Paulsen
Lenio Luiz Streck
Paulo Antônio Caliendo Velloso da Silveira

Direitos desta edição reservados por
Livraria do Advogado Editora Ltda.
Rua Riachuelo, 1300
90010-273 Porto Alegre RS
Fone: 0800-51-7522
editora@livrariadoadvogado.com.br
www.doadvogado.com.br

Impresso no Brasil / Printed in Brazil

[...]..., não me parece aceitável a opinião que admite todas as alterações da linguagem, ainda aquelas que destroem as leis da sintaxe e a essencial pureza do idioma. A influência popular tem um limite; e o escritor não está obrigado a receber e dar curso a tudo o que o abuso, o capricho e a moda inventam e fazem correr. Pelo contrário, ele exerce também uma grande parte de influência a este respeito, depurando a linguagem do povo e aperfeiçoando-lhe a razão.

Machado de Assis

A base da relação permanente entre os indivíduos é a língua, e é a língua com tudo quanto traz em si e consigo que define a Nação.

Fernando Pessoa

impregnar as suas mensagens oficiais e escritas de um alto teor de compreensão e de informação, capazes de atingir os objetivos específicos que se propõem. É o que desejamos.

Oscar Machado,
Secretário de Estado da Administração

Sumário

Introdução..11
1 – Tonicidade e acentuação gráfica..13
2 – Constituição da sílaba..23
3 – Emprego de letras..30
4 – Grafia e emprego dos porquês (regras práticas)................................45
5 – Homônimos e parônimos..48
6 – Emprego de iniciais maiúsculas e minúsculas...................................60
7 – A estrutura das palavras...65
8 – Processos de formação de palavras...68
9 – Emprego do hífen..70
10 – Abreviações – abreviaturas, siglas e símbolos................................76
11 – Grafia, leitura e emprego dos numerais...90
12 – Flexão nominal – normas básicas..94
13 – Flexão verbal...108
14 – Pronomes pessoais..133
15 – Formas de tratamento..137
16 – Pronomes possessivos...140
17 – Pronomes demonstrativos..144
18 – Pronomes indefinidos...148
19 – Pronomes relativos..152
20 – Advérbios...155
21 – Conjunções – conceito e classificação...159
22 – Preposições..165
23 – A oração e seus termos..168
24 – Estrutura do período – processos sintáticos – classificação das orações............175
25 – Concordância verbal..182

da compreensão inadequada de um documento. Quando escrevemos, não contamos com uma série de reforços de que dispomos no ato da fala: os gestos, a maneira de olhar, a entonação, etc. Tais reforços devem, na medida do possível, ser compensados por outros, entre os quais avulta a correção da linguagem.

Tendo em vista a finalidade eminentemente prática do livro, não alimentamos intenções polêmicas. Não nos preocupam divergências sobre determinadas posições que adotamos. As divergências, conhecemo-las; as posições são conscientes. Sempre optamos pelo que nos pareceu mais racional, isto é, o caminho mais curto para a transmissão apropriada e a compreensão homogênea e correta da mensagem escrita. Não endeusamos o estudo das normas gramaticais, pois, a par de sua importância, também reconhecemos suas limitações. Todavia, nem por isso nos alinhamos entre os que, por limitações indisfarçáveis, as desacreditam ou, por uma percepção desavisada dos óbices à compreensão desejada de um texto, lhes atenuam perigosamente o valor. A significação unívoca que devem ter suas palavras, expressões e frases não permite à linguagem técnica, informativa ou cientifica certas liberdades de que se pode valer a linguagem literária.

Ninguém, mais que seu próprio autor, sente o quanto uma obra é imperfeita. Fazendo nossas essas palavras de A. Meillet, esperamos as devidas críticas, concluindo com esta citação, da autoria de Chateaubriand: "Quand la critique est juste, je me corrige; quand le mot est plaisant, je ris; quand il est grossier, je l'oublie".

ADALBERTO J. KASPARY

1 – Tonicidade e acentuação gráfica

1.1 – NOÇÕES PRELIMINARES

1.1.1 – Tonicidade silábica

Quanto à intensidade com que são pronunciadas, as sílabas podem ser *tônicas*, *subtônicas* e *átonas*.

a) *Sílaba tônica* é a que se pronuncia com mais intensidade que as outras:

ci-***da***-de, lin-***gua***-gem, ex-pres-***si***-vo, to-***nel***, ***trân***-si-to, bau-***ru***.

b) *Sílaba subtônica* é a que, em certos vocábulos derivados, representa a sílaba tônica do vocábulo primitivo. É pronunciada com menos intensidade que a tônica, todavia soa mais forte que as restantes (as átonas):

ra-pi-da-men-te, ***so***-zi-nho, di-***fi***-cil-men-te, he-***roi***-ca-men-te, ca-***fe***-zei-ro.

c) *Sílaba átona* é a que se pronuncia com menos força:

cau-*sa*, *in*-qué-*ri*-to, *re*-*sis*-tên-*cia*.

A sílaba átona pode ser *pretônica* (vem antes da tônica = *fu*-nil) ou *postônica* (vem após a tônica = fá-*cil*).

Retomando os exemplos da letra *b*, teremos o seguinte quadro:

Vocábulo	Sílaba tônica	Sílaba subtônica	Sílaba pretônica	átona(s) postônica(s)	
rapidamente	men	ra	pi	da	te
sozinho	zi	so	nho		
dificilmente	men	fi	di	cil	te
heroicamente	men	roi	he	ca	te
cafezeiro	zei	fe	ca	ro	

1.1.2 – Tonicidade vocabular

Quanto à intensidade com que se pronunciam dentro da frase, os vocábulos, semelhantemente às sílabas, podem ser *tônicos* e *átonos*.

1.2.2 – Paroxítonos

Exigem acento gráfico os vocábulos paroxítonos terminados em:

l: sensível, têxtil, elegível, legível, fusível, Aníbal;
n: abdômen, hífen, pólen, Cármen;
r: caráter, líder, dólar, âmbar, flúor, pulôver, bôer, César, Vítor;
x: tórax, ônix, látex, sílex, Félix;
ps: fórceps, bíceps, Quéops;
ã(s): ímã(s), órfã(s);
ão(s): bênção, órgão(s), acórdão, sótão, Estêvão, Cristóvão;
ei(s): jóquei(s), pônei(s), estáveis, túneis, estéreis, quisésseis;
i(s): bílis, júri(s), cáqui (= cor), grátis, ianomâmi, Dóris, Garibáldi;
om: iândom (= espécie de avestruz americano);
on(s): próton(s), náilon, rádon, mórmon(s), plâncton(s), Nélson;
um, uns: álbum, álbuns, vade-mécum, sérum (= soro), factótum;
u(s): ônus, bônus, antivírus, vírus, Vênus, húmus.

Ditongo crescente:

ia(s), ea(s): estratégia(s), Cíntia, miscelânea, área(s), pâncreas;
ie(s), iem, iens: série(s), espécie(s), planície(s), réquiem, réquiens;
io(s), eo(s), ior, ium, iuns: relógio, espontâneo(s), júnior, médium, médiuns, Sérgio;
ua(s), oa(s): tábua, nódoa, água, mágoa, (ele) enxágua;
ue(s): tênue, bilíngue, deságue, enxágue;
uo(s), uor: ingênuo, árduo, assíduo, precípuo, profícuo, séptuor (= trecho executado a sete vozes ou sete instrumentos, plural: séptuores).

Notas
1ª – Não se acentuam graficamente os prefixos paroxítonos terminados em *i*, *r* e *um*: *semi*-internato, *super*-requintado, *circum*-adjacente. Esses prefixos, todavia, passam a ser acentuados graficamente quando empregados como reduções de substantivos:
A **míni** (= minissaia) *que ela trajava causou sensação no bar.*
Novos investimentos das **múltis** (= multinacionais) *animam o mercado financeiro.*
Aquele **súper** (= supermercado) *é o preferido das pessoas da classe média alta.*
2ª – Não se acentuam graficamente os vocábulos paroxítonos terminados em *em* e *ens*: *item, itens, nuvem, nuvens, hifens, polens, himens, destroem* (des-tro-em), *amaldiçoem* (a-mal-di-ço-em).

1.2.3 – Oxítonos

Exigem acento gráfico os vocábulos oxítonos terminados em:
o(s): bangalô, quiproquó, após, tranpôs, bibelô, propô-lo, Queirós;
e(s): clichê, matinê, português, você, através, revés, prevê-lo, Inês;
a(s): alvará, atrás, ilustrá-lo, proporá, Tomás;
em e *ens*, com mais de uma sílaba (observação redundante, embora conste no texto oficial): além, harém, haréns, refém, reféns, parabéns.

Notas

1ª – Acentuam-se graficamente os *monossílabos tônicos* terminados em *o*(s), *e*(s) e *a*(s), quer estejam sozinhos, quer em combinação com outros vocábulos: *dó, pé, pá, gás, rês, mês, três, dá-lo, tê-lo-ás, vê-lo*.

2ª – Não se acentuam graficamente os vocábulos oxítonos terminados em *i*(s) e *u*(s): *tupi, desmenti-lo, Itacolomi, baturu*(s), *gabiru, Tiaraju*.

3ª – Não recebem acento gráfico os vocábulos oxítonos terminados em *az, ez, iz, oz* e *uz*: *voraz*, (ele) *traz, fez* (= barrete de lã), *pez* (= piche), *verniz, veloz, alcaçuz*.

1.2.4 – Ditongos ei, eu e oi

1.2.4.1 – Oxítonos

Exigem acento gráfico os vocábulos *terminados* (= oxítonos) nos ditongos *ei, eu* e *oi*, seguidos ou não de *s*, quando *abertos* e *tônicos*:

Niter*ói*, chap*éu*, Ilh*éus*, v*éu*, véus, (ele) constr*ói*, (tu) destr*óis*, r*óis* (plural de rol).

1.2.4.2 – Paroxítonos

Não recebe acento gráfico a vogal tônica dos ditongos *ei* e *oi* dos vocábulos *paroxítonos*:

assembl*ei*a, estr*ei*a, id*ei*a, seborr*ei*a, En*ei*as, paran*oi*-co, (eu) ap*oi*o, j*oi*a, aster*oi*de.

Nota – Quando não tônicos, compondo a sílaba subtônica, os ditongos *ei* e *oi* não recebem acento gráfico, embora sejam abertos: *pasteizinhos, plebeiazinha, chapeuzinhos, anzoizinhos, heroicamente*.

1.2.5 – Hiato

1.2.5.1 – Acentuados graficamente

Acentua-se graficamente a vogal tônica dos hiatos, desde que sejam formados:

a) de *i* ou *u* sozinhos, tônicos, precedidos de vogal não idêntica e não seguidos de *nh*:

b) her*oí*na, pr*oí*be, j*uí*zes, L*uí*sa, conclu*í*do, am*iú*de, re*ú*nem, Ara*új*o;

c) de *is* ou *us*, tônicos e precedidos de vogal não idêntica: eg*oí*sta, sa*ís*-te, u*ís*que, Lu*ís*, arca*ís*mo, Ta*ís*, bala*ús*tre, ba*ús*, Ema*ús*;

d) de *i*(s) ou *u*(s) em final de vocábulo e precedidos de ditongo decrescente: cui*ú*-cui*ú* (= ave; peixe), iui*ú* (= cuiú-cuiú), tei*ú*(s) (= lagarto; planta), tei*ú*(s)-açu(s) (= lagarto grande), tuiui*ú*(s) (= ave), Piau*í*.

1.2.5.2 – Não acentuados graficamente

Não recebe acento gráfico:

a) o *i* ou *u* tônico dos hiatos quando seguidos de *nh*, ou quando formam sílaba com consoante que não seja *s*: (*l, m, n, r* e *z*): redemoinho, Abi-gail, cauim, ainda, subtrairmos, juiz (mas juíza), raiz (mas raízes);

b) o *i* ou *u* tônico dos vocábulos *paroxítonos* quando precedidos de *ditongo decrescente*: baiuca, feiura, feiinho, saiinha, reiuno;

c) o *i* do ditongo tônico *iu* e o *u* do ditongo tônico *ui*, quando *precedidos de vogal*: distraiu, instituiu, pauis (pl. de paul = pântano);

d) o *e* o *i*, o *o* ou *u* tônico dos hiatos *ee, ii, oo* ou *uu*, quer a tonicidade recaia na primeira vogal, quer na segunda: (re)veem, xiita, coo (de co-ar), povoo, paracuuba (= árvore), zoo.

Notas
1ª – Formas como *seriíssimo, precariíssimo, alcoólise, zoólogo* recebem acento gráfico porque o vocábulo incide em outra regra (vocábulos proparoxítonos).
2ª – Não se acentua graficamente a vogal tônica dos hiatos *oa, oe, ua, ue* e *uo*: canoa(s), coas (forma do verbo *coar*), coroa(s), abotoe(s), cultua(s), habitue(es), constituo.

1.2.6 – Trema

O trema foi suprimido em todos os vocábulos *portugueses* ou *aportuguesados*, inclusive na poesia: aguentar, ambiguidade, cinquenta, eloquência, lingueta, tranquilo, sequestro, pinguim, quinquênio, tranquilizante.

Notas
1ª – O trema mantém-se em vocábulos derivados de nomes próprios estrangeiros com esse acento na forma original: hübneriano (de Hübner), mülleriano (de Müller), kästneriano (de Erich Kästner), württemberguense (de Würtemberg).
2ª – Assim como foi suprimido o trema nos grupos *gue, gui, que* e *qui*, quando o *u* é pronunciado, mas átono (averiguemos, arguição, delinquente, quinquídio), também foi eliminado o acento agudo no *u* dos mesmos grupos quando pronunciado tônico (tu arguis, ele argui, eles arguem, (que) tu averigues, (que eles) averiguem.
3ª – No vocábulo *Guiana/guiana* e seus derivados (guianense, guianês), o *u* é pronunciado. Ele é uma espécie de vogal subtônica, razão porque o VOLP/09 o assinala, entre parênteses, com acento grave (*Gùiana*, gùianense, gùianês). *Guiana*, nome de país, é vocábulo de origem indígena e significa *terra de águas*.
4ª – Embora o AOLP-1990 tenha suprimido o trema ou o acento agudo no *u* dos grupos *gue, gui, que* qui – o trema quando o *u* é átono, e acento agudo quando o *u* é tônico –, esse *u* não teve alterada sua pronúncia, que continua como era antes: assim, o *u* que era mudo, continua mudo, o pronunciado átono continua pronunciado como se tivesse trema e o *u* pronunciado tônico continua como se tivesse acento agudo. Alguns exemplos:
a) Vocábulos com *u* mudo (não articulado):
adquirente, distinguir, equilíbrio, extinguível, inquérito, perquirir, quesito, quinquilharia.
b) Vocábulos com *u* átono:
arguição, bilíngue, cinquenta[1], *delinquente, equestre, quinquênio, sequela, sequestro.*

---
[1] O VOLP/09 não registra a forma *cincoenta*, que, portanto, não é oficial.

c) Vocábulos que admitem dupla articulação: com *u* mudo ou pronunciado átono: *antiguidade/antiguidade* (ü), *equivalência/equivalência* (ü), *liquidação/liquidação* (ü), *questão/questão* (ü), *séquito/séquito* (ü).

5ª – Havendo duas possibilidades de pronúncia correta de um vocábulo, convém empregar aquela usual no meio em que se está. O que deve chamar a atenção é a ideia, e não a pronúncia do vocábulo que a veicula.

1.2.7 – Til

O *til* marca a nasalidade das vogais *a* e *o*, únicas que podem recebê-lo. Note-se (em trabalhos manuscritos) que o *til* deve ser colocado exatamente sobre a vogal *a* ou *o*, não em posição próxima ou intermediária:

cãibra (forma variante: câimbra), coração, cristãmente, leões, leõezinhos, mãezinha, propõem, romãzeira.

Nota – Não recebem til as terminações *-oe* e *-oem* dos verbos com final *-oar*, uma vez elas não são nasais: abotoe, abotoem, destoe, destoem.

1.2.8 – Acento diferencial

Há dois tipos de acento diferencial: de *timbre* e de *intensidade*.

a) *Acento diferencial de timbre* é o que serve para distinguir vocábulos homógrafos de pronúncia fechada de seus correspondentes de pronúncia aberta: o go*v*erno – eu go*v*erno; o *troco* – eu *troco*; o *por*to – eu *por*to. Foi abolido, com exceção, apenas de *pôde* (obrigatório), forma do verbo *poder* (terceira pessoa do singular do pretérito perfeito do indicativo), para diferenciá-la de *pode* (forma do mesmo verbo, terceira pessoa do singular do presente do indicativo) e *fôrma(s)* (facultativo), substantivo, para diferenciá-lo do substantivo *forma(s)* (ó), e de *forma(s)* (ó), forma verbal da segunda e da terceira pessoa do singular do presente do indicativo (tu formas, ele forma) e da segunda pessoa do singular do imperativo afirmativo do verbo formar (forma tu).

b) O acento diferencial de intensidade serve para distinguir vocábulos homógrafos tônicos de seus correspondentes átonos.

Nota – Emprega-se, obrigatoriamente, na forma verbal *pôr* (tônica), para diferenciá-la da preposição *por* (átona).

Espere *por* (preposição átona) *mim, pois vou* **pôr** *(forma verbal tônica) o lixo no contêiner mais próximo.*

1.2.9 – Formas verbais de acentuação especial

a) Formas com acento circunflexo no *singular*:

tu vês	ele vê	eles veem (verbo *ver*)
tu lês	ele lê	eles leem
tu crês	ele crê	eles creem
tu dês	ele dê	eles deem

Nota – Os verbos *ver*, *ler*, *crer* e *dar*, incluídos seus compostos (*rever*, *reler*, etc.), são os únicos que duplicam o *e* na terceira pessoa do plural, os três primeiros (*ver*, *ler* e *crer*) no presente do indicativo, e o último (*dar*) no presente do subjuntivo. Confira o item **1.2.5.2**, subitem **d**.

b) Formas sem acento gráfico no singular e com acento circunflexo no plural:

| tu tens | ele tem | eles têm |
| tu vens | ele vem | eles vêm (verbo *vir*) |

c) Formas com acento agudo no singular e com circunflexo no plural. Trata-se dos compostos de *ter* e *vir*.

tu conténs	ele contém	eles contêm
tu reténs	ele detém	eles detêm
tu entreténs	ele entretém	eles entretêm
tu manténs	ele mantém	eles mantêm
tu susténs	ele sustém	eles sustêm
tu convéns	ele convém	eles convêm
tu provéns	ele provém	eles provêm (do verbo *provir*)

Notas

1ª – Os *nomes próprios* personativos, locativos e de qualquer natureza, sendo portugueses ou aportuguesados, estão sujeitos às mesmas regras ortográficas estabelecidas para os nomes comuns. Devem, pois, ser acentuados graficamente nomes como *Aírton*, *Áurea*, *Cármen*, *Cíntia*, *Luís*, *Mário*, *Nélson*, *Sérgio*, *Niterói*, *Penélope*, *Teresópolis*, etc. Somente é permitida a grafia em desacordo com as normas ortográficas vigentes na assinatura da pessoa, se o nome constar assim na certidão de nascimento. Também em nomes de firmas, sociedades, títulos e marcas pode ser mantida a grafia original, desde que inscritos em registro público. Há, não obstante o que foi escrito, uma determinação no sentido de que a grafia dos nomes próprios dos servidores públicos seja a constante nos respectivos registros civis (Circular n. 8, de 17 de março de 1952, da Secretaria da Presidência da República). É o que, aliás, se recomenda para os cidadãos em geral, com vista a evitar problemas de identificação.

2ª – O verbo *pôr* é a única palavra oxítona terminada em *or* que admite acento gráfico. Não recebe acento gráfico, inclusive, o infinitivo dos compostos desse verbo (*expor*, *impor*, *propor*, etc.).

3ª – Nos vocábulos compostos de elementos hifenizados, cada um dos elementos obedece, isoladamente, à respectiva regra de acentuação gráfica: *boa-fé*, *devolvê-lo-ía-mos*, *distribuí-lo-á*, *goma-arábica*, *pé-rapado*, *recém-casado*, *má-fé*, *teórico-prático*, *ve-lo-ás*, *soltá-lo-iam*, *dividi-lo-ás*, etc.

4ª – Nas formas abreviadas de vocábulos, quando a vogal acentuada graficamente participa da abreviatura, ela mantém o respectivo acento gráfico: *acadêm.* (= acadêmico), *álg.* (= álgebra), *át.* (= átomo), *cálc.* (= cálculo), *gên.* (= gênero), *lég.* (= légua), *máq.* (= máquina), *séc.* (= século), *síl.* (= sílaba), *tôn.* (= tônico), etc.

1.2.10 – Dúvidas de tonicidade e acentuação

Em muitos vocábulos, a posição da sílaba tônica suscita dúvidas. Alguns admitem, inclusive, dupla tonicidade. As relações a seguir baseiam-se no VOLP/09.

a) Vocábulos oxítonos

ca**qui** (= fruta), cate**ter**, con**dor**, han**gar**, mis**ter** (= ofício, encargo), No**bel**/no**bel**, no**vel**, re**cém**, re**fém**, ru**im**, su**til** (= tênue, agudo), ure**ter**.

b) Vocábulos paroxítonos

ambrosia (= manjar), ambrósia (= planta), a*v*aro (= avarento), *cá*qui (= cor; tecido), carac*te*re(s), cartoman*ci*a, cate*te*res, celti*be*ro, ci*clo*pe, cir*cui*to (cir-cui-to), e*di*to (= lei, decreto), eru*di*to, estra*té*gia, filan*tro*po (o fechado), *flui*do (*flui*-do – substantivo e adjetivo), flu*í*do (particípio de fluir), for*tui*to (for-tui-to), gra*tui*to (gra-tui-to), i*be*ro, in*tui*to (in-tui-to), le*ve*do (substantivo = fermento), (a) maquina*ri*a, misan*tro*po (*o* fechado), mis*te*res (plural de mis*ter*), pe*ga*da (= vestígio, rastro), pe*ri*to, pu*di*co, quiroman*ci*a, re*cor*de (= proeza inédita), ru*bri*ca (substantivo e forma verbal).

c) Vocábulos proparoxítonos

*á*libi, a*ná*tema, an*tí*doto (= contraveneno), a*rí*ete, cri*sân*temo, *á*varo (= antigo povo da Ásia), *bá*varo, *bí*gamo, *é*dito (= ordem judicial), *êx*odo, *ím*probo, *ín*terim, *lê*vedo (adjetivo = fermentado, levedado), *ô*mega, *pân*tano, pro*tó*tipo, *zê*nite (= apogeu).

d) Vocábulos com dupla tonicidade

a*cró*bata	ou	acro*ba*ta	*ô*micron	ou	o*mi*cro
a*zá*lea	ou	aza*le*ia	orto*é*pia	ou	ortoe*pi*a
au*tóp*sia	ou	autop*si*a (s. f.)	pro*jé*teis	ou	proje*tis*
bi*óp*sia	ou	biop*si*a	pro*jé*til	ou	proje*til*
bi*ó*tipo	ou	bio*ti*po	*rép*teis	ou	rep*tis*
bo*ê*mia[1]	ou	boe*mi*a[1]	*rép*til	ou	rep*til*
ho*mí*lia	ou	homi*li*a	tran*sís*tor	ou	transis*tor*
ne*cróp*sia	ou	necrop*si*a	*xé*rox	ou	xe*rox*
*ô*mega	ou	o*me*ga	*zân*gão	ou	zan*gão*

1.2.11 – Dúvidas de timbre

a) Os seguintes vocábulos têm o *o* tônico fechado:

filantr*o*po, juni*o*res, t*o*rpe (adj. = obsceno, vil).

Nota – O substantivo *algoz* pode ter o *o* fechado ou aberto, tanto no singular quanto no plural: *algoz* (ô) ou *algoz* (ó); *algozes* (ô) ou *alg(ó)zes*).

b) Os seguintes vocábulos têm o *o* tônico aberto:

cl*o*ro, d*o*lo(s).

c) Os seguintes vocábulos (substantivos ou adjetivos) têm o *o* tônico fechado no singular e no plural:

ac*o*rdo(s) (= ajuste[s]), ad*o*rno(s), alm*o*ço(s), arr*o*cho(s), ass*o*pro(s), bal*o*fo(s), b*o*jo(s), ch*o*cho(s), ch*o*co(s), ch*o*ro(s), col*o*sso(s), cons*o*lo(s), cont*o*rno(s), desg*o*sto(s), end*o*sso(s), eng*o*do(s), esb*o*ço(s), esg*o*to(s), est*o*fo(s), est*o*jo(s), est*o*rno(s), est*o*rvo(s), ferr*o*lho(s), g*o*sto(s), g*o*zo(s), l*o*gro(s), l*o*to(s),[2] mal*o*gro(s), m*o*cho(s), m*o*lho(s),[3] r*o*sto(s), s*o*gro(s), s*o*pro(s), s*o*ro(s) (= líquido), t*o*ldo(s), transt*o*rno(s).

---

[1] Vadiagem.

[2] *Loto(s)*, com o tônico fechado, significa véspera, certo jogo de azar; com o tônico aberto, é sinônimo de lótus (= certa planta aquática; a flor dessa planta) e indica, também, no Brasil, um tipo de loteria oficial. Nesta última acepção, tem o gênero feminino: a loto.

[3] *Molho(s)*, com o tônico fechado, significa caldo temperado. *Molhos(s)*, com o tônico aberto, é sinônimo de feixe, maço, conjunto de pequenos objetos (chaves, p. ex.)

Nota – Quando os vocábulos têm flexão feminina, o plural conserva o timbre da penúltima vogal da forma feminina: *bolso* (ô) – *bolsa* (ô) – *bolsas* (ô); *morno* (ô) – *morna* (ó) – *mornos* (ó); *torto* (ô) – *torta* (ó) – *tortos* (ó). Esta regra, todavia, não é confiável, pois apresenta várias exceções, tais como: *canhoto* (ô) – *canhota* (ó) – *canhotos* (ô); *choco* (ô) – *choca* (ó) – *chocos* (ô); *sogro* (ô) – *sogra* (ó) – *sogros* (ô).

d) Os seguintes vocábulos têm o *o* tônico fechado no singular e aberto no plural:

abrolho, cachopo,[1] corvo, despojo, desporto, destroço, escolho (= recife; obstáculo), fogo, foro,[2] morno, rogo, socorro, torto.

e) Os seguintes vocábulos podem pronunciar-se com o tônico fechado ou aberto:

floclore (ô/ó/), poça (ô/ó),[3] senhora (ô/ó).[4]

f) Os seguintes vocábulos têm o *e* tônico fechado:

acervo, adrede, canhestro, dueto, escaravelho, extra,[5] forqueta, têxtil (plural: têxteis).

g) Os seguintes vocábulos têm o *e* tônico aberto:

acerbo, coevo, incesto, leso (= ferido, ofendido), soquete (= meia curta).[6]

h) Os seguintes vocábulos podem pronunciar-se com *e* tônico fechado ou aberto:

colmeia (ê) ou colmeia (é), ileso (ê) ou ileso (é), obeso (ê) ou obeso (é), obsoleto (ê) ou obsoleto (é), efebo (ê) ou efebo (é), pego (ê) ou pego (é).[7]

Nota – Quando há duas possibilidades de pronúncia correta de um vocábulo, convém empregar aquela mais usual no meio em que se está. Não se deve chamar a atenção desnecessariamente, ainda mais se em prejuízo da boa comunicação. Como regra geral, que ajuda a evitar gafes indesejadas e desagradáveis no meio social, pode-se adotar a seguinte: se os dicionários (de porte e merecedores de confiança, é claro) não apresentam instrução específica, pronunciar o *e* e o *o* tônicos dos vocábulos de forma *aberta*.

---

[1] No plural existem as duas pronúncias: cachopos (ô) e cachopos (ó).

[2] *Foro(s)*, com o aberto, significa praça pública, local ou reunião de debates, fórum.

[3] *Poças* (plural) pronuncia-se somente com o *o* tônico aberto.

[4] José de Alencar, em seu romance *Senhora* (4ª parte, III), mediante um diálogo entre Aurélia e seu marido (Seixas), estabelece uma diferença semântica sutil entre o vocábulo *senhora* com pronúncia fechada (*'senhôra'*) e com pronúncia aberta (*'senhóra'*).

[5] Houaiss/09 (somente este dicionário), todavia, registra as formas 'êxtra' e 'éxtra'.

[6] *Soquete*, com e tônico fechado, significa ferramenta apropriada para socar; soco aplicado com pouca força; carne cozida ou fervida.

[7] *Pego*, com e fechado (ê) ou aberto (é), é forma do particípio de *pegar*, ao lado de *pegado*, mais clássica. *Pego(s)*, somente com *e* aberto (é), significa a parte mais funda de um rio, lago, etc.; abismo marítimo, voragem.

1.3 – EXERCÍCIO

Coloque o acento adequado nos vocábulos que o exigirem.

Acidez	delinquencia	Jeferson	pudico
(os) alugueis	destroem	Luis	raizes
apoiem	distinguiram	(eles) mantem	recem
(eles) arguem	feiura	(é) mister	refem
Bocaiuva	filantropo	novel	(tu) retens
Camboriu	gratuito	paiois	(a) rubrica
caracteres	hifens	paraquedas	sueter
cartomancia	ibero-americano	(ele) para	Tais
centopeia	inaudito	(tu) paras	tramoia
constroem	interim	(eu) perdoo	uisque
constrói	irmamente	(eles) preveem	veiculos
decano	itens		

2 – Constituição da sílaba

2.1 – FONEMAS

Fonemas são os sons fundamentais e diferenciadores da fala. Classificam-se em *vogais, semivogais* e *consoantes*.

2.1.1 – Vogais

Vogais são os fonemas produzidos sem obstáculo à passagem do ar vindo dos pulmões. Funcionam sempre como base de sílaba:
cé-d*u*-l*a*, m*o*-ni-t*o*r.

2.1.2 – Semivogais

Semivogais são os fonemas *i* e *u*, às vezes representados, respectivamente, por *e* e *o*, quando não constituem a base da sílaba:
ca*i*-xa, te-s*ou*-ro, q*u*a-tro, u-râ-n*i*o, or-quí-d*e*a (e = i), tá-b*u*a, né-v*o*a (o = u), q*uais*, en-xa-g*uou*.

Nota – O *a* sempre funciona como base de sílaba, isto é, sempre é *vogal*.

2.1.3 – Consoantes

Consoantes são os fonemas produzidos mediante obstáculo interposto ao ar vindo dos pulmões. As consoantes não podem formar sílaba sozinhas. Daí o nome de *consoantes*: soam *com* alguma vogal. Na verdade, ao passo que a vogal é um som, a consoante é um ruído.

2.2 – LETRAS

Letras são os sinais gráficos que representam os fonemas.
O ideal seria que houvesse correspondência perfeita entre letras e fonemas, isto é, que cada letra representasse apenas um fonema ou, em outras palavras, que cada fonema fosse representado por uma única letra.

Isso, todavia, não é o que ocorre, tanto em português quanto em outras línguas.

A mesma letra pode representar fonemas diversos. Assim, por exemplo, a letra *s* pode representar os fonemas *zê* (ca*s*amento) e *sê* (*s*ubir); a letra *c* pode representar os fonemas *sê* (*c*edo) e *quê* (*c*aso).

Várias letras podem representar o mesmo fonema. Assim, em ca*s*a, e*x*ame e crue*z*a, aparecem, respectivamente, as letras *s*, *x* e *z*, que, todavia, representam o mesmo fonema: *zê*.

Uma letra pode representar a combinação de dois fonemas, o que ocorre, por exemplo, em fi*x*o e a*x*ila, onde a letra *x* representa os fonemas *quê* e *sê*. É como se escrevêssemos "ficso" e "acsila".

Duas letras podem representar um único fonema, como ocorre em po*ss*e (*ss* = fonema *sê*), e*xc*eto (*xc* = fonema *sê*) *qu*esito (*qu* = fonema *quê*).

Uma letra, finalmente, pode não representar nenhum fonema, como se verifica com o *h* em *h*oje, *h*aver e *h*ora. Nesses casos e em outros semelhantes, o *h* tem mero valor etimológico.

2.3 – ENCONTRO VOCÁLICO

Encontro vocálico é o agrupamento de vogais ou de vogal e semivogal (ou semivogais) sem intermediação de consoante. Há três tipos de encontros vocálicos: *ditongo, tritongo* e *hiato*.

2.3.1 – Ditongo

Ditongo é a reunião de uma vogal e de uma semivogal na mesma sílaba (porque pronunciadas numa só emissão de voz): con-c*ei*-to, r*ou*-pa, con--sen-t*iu*, a-ve-ri-g*ua*-mos, pró-pr*io*.

Os ditongos classificam-se em *decrescentes* e *crescentes*, *orais* e *nasais*, *abertos* e *fechados*.

a) O ditongo é *decrescente* quando a vogal vem antes da semivogal:
a-mar-r*ou*, ba-ca-lh*au*, b*ei*-jo, g*ai*-ta, su-b*iu*, *ui*-vo, ca-pi-t*ãe*s, co-mi-l*ão*.

b) O ditongo é *crescente* quando a vogal vem depois da semivogal:
q*ua*se, lin-g*ue*-ta, de-lí-r*io*, tá-b*ua*, pân-cr*ea*s, a-mên-d*oa*.

c) O ditongo é *oral* quando é emitido somente pela boca:
b*ai*-xo, n*oi*-te, cha-p*éu*, ca-ná-r*io*, vá-c*uo*.

d) O ditongo é *nasal* quando é emitido, simultaneamente, pela boca e pelo nariz:
ór-f*ão*, m*ãe*, ca-ma-r*õe*s, m*ui*-to (~ui), tam-b*ém* (~ei), ve-j*am* (ão), q*uan*-do, pin-g*uim*, fre-q*uen*-te.

e) O ditongo é *aberto* quando a vogal-base tem pronúncia aberta:
car-re-t*éi*s, ge-l*ei*-a, fo-ga-r*éu*, des-tr*ói*, lam-bis-g*oi*-a.

f) O ditongo é *fechado* quando a vogal-base tem pronúncia fechada:
mu-s*eu*, al-d*ei*-a, ta-m*oi*-o, (o) n*oi*-vo.

2.3.2 – Tritongo

Tritongo é o encontro de uma vogal entre duas semivogais (semivogal + vogal + semivogal) na mesma sílaba (porque pronunciadas numa só emissão de voz. A vogal, portanto, sempre constitui a parte central do grupo:
a-ve-ri-g*uei*, en-xa-g*uou*, i-g*uais*, sa-g*uão*, gal-p*ões*, ar-g*uiu*, em-xá-g*uem* (u~ei).

Nota – Como se observa, os tritongos, à semelhança dos ditongos, também podem ser *orais* (Pa-ra-guai, en-xa-guei) ou *nasais* (sa-guão, en-xá-guam, á-guem).

2.3.3 – Hiato

Hiato é a sucessão de duas vogais em sílabas distintas (porque pronunciadas em duas emissões de voz):
mor-do-m*í-a*s, pre-v*ê-e*m, char-r*u-a*, em-j*o-o*, x*i-í*-ta, r*u-í*-do, e-g*o-ís*-mo, gr*a-ú*-do, ba-l*a-ús*-tre, d*í-a*, l*u-a*, *a-i*n-da.

Nota – Alguns autores também consideram hiato o encontro de semivogal + vogal em casos como al-d*ei*-a, j*oi*-a, c*ui*-a, nas sequências em destaque. O *Formulário ortográfico* de 1943 (XV, 48, 6ª norma, observação), traz como exemplo de hiato o encontro *i* (semivogal) + *a* (vogal) na forma verbal caiais: ca*i*-ais.

2.4 – ENCONTRO CONSONANTAL

Encontro consonantal é a sequência imediata de duas ou mais consoantes. Os encontros consonantais podem ser *conjuntos* (inseparáveis: li-*vr*o, c*l*a-ro, a-*tl*as), *disjuntos* (separáveis: ri*t-m*o, ci*s-c*o, a*p-t*o) ou *mistos* (combinação dos dois anteriores: a*s-tr*o, fe*l-tr*o, di*s-tr*a-to).

Nota – Há um encontro consonantal – *cs* (ou *ks*) – representado graficamente pela letra *x*: fi-*x*o ("fic-so"), se-*x*o ("sec-so").

2.5 – DÍGRAFO

Dígrafo é o grupo de duas letras que representam apenas um fonema: *ch* (*ch*ave), *lh* (pa*lh*a), *nh* (u*nh*a), *rr* (bu*rr*o), *ss* (a*ss*ado), *gu* (se*gu*ida – *u* mudo), *qu* (a*qu*ele – *u* mudo), *sc* (o*sc*ilar – *sc* com pronúncia de *ss*), *sç* (cre*sç*amos), *xc* (e*xc*eto – *xc* com pronúncia de *ss*), *xs* (e*xs*urgir – *xs* com pronúncia de *ss*). Há ainda os dígrafos formados com *h* inicial + vogal (situação mais comum: *h*ora, *h*ábito, *h*umilde) ou *h* não inicial + vogal (Ba*h*ia) e com vogais nasalizadas por *m* ou *n* (a*m*bos, ca*n*to, po*n*to).

Nota – Em vocábulos como hangar (*han*-gar), hamburguês (*ham*-bur-guês), honra (*hon*-ra), hombridade (*hom*-bri-da-de), com *h* inicial seguido de vogal nasalizada por *m* ou *n*, ocorre um *trígrafo* – três letras que representam apenas um fonema –, na sequência destacada entre parênteses. O termo não consta na Nomenclatura Gramatical Brasileira (NGB), que apenas registra o dígrafo.

2.6 – SÍLABA

Sílaba é o fonema ou grupo de fonemas pronunciados numa só emissão de voz:

fi-na-li-da-de (finalidade), ad-mi-nis-tra-ti-vo (administrativo), of-tal-mo-tor-ri-no-la--rin-go-lo-gis-ta (oftalmotorrinolaringologista), de-sem-pre-ga-do (desempregado), pru-dên-cia (prudência), am-bí-guo (ambíguo).

Quanto ao número de sílabas, os vocábulos dividem-se em *monossílabos*, *dissílabos*, *trissílabos* e *polissílabos*.

a) *Monossílabos* são os vocábulos constituídos de apenas uma sílaba:

paz, mês, pó, dó, gás, trem, seis.

b) *Dissílabos* são os vocábulos que se constituem de duas sílabas:

te-mor, gran-de, pu-ro, cer-to, ques-tão, no-ve, joi-a, mu-seus.

c) *Trissílabos* são os vocábulos constituídos de três sílabas:

su-cin-to, fu-sí-vel, as-ses-sor, cor-ren-te, pro-ces-so, de-ci-mais, es-pé-cie.

d) *Polissílabos* são os vocábulos que se constituem de quatro ou mais sílabas:

cen-té-si-mo, ter-mi-nan-te-men-te, sub-de-sen-vol-vi-men-to.

2.7 – DIVISÃO SILÁBICA

2.7.1 – Regra geral

A decomposição das sílabas de um vocábulo, assinalada pelo hífen, faz-se em regra pela *soletração*, e não pela separação de seus elementos constitutivos segundo a etimologia:

de-sen-con-tro, su-bes-ti-mar, su-bín-di-ce, sub-li-te-ra-tu-ra, di-sen-té-ri-co, su-pe-ra--gu-do, in-te-ra-ção, i-na-de-qua-do, cons-tru-ir.

2.7.2 – Regras especiais

a) No interior do vocábulo, sempre se conserva na sílaba que a precede a consoante não seguida de vogal:

ab-di-car, *sub*-ju-gar, *ét*-ni-co.

b) Não se separam os encontros consonantais terminados em *l* ou *r*:

ta-*bla*-do, sa-*bre*, te-*cla*, po-*dre*, ri-*fle*, a-*fri*-ca-no, a-*glo*-me-ra-ção, tri-*plo*, so-*pro*, a-*tla*s, a-*trá*s, pa-la-*vra*.

Notas

1ª – Os encontros consonantais *bi*, *br* e *dl*, todavia, são separados quando integram os prefixos *ab*, *ad* e *sub*. Essa separação ocorre, principalmente, nos seguintes vocábulos: ab-rup-to (e derivados), ad-le-ga-ção, ad-li-gar (e derivados), ad-lú-mia, ad-lú-mio, ad-lu-mi-di-na, ad-lu-mi-na, sub-la-cus-tre, sub-lin-gual, sub-lo-car (e derivados), sub-lom-bar, sub-lu-nar (e outros em que aparece o prefixo *sub* com a significação de *sob*, *debaixo de*). Não obstante, para *sublevar* e *sublinha* (e respectivos derivados), o VOLP/09 registra duas formas de divisão silábica: para os seguintes vocábulos sub-le-var/su-ble-var, sub-le-va-ção/su-ble-va-ção, sub-li-nha/su-bli-nha, sub-li-nha-do/su-bli-nha-do, sub-li-nhar/su-bli-nhar.

2ª – O VOLP/09 registra as formas *ab-rupto* e *abrupto*, mas todas as formas derivadas vêm registradas com hífen: ab-rupção, ab-ruptela, ab-ruptude, etc.

c) Não se separam os elementos dos dígrafos *ch*, *lh* e *nh*:

mon-ta-*nh*a, fle-*ch*a, fa-*lh*a.

d) Separam-se as vogais e consoantes *idênticas* (*aa, ee, ii, oo, uu, cc, rr, ss*) e os grupos *cç, sc, sç, xc* e *xs* (quando o *s* é seguido de vogal):

ál-c*o*-*o*l (plural: ál-c*o*-*o*is ou al-c*o*-*ó*is), cr*e*-*e*m, x*i*-*i*-ta, en-jo-*o*, oc-*c*i-pi-tal, con-vic-*ç*ão, pro*r*-*r*o-gar, re*s*-*s*ur-gir, re*s*-*s*in-dir, de*s*-*ç*a, e*x*-*c*e-ção, e*x*-*s*ur-gir.

e) Forma sílaba com o prefixo antecedente o *s* que precede consoante:

in*s*-tru-ção, sub*s*-ta-be-le-cer, per*s*-pi-cá-cia.

f) O *s* dos prefixos *bis*, *cis*, *des*, *dis*, *trans* e o *x* do prefixo *ex* não se separam quando seguidos de consoante; mas, quando seguidos de vogal, formam sílaba com ela e separam-se do elemento prefixal.

Primeira hipótese (seguidos de consoante):

bis-ne-to, *cis*-pla-ti-no, *des*-li-gar, *dis*-tra-ção, *trans*-fe-rir, *ex*-tra-ir.

Segunda hipótese (seguidos de vogal):

bi-*sa*-vô, ci-*san*-di-no, de-*sa*-ten-to, di-*sen*-te-ri-a, tran-*sa*-ma-zô-ni-co, e-*xor*-bi--tan-te.

Nota – O *r* dos prefixos *hiper, inter, preter* e *super* também se separam do elemento prefixal quando seguido de vogal: su-pe-*r*a-gu-do, in-te-*r*a-me-ri-ca-no, hi-pe-*r*in-fla-ção, pre-te-*r*in-ten-ção.

g) Separam-se as vogais dos hiatos:

ca-res-t*i*-*a*, pes-s*o*-*a*, c*o*-*o*r-de-nar, des-tru-*í*-do, *u*-*í*s-que, per-d*o*-*o*, cons-ti-t*u*-*in*-te, pre-cei-t*u*-*a*, re-pre-*en*-são, p*i*-*a*, l*u*-*a*.

h) Não se separam as vogais dos ditongos – crescentes e decrescentes – e dos tritongos:

ca-d*ei*-ra, a-q*ua*-re-la, a-ve-ri-g*uei*, de-si-g*uais*, pru-dên-c*ia*, q*ui*n-q*uê*-n*io*.

Notas

1ª – Quando um vocábulo termina em *ia* (*ea*), *ie, io* (*eo*), *ua* (*oa*), *ue* ou *uo*, se a sílaba anterior for tônica, esses grupos são inseparáveis (ditongos crescentes), embora (em pronúncia lenta, possam ser executados como hiatos): á-rea, co-lé-g*io*, gê-m*eo*, es-pá-d*ua*, ge-rên-c*ia*, co-le-tâ-n*ea*, sé-r*ie*, má-g*oa*, tê-n*ue*, tri-duo.

2ª – Observe, pela tonicidade, a diferença entre o ditongo crescente final (dcf) – sempre acentuado graficamente – e o hiato (hi): (as) pro-vi-dên-cias (dcf)/(tu) pro-vi-den-ci-as (hi); (as) re-nún-cias (dcf)/(tu) re--nun-ci-as (hi); (as) má-goas (dcf)/(tu) ma-go-as (hi); (o) re-pú-dio (dcf)/(eu) re-pu-di-o (hi); sé-ria (dcf)/(ele) se-ri-a (hi).

i) Nos grupos *aia, aie, aio, eia, eie, eio, oia, oie, oio, uia, uie* e *uio*), se a vogal inicial (*a, e, o* ou *u*) é tônica, a semivogal *i* forma sílaba com ela:

ba-l*ai-o*, cam-br*ai-a*, pas-s*ei-o*, as-sem-bl*ei-a*, a-p*oi-o*, pa-ra-n*oi-a*, con-l*ui-o*, ta-p*ui-a*, ma-nu-s*ei-o*, c*ai-e* (de caiar), con-l*ui-e* (de conluiar), a-p*oi-e*, es-tr*ei-e*.

Nota – Em qualquer caso, aliás, a divisão silábica é feita após a semivogal, e não após a vogal: j*oi-a*s, m*ai-o*, m*ai-o*r, etc. Fazem exceção os vocábulos *ia-iá* (iaiá) e *io-iô* (ioiô).

2.8 – TRANSLINEAÇÃO

2.8.1 – Regra geral

Quando não há espaço no fim da linha para escrever o vocábulo inteiro, pode-se dividi-lo em duas partes. Esta separação, que se indica por meio do hífen, deve ser feita de acordo com as regras de divisão silábica.

2.8.2 – Regras especiais

a) Por questão de estética, não se deve deixar uma vogal isolada do resto da palavra, em princípio ou fim de linha:

(*a-*/proveitar), (*i-*/dêntico), (*a-*/guardar), (revesti-/*a*), (atenu-/*a*), (restitu-/*í*).

b) Deve-se evitar, ao translinear, a partição silábica em que um dos elementos divididos lembre palavra obscena ou ridícula:

(após-/*tolo*), (cô-/*mico*), (acu-/*mula*), (*fede*-/ral), (estí-/*mulo*), (dele-/*gado*).

c) Quando, ao translinear, a divisão silábica coincidir com o final de um dos membros do *composto que contém hífen*, deve-se, por questão de clareza gráfica, repetir o tirete:

prometi-/-lhe, quarta-/-feira, matéria-/-prima, subscrevemo-/-nos, mal-/-estar, curto-/-circuito. Observe a diferença entre *Venha ver-/-me* e *Venha verme*.

d) O hífen que marca a translineação deve ser colocado no meio da linha, e não embaixo da última letra do elemento dividido: Certo: tran*s*-/por; errado: tran*s*/por. Esta última forma cria confusão com a sublinha.

Notas

1ª – O hífen que indica a translineação deve ficar junto à palavra dividida, não sendo permitido afastá--lo dessa, com a finalidade de emparelhar a margem (direita) do papel. É errado, aliás, usar qualquer sinal com a exclusiva finalidade de fechar ou emparelhar a margem direita de um papel digitado. Esse recurso, denominado tapa-margem, é lícito somente em casos especiais, como em certidões lançadas em papel sem margens de segurança, em recibos e em alguns outros documentos que devam ser resguardados contra possíveis fraudes.

2ª – Informações mais pormenorizadas sobre translineação (siglas, importâncias, etc.) podem ser encontradas na obra *Redação oficial – normas e modelos* deste autor.

2.9 – EXERCÍCIOS

1 – Exercício sobre encontros vocálicos.

Identifique e classifique os encontros vocálicos (ditongos – decrescentes e crescentes, tritongos e hiatos):

quiproquó:
níveo:
quanto:
cruel:
apoias:
(ele) denuncia:
(a) mágoa:
redarguiu:
investiu:
(ele) restitui:

véu:
fortuito:
valia:
heresia:
exigência:
(a) denúncia:
(ele) magoa:
conceito:
concluiu:
quatro:

2 – Exercício sobre dígrafos.

Identifique os dígrafos:

crescer:
gargalhada:
inquérito:
excluir:
quaisquer:

cassar:
borracha:
excessivo:
charque:
quinquilharia:

3 – Exercício de partição silábica.

desobstruir:
diminuem:
colapso:
instantâneo:
pessoa:
superintendente:
exímio:
apoiem:
obteríamos:
gratuito:
transgressão:
palavra:
interagir:
enxaguou:
insubstituível:
subentendido:
canaviais:

inconsistência:
arrendatário:
amnésia:
bisavô:
desiguais:
desencaixar:
disenteria:
transeunte:
período:
desestimulante:
removiam:
aperfeiçoar:
quais:
transamazônico:
tapuias:
desautorizar:
abscesso:

3 – Emprego de letras

3.1 – EMPREDO DE S

Emprega-se S:

a) No sufixo *ês*, em adjetivos que indicam nacionalidade, origem ou procedência:

libanês, japonês, japonesa(s), japoneses; inglês, inglesa(s), ingleses; português, portuguesa(s), portugueses; montanhês, montanheses; burguês, burgueses; camponês, camponeses; pequinês (de Pequim).

b) Nos sufixos *esa* e *isa*, quando formam o feminino de substantivos *concretos* (cargos, profissões, títulos, etc.):

baronesa, consulesa, duquesa, poetisa, princesa, profetisa.

c) Após ditongo:

maisena, Neusa, Cleusa, Sousa, lousa, náusea.

d) Nas formas dos verbos *pôr* (e seus compostos) e *querer*:

quis, quiser, quiseram, quisesse, (dis)pus, (re)puser, (pro)puseram, (im)pusessem.

e) No sufixo *oso*, formador de adjetivos:

volumoso, cuidadoso, caloroso, pomposo, exitoso, vultoso (de vulto).

f) No sufixo *ésimo* dos numerais ordinais, a partir de vigésimo:

quadragésimo, sexagésimo, ducentésimo, milésimo, milionésimo.

g) Nos vocábulos derivados cujos primitivos contêm *s* no radical:

atraso, atrasado (atrás); paralisar, paralisação (paralisia); mesário, mesinha (mesa); cortesia, cortesmente, descortesmente, descortesia (cortês); freguesia (freguês); gasoso, gasolina, gasômetro (gás); lapiseira, lapisinho (lápis); ansioso, ansiedade (ânsia); improvisação, improvisar (improviso), extravasar, extravasamento (vaso); catalisador (catálise).

h) Nos vocábulos derivados de verbos em *dir* (*d – s*):

colidir – colisão; decidir – decisão, decisivo, indeciso; aludir – alusão, alusivo, erodir – erosão.

i) Nos vocábulos derivados de verbos em *nder* e *ndir* (*nd – ns* ou *s*):

pretender – pretensão, pretensioso, pretenso; ascender – ascensão, ascensorista; compreender – compreensão; repreender – repreensão; surpreender – surpresa; escandir – escansão (= marcação de verso); contundir – contusão.

Exceção:

conte*n*der – conte*n*ção (= ação ou efeito de conter-se – *contenção de gastos*, p. ex.); (= contenda, demanda, litígio), conte*n*cioso (= litigioso). Mas: conte*ns*ão (= grande aplicação intelectual; esforço ou tensão considerável).

j) Nos vocábulos derivados de verbos em *ergir* (*rg – rs*):

em*erg*ir – em*ers*ão; im*erg*ir – im*ers*ão; det*erg*ir – det*ers*ão (= purificação ou limpeza por meio de remédio).

k) Nos vocábulos derivados de verbos em *erter* (*rt – rs*):

conv*ert*er – conv*ers*ão, conv*ers*ível; perv*ert*er – perv*ers*ão; rev*ert*er – rev*ers*ão, irrev*ers*ível.

l) Nos vocábulos derivados de verbos em *pelir* (*pel – puls*):

im*pel*ir – im*puls*o, im*puls*ivo; re*pel*ir – re*puls*a, re*puls*ivo; com*pel*ir – com*puls*ão, com*puls*ivo, com*puls*ório.

m) Nos vocábulos derivados do verbo *correr* (*corr – curs*):

*corr*er – *curs*o; ex*curs*ão, ex*curs*ionista; re*corr*er – re*curs*o; in*corr*er – in*curs*ão, in*curs*o; dis*corr*er – dis*curs*o, dis*curs*ivo.

n) Nos vocábulos derivados de verbos em *cluir* (*cluir – clus*):

con*cluir* – con*clus*ão, con*clus*o; ex*cluir* – ex*clus*ão, ex*clus*ivo; pre*cluir* – pre*clus*ão (= fechamento, obstrução, perda), pre*clus*o.

o) Nos vocábulos derivados de verbos em *quir*:

extor*quir* – extor*s*ão, extor*s*ivo; retor*quir* – retor*s*ão (= revide).

p) Nos vocábulos derivados do verbo *sentir* (*sent – sens*):

*sent*ir – *sens*o; *cons*entir, consenso, *cons*ensual; dis*sent*ir – dis*sens*ão, dis*sens*o.

Outros vocábulos com S:

Agasalhar, aguarrás, amasiar-se, amnésia, ananás, anestesia, anis, apesar de, aposento, apostasia, apoteose, artesanato, artesão, asilar, atrás, através de, Barbosa, basalto, basílica, batismo (mas batizar), bisonho, blusa, brasa, brasão, brisa, camisa, casimira, casuarina, catálise, catequese, (mas catequizar) César, contusão, convés, cós, desídia, desígnio, diálise, diocese, entrosar, escusa, esôfago, esquisito, eutanásia, framboesa, freguês, frisante (= claro, exato; vinho gasoso), fuselagem, fusível, garnisé, gelosia, gris, grosa, groselha, guisado, heresia, hesitar, Inês, inserto (= inserido, incluído), intruso, (ao) invés (de), irrisório, Isabel, Isaura, Isidoro, Ísis, jus, jusante, lasanha, liso, losango, Luís, magnésio, manganês, maresia, mariposa, marquise, masoquismo, Meneses, mesura, metamorfose, misoneísmo (= aversão a tudo quanto é novo), Narciso, obsessão, obtuso, obus, parafuso, parmesão, pêsames, pesar (substantivo e verbo), presilha, prosélito, pus (substantivo e forma verbal), Queirós, querosene, quesito, raso, requisito, rés, rês, resenha, resina, retesar, retrós, revés, risoto, Sicrano, sidra (= vinho de maçã), síntese, sinusite, siso, sósia, Susana, Taís, Teresa, torquês, usina, vaselina, vasilha, vaso (substantivo), vesícula, viés.

Nota – Quanto ao emprego de letras em nomes próprios, vale a mesma observação feita, acerca desses nomes, no capítulo *1 – Tonicidade e acentuação gráfica*, no item **1.2.9**, **1ª nota**.

3.2 – EMPREDO DE Z

Emprega-se Z:

a) Nos sufixos *ez* e *eza*, em substantivos *abstratos* (designativos de estados, qualidades e sentimentos) derivados de adjetivos:

limpid*ez* (límpido), fri*eza* (frio), gentil*eza* (gentil), asper*eza* (áspero), franqu*eza* (franco), vil*eza* (vil), acid*ez* (ácido), altiv*ez* (altivo), escass*ez* (escasso), nitid*ez* (nítido), timid*ez* (tímido), maci*ez* (macio), ebri*ez* (ébrio), embriagu*ez* (embriagado)

b) Nos sufixos *izar* e *ização*, *izante* e *izador*, formadores, respectivamente, de verbos e substantivos:

digital*izar*, digital*ização* (digital), social*izar*, social*ização* (social); legal*izar*, legal*ização* (legal); racional*izar*, racional*ização* (racional); capital*izar*, capital*ização* (capital); otim*izar*, otim*ização* (ótimo); maxim*izar*, maxim*ização* (máximo).

Mas:

paral*isar*, paral*isação*, impro*visar*, impro*visação* e todos os derivados cujo primitivo tem *s* no radical. Veja **emprego de *S*, item g**.

c) Antes dos sufixos *inho, ito, al, ada, eira, eiro, udo*, etc.:

cafe*zinho*, cafe*zal*, cafe*zeiro* (café); papel*zinho*, papei*zinhos* (papel); botão*zinho*, botõe*zinhos* (botão); pia*zinho*, pia*zito* (piá); pa*zinha*, pa*zada* (pá); pe*zinho*, pe*zudo* (pé).

Mas:

lapi*sinho*, lapi*seira*, me*sinha*, ca*sinha* e todos os derivados cujo primitivo tem *s* no radical (lápis, mesa, casa, etc.). Veja **emprego de *S*, item g**.

Nota – Observe-se que, quando a palavra primitiva não tem *s* no singular, no plural se mantém o *z* do sufixo diminutivo *inho*, embora o plural do grau normal do substantivo termine em *s*: leão – leãozinho – leões – leõezinhos; papel – papelzinho – papéis – papeizinhos.

d) Nas formas dos verbos em *zer* e *zir*:

condu*zo*, condu*zes*, condu*zimos* (conduzir); di*zes*, di*zemos*, di*zem* (dizer); tra*zes*, tra*z*, tra*zemos* (trazer).

e) No sufixo feminino *triz* (que corresponde, geralmente, ao sufixo masculino *dor* ou *tor*):

a*tor* – a*triz*; embaixa*dor* – embaixa*triz*; impera*dor* – impera*triz*; dire*triz*; ma*triz*, mere*triz*.

f) Nos vocábulos derivados cujos primitivos contêm *z* no radical:

reve*zar* reve*zamento* (vez); cru*zar*, cru*zamento*, cru*zeiro* (cruz); apa*ziguar* (paz); enrai*zar* (raiz); abali*zado* (baliza); esva*ziar*, esva*ziamento* (vazio).

Outros vocábulos com Z:

Alazão, albatroz, albornoz, alcaçuz, alfazema, algazarra, algoz, antraz, aprendiz, armazém, assaz, azado (= cômodo, oportuno), azáfama, azálea (forma usual: azaleia), azar (= má sorte, acaso), azeitona, azia, aziago, azinhavre, azorrague, azucrinar, bazar, batizar, bazófia, bazuca, bezerro, bizarro, buzina, búzio, cafuzo, capuz, catequizar (mas catequese), cauterizar, cerviz, chafariz, chamariz, cicatriz, clerezia (= classe clerical, clero), coalizão, codorniz, comezinho, contumaz, coriza (= inflamação da mucosa nasal), cruz, cuscuz, dedetização, deslize (= lapso, engano), desmazelo, dízimo, enfezado (= pequeno, raquítico), esfuziar, esgazear, esquizofrenia, espermatozoide, falaz, fezes, folgazão, foz, fugaz, fuzil, fuzuê, gaze, gazela, gazeta, gazua, giz, gilvaz, granizo, guizo, homiziar, jaez, jazida, lazer, loquaz, macambúzio, magazine, matiz, mazela, meretriz, nazismo, ojeriza, orizicultura, ozônio, pez, prelazia, prezar (= estimar), primaz(ia), proeza, protozoário, ratazana, regozijo, rodízio, sazonal(idade), tez, topázio, tornozelo, trapézio, treze, triz (= momento), variz(es), vazar (= entornar, lançar, moldar), vazio, verniz, xerez, ziguezague.

3.3 – EMPREGO DE SS

Emprega-se SS:

a) Na desinência *sse*, do pretérito imperfeito do subjuntivo:

conclama*sse*, fize*sse*, fala*sse*, decidi*sse*, reouve*sse*, repuse*sse*, quise*sse*.

b) No sufixo *íssimo*, do superlativo absoluto sintético:

amic*íssimo*, feroc*íssimo*, felic*íssimo*, simpatic*íssimo*, crudel*íssimo*, seri*íssimo*.

c) Nos vocábulos iniciados por *s* a que se antepõe prefixo ou outro elemento terminado em vogal e não ligado por hífen:

entre*ss*afra (entre + safra); pre*ss*upor (pre + supor); bi*ss*emestral (bi + semestral); micro*ss*aia (micro + saia); foto*ss*íntese (foto + síntese); psico*ss*omático (psico + somático).

Nota – Em idêntica situação, também se dobra o *r*: biorritmo (bio + ritmo); plurirracial (pluri + racial); retrorreferido (retro + referido).

d) Nos vocábulos derivados cujos primitivos se escrevem com *ss*:

clá*ss*ico, cla*ss*ificar, cla*ss*ificação (cla*ss*e); a*ss*essoria, a*ss*essoramento (a*ss*essor); pa*ss*ante, pa*ss*agem, pa*ss*ageiro, compa*ss*o (pa*ss*o); engro*ss*ar (gro*ss*o); ca*ss*ação (ca*ss*ar = anular).

e) Nos vocábulos derivados do verbo *ceder* e seus compostos (*ced – cess*):

ce*der* – ce*ss*ão (= cedência), ce*ss*ionário; conce*der* – conce*ss*ão, conce*ss*ionário; interce*der* – interce*ss*ão (= mediação, intervenção), interce*ss*or; exce*der* – exce*ss*o, exce*ss*ivo.

f) Nos vocábulos derivados de verbos em *meter* (*met – mess* ou *miss*):

compro*meter* – compro*miss*o; intro*meter* – intro*miss*ão; re*meter* - re*mess*a; sub*meter* – sub*miss*ão, sub*miss*o.

g) Nos vocábulos derivados de verbos em *primir* (*prim – press*):

de*primir* – de*press*ão, de*press*ivo; im*primir* – im*press*ão, im*press*ora, im*press*o; re*primir* – re*press*ão, re*press*ivo; o*primir* – o*press*ão, o*press*ivo; ex*primir* – ex*press*ão, ex*press*ivo.

h) Nos vocábulos derivados de verbos em *tir*, (*tir – ssão*):

permi*tir* – permi*ssão*, permi*ss*ível; admi*tir* – admi*ssão*, admi*ss*ível; emi*tir* – emi*ssão*; repercu*tir* – repercu*ssão*; eletrocu*tir* (forma variante: eletrocutar) – eletrocu*ssão*; remi*tir* (= perdoar) – remi*ssão* (= perdão).

i) Nos vocábulos derivados de verbos em *gredir* (*gred – gress*):

a*gredir* – a*gress*ão, a*gress*or, a*gress*ivo; pro*gredir* – pro*gress*ão, pro*gress*ivo; re*gredir* – re*gress*ão, re*gress*o, re*gress*ivo.

Nota – Nunca se emprega *s* ou *r* dobrado após consoante: aniversário, suspensão, conversão, adversidade, tenro, honrado, transecular, transexualidade, transiberiano, intersindical.

Outros vocábulos com SS:

Abscesso, abscissa, acossar, aerossol, alvissareiro, amerissagem, antisséptico (= desinfetante), argamassa, assaz, assecla, assédio, asserção, assessor, assestar, asseverar, assíduo, assolar, assomar, assunção, aterrissar, benesse, carrossel, cassa (= fazenda), cassetete, Cassiano, comissão, comissura, concussão, cossaco, crasso, cromossomo, devassar, dissensão, dissertação, dissidência, dissídio, dissipar, dissuadir, dossiê, egresso, endossar, endosso, escasso, esquistossomose (também esquistosomose), fissura, fricassê, grassar, idiossincrasia, mantissa, missiva, mocassim, musselina, necessário, obsessão, possessão, possesso, potássio, premissa, presságio, pressionar, quermesse, ressaca, ressaibo, ressalva, ressarcir, ressumar, ressuscitar, secessão (= separação), sessenta, sobressalente (formas variantes: sobresselente, sobressaliente), tessitura, verossímil, vicissitude.

3.4 – EMPREGO Ç (C)

Emprega-se Ç (C):

a) Nos vocábulos derivados de primitivos com *t* no radical (*t – ç* ou *c*):

torto – torção, torcer, distorcer, contorção, contorcer; isento – isenção; exceto – exceção; Marte – marcial, marciano; discreto – (in)discrição.

Mas:

dissentir (= discordar) – dissensão (= discórdia). Veja – **item 3.1** – **Emprego de S**.

b) Nos vocábulos derivados do verbo *ter* e seus compostos (*ter – tenção*):

reter – retenção; deter – detenção; ater(-se) – atenção; abster(-se) – abstenção.

c) Nos vocábulos de origem africana, árabe e indígena:

açafrão, açucena, muçulmano, caçamba, caçanje, cacimba, miçanga, paçoca, Criciúma, Iguaçu, Canguçu, Juçara, Paraguaçu, muçum, Muçum, babaçu.

d) Após ditongo:

foice, fauce, coice, feição, louça, traição, correição.

e) Nos vocábulos derivados de verbos em *duzir* (*duz – duc, duç*):

conduzir – condução, conducente; deduzir – dedução; seduzir – sedução.

f) Nos vocábulos derivados de verbos em *guir* (*u* mudo):

conseguir – consecução; distinguir – distinção; extinguir – extinção.

g) Nos vocábulos derivados do verbo *mover* e seus derivados (*mov – moç*):

mover – moção; comover – comoção; remover – remoção.

h) Nos vocábulos derivados do verbo *solver* e seus compostos (*solv – soluç, solviç*):

solver – solução; absolver – absolvição; resolver – resolução; dissolver – dissolução.

i) Nos vocábulos derivados de verbos em *volver*:

devolver – devolução; evolver – evolução; revolver – revolução.

j) Nos vocábulos derivados de verbos em *trair*:

trair – traição; atrair – atração; distrair – distração; retrair – retração; subtrair – subtração.

k) Nos vocábulos derivados de primitivos com *c* ou *ç* no radical:

afiançar (fiança); adocicar, adocicado (doce); açucarado (açúcar); dançante, dançarino (dançar); acelerar (célere); conciliação, conciliatório (conciliar).

Outros vocábulos com Ç (C):

Açambarcar, acelga, acepipe, acerbo, acervo, acetona, açodar (= apressar), açúcar, açular, adereço, aferição, aficionado, aguçar, alagadiço, alcauz, alçapão, alopecia, amordaçar, arregaçar, asserção, assunção, atiçar, bagaço, (à) beça, boçal (= grosseiro), buço, caçarola, cacimba, caçoar, caçula, calhamaço, caliça, camurça, caniço, cansaço, carapuça, carcaça, carniça, carroceria (ou carroçaria), castiço, cavalariça, cediço, cenho (= carranca), cerzir, chacina, chouriço, chumaço, ciático, cílio, cinamomo, ciranda, circuncisão, cirrose, cisterna, cócegas, coerção, colaço (= irmão de leite), comborça (= concubina), complacência, compunção, congraçar, consunção, contrição, Curaçau, debruçar, decepção, descoroçoar, deserção, desfaçatez, desperdiçar, disfarce, displicência, docente, encarniçar, enguiçar, epiceno, esboçar, escanção (= aquele que distribui o vinho), escaramuça, escorraçar, esmiuçar, estremeção, exceção, facínora, inserção, isenção, maçada (= importunação), maçaneta, maçarico, maçaroca, macerar, maciço, macilento, maçom, mastruço (formas variantes: mastruz, mentruz), miçanga, moção, obcecar, paço (= palácio), paçoca, paliçada, penicilina, piaçaba (ou piaçava), pocilga, postiço, predição, proficiência, prolação (= ato de proferir), quiçá, rebuliço, recensão, rechaçar, retração, sanção, sarça, sedição, sobrancelha, soçobrar, súcia, sucinto, tença (= pensão), terçol, torácico, vacilar.

3.5 – EMPREGO *SC*

Não há, em nosso idioma, regra específica e prática para o emprego do dígrafo *sc*, que aparece somente em palavras de origem latina. É de notar sua presença nos seguintes vocábulos, todos de uso frequente:

Abscesso, abscissa, acrescentar, adolescente, apascentar, aquiescer, ascendência, ascensão, ascese, asceta, concupiscência, condescender, consciência, conscencioso, consciente, cônscio, convalescer, convalescença, degenerescência, descender, descerrar, discente (= que aprende, aluno), discernir, disciplina, discípulo, efervescente, enrubescer, excrescência, fascículo, fascinação, fascínio, fascista, florescer, fluorescente, imprescindível, incandescente, intumescer, imprescindível, irascível, isósceles, lascívia, miscelânea, miscigenação, nascituro, néscio, obsceno, onisciência, oscilar, piscicultor, piscina, plebiscito, presciência, prescindir, recrudescer, remanescente, reminiscência, rescindir, rescisão, rescisório, ressuscitar, seiscentos, susce(p)tível, suscitar, transcender, víscera.

3.6 – EMPREDO DE *X*

Emprega-se *X* (com pronúncia de *CH*):

a) Após *ditongo*:

caixa, baixo, frouxo, deixar, ameixa, desleixo, feixe, madeixa, seixo, trouxa, queixo.

Nota – Excetua-se o vocábulo *mouchão* (= pequena porção de terreno arborizado nas margens dos rios, ou ilhota no meio de um rio).

b) Após *en*:

*enx*ame, *enx*aguar, *enx*aqueca, *enx*erga (= cama rústica, catre), *enx*ergar, *enx*erido, *enx*erto, *enx*ofre, *enx*oval, *enx*otar, *enx*urrada, *enx*ovalhar.

Nota – Após, *en*, todavia, emprega-se *ch* nos vocábulos derivados de outros em que esse dígrafo já está no radical: charco – encharcar, encharcadiço; cheio – encher, enchente, enchimento, preenchimento; chico (= porco) – enchiqueirar; chumaço – enchumaçar; chapim (= espécie de coturno) – enchapinado; chouriço – enchouriçar. Também se escreve com *ch* o vocábulo enchova, que tem a variante (mais usual) anchova.

c) Após *me*:
(re)*me*xer, *me*xerica, *me*xerico, *Mé*xico, *me*xilhão.
Mas:
*me*cha, *me*char, *me*chagem, *me*cheiro.

d) Em vocábulos de origem indígena e africana:
abacaxi, caxambu, xavante, Xaxim, Xanxerê, Xingu, Erexim, erexinense, macaxeira, Xapecó, xapecoense, Xuí, xuiense.

e) Em vocábulos derivados de outros com *x* no radical:
graxa – engraxate; pexote (= mau jogador, novato, inexperiente) – pexotada[1] (= má jogada); rixa – rixento; tarraxa – atarraxar.

Outros vocábulos com X (com pronúncia de *CH*):
Almoxarife, bexiga, bruxa, capixaba, caxumba, coaxar, coxa (= parte da perna entre o quadril e o joelho), coxão (= no comércio de carne bovina, a parte traseira, acima das coxas do animal – coxão duro e coxão mole), coxilha, elixir, esdrúxulo, faxina, fuxicar, guaxo, lagartixa, laxante, lixa, lixívia, luxúria, maxixe, mixórdia, mixuruca, muxoxo, orixá, oxalá, paxá, praxe, puxa-puxa, puxar, relaxar, remelexo, repuxo, roxo, taxativo, vexame, vexar, xadrez, xa(i)le, xampu, xangô, xará, xarope, xavante, xaveco, xepa, xeque-mate, xereta, xerife, xícara, xifópagos, xiita, xilindró, xilogravura, xingar, xisto, xixi, xote, xodó, xucro.

3.7 – EMPREGO DE *CH*

O dígrafo *ch* aparece quase que exclusivamente, em vocábulos de origem latina, francesa, espanhola, italiana, alemã, inglesa e árabe, não havendo, por isso, regra prática para o seu emprego. Convém assinalar sua presença, entre outros, nos seguintes vocábulos, todos de uso frequente:

Achaque, achincalhar, agachar, anchova (ou enchova), apache, apetrecho, archote, arrochar (= apertar muito), bicha (verme ou réptil, fileira, pederasta passivo), bicho, bacharel, beliche, bochecha, bochincho (ou bochinche), boliche (ou bolicho), brocha, broche, brochura, bucha, cabrocha, cachimbo, cachola, cachopa, cambalacho, capacho, capuch(inh)o, caramanchão, carochinha, carrapicho, chafurdar, chalaça, chamariz, chambre, chamego, charanga, charlatão, charolês, charque, charqueada, charrua, chasque, chávena, chibata, chicana, chicória, chilique, chimarrão, chi(m)panzé, chinfrim, chique, chiqueiro (de chico = porco), chiripa, chiripá, chiru, chiste, chita, chocalho, chocarreiro, chocho, chofer, chofre, chorrilho, chouriço, chuchu, chucrute, chulé, chula (= espécie de dança e música popular), chulo (= obsceno), chumaço, churrasco, chulear, chulo (= obsceno), chusma, chumaço, cocha (= gamela, empenho, pistolão, coragem, destreza), coche, cocheira, cochicho, cochilo, cocho (= vasilha), colcha, colchão, colchete, comichão, conchavo, coqueluche, cupincha, deboche, desabrochar, ducha, escabeche, esguicho, espadachim, espichar, estrebuchar, fachada, fantoche, fetiche, flecha, galocha, gancho, garrancho, garrucha, guincho, hachura(r), iídiche, linchar, marechal, mecha (de cabelos, p. ex.), pachorra, pecha (= mancha, nódoa mácula),

---

[1] O VOLP/09 registra as variantes *pixote* e *pixotada*.

pechincha, pedinchão, penacho, pichar (= aplicar piche em), piche, prancha, rancheira, rechaçar, rechonchudo, reproche (= repreensão), ricochetear, sanduíche, salsicha, tacho, tocha, trapiche.

3.8 – EMPREGO DE *G*

Emprega-se *G*:

a) Nas terminações *agem, igem, ugem, ege* e *oge*:

vi*agem* (substantivo), gar*agem*, (saco de) ani*agem*, camarad*agem*, maqui*agem* (maquil*agem* ou maquilh*agem*), mix*agem*, verniss*agem* (= inauguração de uma exposição de obras de arte), verniz*agem* (= revestimento do cobre com fina camada de verniz), volt*agem*, ful*igem*, vert*igem*, rab*ugem* (substantivo), ferr*ugem*, her*ege*, fr*ege*, parag*oge* (= acréscimo de letra ou sílaba no fim de um vocábulo).

Mas:

lajem (laje, Lajeado, lajeadense, lajedo, lajista, Lajes, lajense), lambujem e pajem.

b) Nas terminações *ágio, égio, ígio, ógio* e *úgio*:

est*ágio*, pl*ágio*, ped*ágio*, sortil*égio*, egr*égio*, col*égio*, vest*ígio*, rel*ógio*, necrol*ógio*, ref*úgio*, subterf*úgio*.

c) Após *r* (geralmente):

dive*rg*ir, conve*rg*ir, vi*rg*em, subme*rg*ir, aspe*rg*ir (= borrifar).

Mas:

alforje e vocábulos derivados de primitivos com *j* no radical: sarjeta (sarja), tarjeta (tarja), gorjeio, gorjeta (gorja), etc.

Nota – Nos verbos terminados em *ger* e *gir*, o *g* é substituído por *j* antes de *a* e *o*: *divirjo, divirjam* (divergir); *elejo, elejamos* (eleger); *finjo, finjam* (fingir); *corrijo, corrijam* (corrigir).

d) Nos vocábulos derivados de primitivos que se escrevem com *g*:

vertigem – vertiginoso; ferrugem – ferruginoso; contágio – contagioso, contagiante; exigir – exigência, exigente; rabugem – rabugento, rabugice; ágio – agiota, agiotagem.

Outros vocábulos com *G*:

Aborígine (ou aborígene), alfageme, álgido, angina, angico, bege, bridge, congestão, doge, drágea, efígie, égide (= escudo; proteção), esfinge, estratégia, exegese, exegeta, falange, faringe, frege, frigir, gêiser, gelosia, gengibre, gengiva, gerânio, gergelim, geringonça, gesta, gesto, gibi, gilete, gigolô, gilvaz, gim, ginete, giz, herege, hígido, ingurgitar, jungir, lacrimogêneo, laringe, magistério, megera, meningite, monge, mugir, ogiva, pugilista, pungir, ranger, regurgitar, ringir, sargento, sege, tangerina, tigela, túrgido, vagem, vagido, vagina, vargedo, vigência, viger.

3.9 – EMPREGO DE *J*

Emprega-se *J*:

a) Nos vocábulos de origem latina:

jeito, majestade, majestoso, hoje.

b) Nos vocábulos de origem africana, árabe e indígena:
alfanje, alforje, berinjela, caçanje, jiboia, jirau, jerivá, jequitibá, jenipapo, jerimum, jirau, pajé.

c) Nas formas dos verbos em *jar*:
arran*jar* – arran*jei*, arran*jemos*, arran*jem*; encora*jar* – encora*je*, encora*jemos*; enferru*jar* – enferru*je*, enferru*jem*; via*jar* - via*je*, via*jemos*, via*jei*.

d) Na terminação *aje*:
ultr*aje*, tr*aje*, l*aje*.

e) Nos vocábulos derivados de primitivos com *j* no radical:
jeito – ajeitar, desajeitado, rejeitar, enjeitar, sujeito; majestade – majestoso, majestático; gorja – gorjear, gorjeta, gorjeio; lisonja – lisonjear, lisonjeiro; nojo – nojento, nojear; sarja – sarjeta; loja – lojista; laranja – laranjinha, laranjeira; manjar – manjedoura; tarja – tarjeta; rijo – rijeza, enrijecer.

Outros vocábulos com *J*:
Abjeção, alforje, cafajeste, canjica, enjerido (= encolhido), enjerir (= encolher), intrujice, jegue, jenipapo, Jeová, Jerônimo, jérsei, jirau, jiu-jítsu (ou jujitsu), lisonjear, manjericão, manjerona, ojeriza, pajé, Pajeú, projétil (ou projetil), projeto, trajeto.

3.10 – EMPREGO DE *H*

Emprega-se *H* (inicial):

a) Nos compostos em que o segundo elemento, com *h* inicial, se une ao primeiro por meio de hífen:
pseudo-*h*erói (herói); ultra-*h*umano (humano); anti-*h*igiênico (higiênico); super-*h*abilidade (habilidade).

Nota – Nos compostos aglutinados, isto é, ligados sem hífen, o *h* do segundo elemento desaparece: habilitar – reabilitar; herdeiro – coerdar, coerdeiro, coerdade; honra – desonra; haver – reaver; hábil – inábil, inabilitado; honesto – desonesto; habitação – subabitação; hipoteca – subipoteca; hélice – turboélice; hidrato, carboidrato.

b) Nos vocábulos derivados diretamente de formas latinas com *h* inicial, isto é, quando não ocorreram alterações de radical na passagem do latim ao português:
herba – *h*erbívoro, *h*erbáceo, *h*erborizar; *Hispania* – *h*ispânico, *h*ispanofilia.

Nota – Os vocábulos derivados das formas portuguesas *erva* e *Espanha* escrevem-se sem *h* inicial: erva – ervateiro, ervanário, erval, Erval; Espanha – espanhol, espanholizar.

c) No vocábulo *Bahia* (Estado), por tradição histórica. Os derivados, todavia, escrevem-se sem *h*:
baianada, baiano, baianismo.

Outros vocábulos com *H* (inicial):
Hachura(r), hagiografia, halo, haltere, Hamílton, haraquiri, Haroldo, harpa, hausto, haxixe, hecatombe, hediondo, hedonismo, hegemonia, Hégira, Hélder, Helena, hélice, helicóptero, helioterapia, Heloísa, hemiciclo, hemisfério, hemofilia, hemoptise, hemorragia, hemorroida(s) ou hemorroide(s) (variante), Henrique, hepático, hera (= planta), herege, heresia, herma (= meio-busto esculpido), hermenêutica, hermético, Hernâni, hérnia, hesitar (= vacilar), heterogêneo, heterônimo, heureca, hexágono, hí-

brido, hidrato, hidráulica, hidr(o)avião, hidrofobia, hidrogênio, hidrômetro, hidroterapia, hiena, hierarquia (ou jerarquia), hieróglifo (ou hieroglifo), higrômetro, hilariante, hilaridade, Hileia, hindu, hinterlândia, hipérbato, hipérbole, hipismo, hipnose, hipocondria, hipocrisia, hipoderme, hipódromo, hipófise, hipopótamo, hipotenusa, hipopótamo, hipotenusa, hirsuto, hirto, histeria, histologia, história[1], histrião, hitita, hodierno, holocausto, holofote, hombridade, homeopatia, homicídio, homilia (ou homília), homiziar, homófono, homogêneo, homógrafo, homologar, homônimo, homossexual, Honduras, hormônio, horóscopo, horrendo, horripilante, hortelã, hortênsia, horto (= jardim), hosana, hosco (= que tem cor escura; por extensão: difícil, complicado), hospício, hoste, hóstia, hostil, hostilizar, hulha, humano, Humberto, humilde, húmus, Hungria.

Nota – Escrevem-se sem *h* inicial, entre outros, os seguintes vocábulos: Aníbal, úmido (umedecer, umidade), erva, iate, arpejo (= acorde musical), ontem, ombro, ume (no composto pedra-ume).

3.11 – OPOSIÇÃO *E/I*

a) Escrevem-se com *e* (e não com *i*), entre outros, os seguintes vocábulos:

Antediluviano (ante = antes), antenupcial, cadeado, candeeiro, creolina, cumeeira, despender (mas: dispêndio e dispendioso), destilaria, disenteria, embutir, empecilho (do verbo empecer = atrapalhar, estorvar), entonação, erupção, espaguete, irrequieto (que não tem réquiem, isto é, sossego, descanso), marceneiro, mercearia, metediço, mexerico, penico (= urinol), periquito, petiço, pexote (também pixote), preá, quepe, rédea, sequer, sestear.

Nota – O VOLP/09 registra as variantes enticar/inticar, estrepolia/estripulia, tunesino/tunisino, varzeano/varziano.

b) Escrevem-se com *i* (e não com *e*), entre outros, os seguintes vocábulos:

Antipatia (anti = contra), bachiano (de J. S. Bach, compositor alemão; pronuncia-se "baquiano"), caititu, calcário, camoniano, casimira, Casimiro, crânio, digladiar, dirimir, discrição (= reserva, recato), disenteria, eletricidade (eletricista, eletricitário), erisipela (ou erisípela), escárnio, euclidiano (de Euclides, geômetra grego ou Euclides da Cunha, escritor brasileiro), feminino, Filipe (do radical grego filos = amigo), frontispício, imbuir, imiscuir-se, incinerar, intitular, irrupção (de irromper = entrar impetuosamente), lampião, meritíssimo, miscigenação, míssil, pátio (= recinto interno), privilégio, réstia, terebintina (de terebinto), tunisiano (= da Tunísia).

Nota – O VOLP/09 registra as variantes aborígine/aborígene, dilapidar/delapidar, invólucro/envólucro, intumescer/entumescer, perônio/perôneo, silvícola/selvícola, virgiliano/vergiliano, infarte/infarto e enfarte/enfarto.

3.12 – OPOSIÇÃO *O/U*

a) Escrevem-se com *o* (e não com *u*):

Boate, boceta (ê), bodega, bodum, boteco, botequim, botijão (mas bujão), bússola, cobiça(r), cocuruto, colhão, coringa (= vela de barcaça ou moço de barcaça), cortiça, embolia, encobrir, engolir, esmolambado, farândola, faroeste, femoral (mas fêmur),

---

[1] Ao lado de *história*, existe a forma *estória*, que se emprega, *exclusivamente*, no sentido de *narrativa de lendas, contos tradicionais de ficção*.

focinho, goela, mágoa, mochila, moela, moringa, morrinha, nódoa, óbolo (= pequena esmola), Páscoa, poleiro, Romênia, romeno, vinícola, tribo.

Nota – O VOLP/09 registra as variantes estorricar/esturricar, molambo/mulambo (mas apenas esmolambado).

b) Escrevem-se com *u* (e não com *o*):

Bruxulear, bueiro (= escoadouro), bujão (mas botijão), burburinho, cumbuca, curinga (= carta de baralho; jogador versátil), Curitiba, curtume (de curtir), cutia (= animal), cutucar, elucubração, entabular, entupir, escapulir, fêmur (mas femoral), jabuti, jabuticaba, lóbulo, lucubração, lúpulo, Manuel, manuelino, mutuca, pirulito, rebuliço (= agitação), rucilho, (de) supetão, tábua (tabuada, tabuinha, tabuleiro, tabuleta), o/a usucapião, usufruto.

Nota – O VOLP/09 registra as variantes camundongo/camondongo, mundongo/mondongo, turdilho/tordilho.

3.13 – OPOSIÇÃO *S/X*

a) Escrevem-se com *s* (e não com *x*):

Adestrar, contestar, destreza, escancarar, escavação, esclerose, escoriação, escorrraçar, escusa(r), esdrúxulo, espairecer, espanar, espargir, esparramar, espectro, espirrar, esplanada (substantivo: planura, plano), esplêndido, esplendor, espoliação, espólio, espontâneo, espraiar, espremer, esquisito, estagnar, estarrecer, estatelar, estender, estendido, estorno, estranho, estratificar, estratosfera, estremeção, estremecer, estremecido, estrépito, estribar, estribo, estrilar, estripar, estridente, estrito, estropiar, estrume, estrutura, inesgotável, justalinear, justaposição, misto, mistura.

b) Escrevem-se com *x* (e não com *s*):

(O) contexto, contextura, exarar, exasperar, exaurir, exausto, excogitar, exegese, exéquias, exequível, exímio, eximir, êxito, exitoso, êxodo, exonerar, exorcismo, exorcismar (ou exorcizar), exortar, exótico, expandir, expansão, expatriar, expe(c)torante, expe(c)torar, expender, expensas (locução *às* ou *a expensas de*, registrada no VOLP/09), explanar (= expor), explícito, expoente, exprimir, exprobrar (= censurar), expropriar, expurgar, êxtase, extasiado, extemporâneo, extensão, extensivo, extenuado, extintor, extirpar, extorquir, extração, extrair, extradição, extraditar, extranumerário, extrapolar, extravagante, extravasar, extraviado, extrovertido, exuberante, exumação, inexaurível, inexorável, inextricável.

3.14 – CORRELAÇÃO GRAFIA *versus* PRONÚNCIA DE *X*

a) O *x* tem pronúncia de *cs* em:

Apoplexia (também se pode pronunciar com som de *s* inicial), asfixia, axioma, hexágono, maxilar, mixagem (= combinação de sinais sonoros recebidos de fontes distintas), prolixo, proxeneta (= intermediário de relações amorosas), tóxico (e derivados: toxidez, toxina, toxicômano, intoxicar, etc.), uxoricida.

b) O *x* tem som de *ch* em:

Anexim, bauxita, Hiroxima, mixórdia, praxe, Praxedes, tauxiar (= embutir), vexar.

c) O *x* tem som de *z* em:

Exegese (exegeta, exegético), exéquias, exequível, exíguo, êxito, êxodo, exonerar, exorcismo, exorbitar, exuberante, exumar, inexorável.

3.15 – DUPLA GRAFIA

a) Alternância UA/A – UO/O. Diz-se e escreve-se, indiferentemente: alíquota/alícota, quatorze/catorze, quociente/cociente, quota/cota, quotidiano/cotitiano. Também para os derivados vale a mesma faculdade: quatorzeno/catorzeno, quotizar/cotizar, quotização/cotização, quotidianidade/cotidianidade, quotidianamente/cotidianamente, quocientar/cocientar.

b) Alternância OI/OU

O ditongo 'ou' alterna, em numerosas palavras, com 'oi': balouçar e baloiçar, calouro e caloiro, dourar e doirar, etc. (exemplos do VOLP/09). Algumas formas são mais comuns em Portugal (*coradoiro, couce, cousa, tesoiro, doirado, oiçam*, etc.); outras predominam ou são as unicamente usadas no Brasil (*coradouro, coisa, tesouro, dourado, ouçam*, etc.). Às vezes, na prática, ocorre especialização para uma e outra forma: louro = papagaio; loiro = cor: amarelo-tostado.

3.16 – DÚVIDAS DE GRAFIA E DE PRONÚNCIA

Notas
1ª – As formas entre parênteses seguidas de asterisco [*] são variantes registradas pelo VOLP/09. Muitas são de uso apenas popular.
2ª – Consulte também os itens correspondentes à grafia e/ou pronúncia das diversas letras e grupos de letras.

Abatumado (= pão ou bolo duro ou pesado, por insuficiente fermentação da massa), abóbada (abóbeda*, abóboda*), aborígine (aborígene*), aeroplano, aeroporto, aficionado, alunissagem, alunissar, a partir de, aréola, asterisco, aterrissagem (= aterragem), bandeja, beneficente, beneficência, cabeleireiro, cabina, câimbra (ou cãibra), camião (ou caminhão), camioneta (ê) (camionete*, caminhoneta*, caminhonete*), caramanchão, carroçaria (carroceria*), cataclismo (= dilúvio), cavoucar (= escavar), cobrelo (ê) (cobreiro*), cogote (= nuca) (cangote*, congote*), companhia, corador, coradouro (= quarador*, quaradouro*), de forma que, de maneira que, de modo que, depredar (= destruir), depreender, de repente, descortino (= perspicácia) (descortínio*), desprender (desprendido, desprendimento), dignitário (dignatário*), diminutivo, entretela, entreter, entretenimento (entretimento*), escaiola (= pintura com gesso e cola), escanear, escarola (= chicória) (escariola*), escore, eslaide, eslipe (eslipagem) espocar (= arrebentar) (espoucar*), esquete, estafe, estândar (estandardização), estrambótico (= esquisito), estrelar (= frigir ovos), estupro (estuprar, estuprador), excelente, excelência, excitar, excitante, excitação, exclamar, excluir, excludente, exclusão, exclusive (= exceto, fora), excursão, excursionar, expectativa (= espera), exprobrar (= censurar), flagelo, flagelado, figadal (= profundo, intenso), filigrana, fleuma, fleumático (fleugma*, fleugmático*), femoral (de fêmur), (lâmpada) fluorescente,), fragrância (= odor, perfume), fratricídio (= matança de irmão de sangue ou de raça), fratricida, frustrar, frustração, fusível (de luz), hesitar, hesitante, hesitação, hilaridade (= riso, alegria), homogeneidade, idoneidade, inclusive (= incluindo), interstício (= intervalo), irascível, lentejoula (lantejoula*), logaritmo, macela (marcela*), má-criação (= grosseria), mal e parcamente (parcamente = pouco) (e não *mal e 'porcamente'*),mal-estar, malformação (má-formação*), mal-humorado, maloclusão (VOLP/09), (má-oclusão*, termo preferido na terminologia médica), manteigueira, mastruço (mastruz*, mentruz*), meteorologia, meteorológico, mortadela, náicron, náilon, nhoque, opróbrio (= desonra, vergonha), ourela (orela*), paralelepípedo, parquê (parquete*), pedestre, percalço, perpetrar (= consumar), perscrutar (= indagar), perturbar, perturbação, prazeroso, prazerosamente, precariedade, prestidigitador, primariedade, problema (problemático), prostrar, prostração, quite, quitinete, purê, reiterar, reivindicar, reivindicação, ritmo, sinapismo (= cataplasma), sito (= situado), sobrancelha, sobranceria (sobrançaria*), soçobrar (= afundar), sucinto (= breve, resumido), superstição, supersticioso, terraplenagem (terraplanagem*), (caixa) torácica, verdureiro zíper.

Nota – Muitas pessoas, ao menos na pronúncia, dobram o *s* de *vigésimo, trigésimo, quadragésimo, milésimo, milionésimo*, etc., talvez por analogia com *décimo*. É erro que deve ser evitado.

3.17 – EXERCÍCIOS

1 – Empregue *s* ou *z*

ameni__amos	arbori__ação	anei__inhos
atuali__ação	atra__ado	amorti__ar
barone__a	corte__mente	caracteri__ar
coli__ão	cami__eiro	coti__ar
apa__iguar	desparafu__ar	Sou__a
defe__a	enverni__ado	esca__ear
fu__ível	ga__ômetro	gri__alho
palide__	prince__a	propu__ emos
qui__eram	reve__amento	sinteti__amos
anarqui__ar	aga__alhado	botõe__inhos
prima__ia	campone__es	carretei__inhos
escocê__	improvi__ação	Tere__inha
parali__ação	cateque__e	u__ina

2 – Empregue *c, ç, s, ss* ou *sc*

a__imétrico	absten__ão	su__into
conce__ionário	compreen__ivo	depre__ão
desasso__egado	discu__ão	di__ociar
exce__ão	expan__ivo	imi__ão
interce__ão	Ju__ara	micro__aia
omi__ão	Paragua__u	percu__ão
septuagé__imo	preten__ão	quadragé__imo
repercu__ão	transcur__o	transgre__ão
admi__ão	a__etinado	ascen__ão
agre__ivo	ace__ível	can__ativo
Cangu__u	demi__ão	desopre__ão
deso__ar	deten__ão	di__ílabo
para__intético	disten__ão	preten__ioso
exce__ivo	excur__ionista	Igua__u
impre__ionado	incur__ão	mono__ílabo

3 – Empregue *x* ou *ch*

engra__ate
__ícara
__u__u
__ucro
en__otamos
__apecó
deslei__ado
co__ilamos
salsi__a
en__urrada
capa__o
__ucro

enfei__amos
fe__o
ca__umba
beli__e
comi__ão
__avante
pi__e
__arque
en__aqueca
preen__emos
ve__atório
mi__órdia

atarra__ado
__ingamos
en__ergamos
quei__ume
mo__ila
atarra__amos
en__arcado
en__ovalhado
fa__ina
__aleira
coquelu__e
sanduí__e

4 – Empregue *j* ou *g*

a__iota
antepro__eto
encora__emos
__en__iva
__iz
man__erona
verti__inoso
ara__em
cere__eira
ferru__inoso
__esticulamos
ma__estade
ti__ela
vi__ência

a__eitar
can__ica
fuli__em
gor__eta
lison__eiro
ri__eza
ultra__e
berin__ela
desa__eitado
gara__em
lison__eado
ri__idez
sar__eta
gor__eio

ar__ila
estran__eiro
en__eitado
man__edoura
rabu__ento
tan__ente
tra__e
egré__io
enri__ecer
__erimum
here__e
via__emos
la__eadense
sar__ento

5 – Empregue *x* ou *s*

de__treza
e__tinguimos
e__planamos
e__trangeiro
e__pirrar
e__torquiram
e__trovertido
e__traviado
e__cavação
ju__taposição

e__igimos
e__clerose
he__itante
e__pusemos
e__quisito
e__pontâneo
(a) e__planada
e__travagante
e__oneração
e__coriação

e__ortamos
e__tremecer
e__cusas
e__uberante
e__travasar
e__plícito
e__cancarar
e__pargir
e__pandimos
ine__aurível

e__plodiram   mi__to   ine__gotável
e__tranhamos e__tração   e__drúxulo
e__plendor   e__torno   e__tropiado
e__tenuante   e__premer   e__purgamos
e__trutura   e__poliação   e__correr

6 – Empregue *e* ou *i*

cand__eiro   des__quilíbrio   d__spender
discr__ção   __mpecilho   d__s__nteria
d__gladiar   front__spício   irr__quieto
p__riquito   quas__   tereb__ntina
cas__mira   cum__eira   d__rimir
ant__pático   p__nico   eletr__citário
escárn__o   (a) d__stilaria   estr__pulia
mer__tíssimo   p__tiço   s__quer
pr__vilégio   indiscr__ção   __nticar

7 – Preencha com *o* ou *u*

c__rtume   ób__lo   eng__lir
tab__ada   (de) s__petão   jab__ticaba
esp__leta   us__fruto   c__tucar
g__ela   b__eiro   tab__inha
b__rb__rinho   c__mbuca   entab__lar
ent__pir   c__mprimentar   brux__lear

8 – Assinale com *x* a forma correta

☐ acriano
☐ acreano
☐ cincoenta
☐ cinquenta
☐ irrascível
☐ irascível
☐ desconcertante
☐ desconsertante
☐ mandado de segurança
☐ mandato de segurança
☐ mal-humorado
☐ mau-humorado
☐ revindicar, revindicação
☐ reivindicar, reivindicação
☐ prazeirosamente
☐ prazerosamente

☐ areoporto
☐ aeroporto
☐ asterístico
☐ asterisco
☐ catéter, catéteres
☐ cateter, cateteres
☐ hilaridade
☐ hilariedade
☐ cabeleireiro
☐ cabelereiro
☐ mixto
☐ misto
☐ (soma) vultuosa
☐ (soma) vultosa

☐ caramanchão
☐ carramanchão
☐ beneficente, beneficência
☐ beneficiente, beneficiência
☐ cíclope
☐ ciclope
☐ reinterar
☐ reiterar
☐ entreterimento
☐ entretenimento
☐ (caixa) torácica
☐ (caixa) toráxica
☐ metereológico, metereologia
☐ meteorológico, meteorologia

4 – Grafia e emprego dos porquês (regras práticas)

4.1 – SEPARADO E COM ACENTO CIRCUNFLEXO

Quando equivale a *por qual motivo*, constitui o último elemento de uma frase e não vem precedido de artigo:

*Eles não se inscreveram, **por quê**?*
*Um discurso, **por quê**?*
*Ela está chorando sem saber **por quê**.*

4.2 – SEPARADO E SEM ACENTO

a) Quando, numa interrogação (direta ou indireta), equivale a *por qual motivo* e não está no fim da frase:

***Por que** você não se manifestou antes?*
*Não sei **por que** vocês fazem tanto mistério.*
*Quero saber **por que** não aceitaram meu aval.*
*Ó jardineira, **por que** estás tão triste?*

b) Quando equivale a *pelo qual, pelos quais, pela qual* ou *pelas quais*:

*Ignoro o motivo **por que** (= pelo qual) se atrasaram.*
*Desconheço as razões **por que** (= pelas quais) suspenderam o pagamento.*
*As ruas **por que** (= pelas quais) passei estavam alagadas.*
*Mostre-me o caminho **por que** (= pelo qual) devo seguir.*

c) Quando representa a preposição *por* (regida pelo termo anterior) seguida da conjunção subordinativa *que* (para efeitos práticos, pode ser substituído por *para que*):

*Luto **por que** haja maior justiça social. (Luta-se por algo.)*
*Dia a dia aumenta minha ânsia **por que** cheguem as férias. (Tem-se ânsia por alguma coisa.)*

d) Após *eis, daí* e *não há* (neste último caso, em fim de frase haverá acento circunflexo):

*Trabalhamos sem método; eis **por que** não progredimos.*
*– Muito obrigado! – **Não há por que** agradecer.*
*– Muito obrigado! – **Não há por quê**.*

e) Em títulos de livros, artigos, reportagens, etc. (no caso, *por que* equivale a *por qual motivo*, ou se subentende o substantivo *motivo* ou *razão*):

Por que *há fome no mundo.* (= por qual motivo, ou eis o motivo pelo qual...)
Por que *acredito em lobisomem.* (= *vou dizer-lhes por qual motivo..., ou eis a razão pela qual...*)
Por que *os homens fazem sexo e as mulheres fazem amor.* (= *Neste livro vou dizer por qual motivo..., ou eis o motivo pelo qual/a razão pela qual...*)

4.3 – JUNTO E SEM ACENTO

Quando é conjunção coordenativa explicativa ou subordinativa causal.

Equivale a *visto que, já que, uma vez que, pelo fato de que,* ocorrendo, principalmente, em respostas:

Corram, **porque** *a chuva não vai demorar.*
Devem ter viajado, **porque** *o portão está chaveado.*
Ela está triste **porque** *o seu cachorrinho de estimação fugiu.*
Não lhe entreguei o dinheiro **porque** *ele não se identificou.*
Irritou-se **porque** *não o deixaram falar.*
Você ficou triste só **porque** (= pelo fato de que) *não o convidei para a festa do meu aniversário?*
Laura anda meio nervosa ultimamente. Será **porque** (= pelo fato de) *desconfia da sinceridade do namorado?*

Nota – Em textos antigos, *porque* aparece como conjunção subordinativa final: Vigai e orai, *porque* (= para que) não entreis em tentação. Não julguemos, *porque* (= a fim de que) não venhamos a ser julgados. Em muitas edições, esse *porque* vem escrito separado (*por que*), grafia, aliás, mais lógica, porquanto equivale a *para que* (conjunção subordinativa final).

4.4 – JUNTO E COM ACENTO CIRCUNFLEXO

Quando é substantivo, significando *motivo(s), razão/razões, causa(s)*:
Tudo na vida tem o seu **porquê** (= motivo).
Ele deve ter os seus **porquês** (= motivos) *para agir assim.*
Procuremos respostas sensatas aos nossos **porquês** (= às nossas indagações).
As crianças querem saber o **porquê** (= a razão) *de tudo.*

4.5 – EXERCÍCIO

Preencha os espaços com *por quê, por que, porque* ou *porquê(s)*:

a) _____ estamos aqui?

b) Estamos aqui, _____?

c) Estamos aqui _____ temos algo em vista.

d) Temos algo em vista, motivo _____ estamos aqui.

e) Desconheço as razões _____ cancelaram a cerimônia.

f) Eis a razão _____ me recuso a falar.
g) _____ não há expediente hoje?
h) Quem fala bem e escreve da maneira _____ fala, não escreve bem.
i) Se tem tanta certeza, _____ não formaliza sua acusação?
j) Quero saber o _____ dessa atitude tão insólita.
k) Ninguém me soube dizer _____ o demitiram.
l) Quero saber os _____ de todas as correções que fizeram no texto original.

5 – Homônimos e parônimos

5.1 – CONCEITOS

Homônimos são vocábulos que se pronunciam da mesma forma, mas que diferem no sentido.

Quando a pronúncia e a grafia são idênticas (homófonos e homógrafos), chamam-se homônimos *perfeitos*, como, por exemplo, *são*: forma do verbo *ser*, redução de *santo* e sinônimo de *sadio*.

Quando apenas a pronúncia é igual (homófonos), sendo a grafia diferente (heterógrafos), denominam-se homônimos *imperfeitos*, como, por exemplo, *concertar* e *consertar*, *coser* e *cozer*, *incipiente* e *insipiente*.

Parônimos são os vocábulos que apresentam certa semelhança de grafia e de pronúncia, mas têm significação diferente, tais como *amoral* e *imoral, apóstrofe* e *apóstrofo, ratificar* e *retificar*.

> Nota – O termo *parônimos*, certamente pela imprecisão do conceito que encerra, pois é muito subjetiva a ideia de parecido, semelhante, não foi incluído na Nomenclatura Gramatical Brasileira (NGB).

5.2 – EXEMPLOS DE HOMÔNIMOS E PARÔNIMOS

Ablação: corte cirúrgico de uma parte do corpo; avulsão.
Oblação: oferta, oferenda (a Deus).
Academia: lugar onde se ministra instrução; sociedade de sábios, artistas ou literatos.
Acadêmia: modelo plástico (em gesso) para ensino ou exercício de desenho; figura desenhada segundo modelo nu.
Acaso: acontecimento incerto ou imprevisível; casualidade; caso fortuito; porventura; quiçá, talvez; ao *acaso*: sem reflexão, a esmo, inadvertidamente; por *acaso*: casualmente, imprevistamente.
Caso: acontecimento, fato, ocorrência; hipótese, eventualidade; situação particular; aventura amorosa; conto, história; se (conjunção subordinativa condicional). *Caso* surjam problemas, podem chamar-me.
Acender: atear fogo, fazer arder, inflamar, abrasar.
Ascender: subir, elevar-se. Substantivo derivado: *ascensão*.
Acento: inflexão da voz, sinal gráfico.
Assento: base, cadeira, apoio, banco; registro, apontamento; termo de qualquer ato oficial.
Acerca de: a respeito de, sobre. Falamos *acerca de* futebol.

A cerca de: a uma distância (espacial ou temporal) aproximada de. Moro *a cerca de* cinquenta metros do supermercado. Estamos *a cerca de* dois meses das eleições [= faltam dois meses para as eleições].
Há cerca de: faz aproximadamente, existe(m) perto de. Trabalho aqui *há cerca de* doze anos. *Há cerca de* trezentos candidatos.
Acerto: ato de acertar; precisão, segurança, prudência, tino, sensatez; ajuste.
Asserto (com *e* fechado): afirmação, asserção.
Acessório: suplementar, secundário; item, peça ou equipamento suplementar, extra.
Assessório: diz respeito ao assessor (assistente) ou às suas funções.
Acético: relativo ao vinagre; diz-se do ácido formado pela fermentação do mosto da uva e que se encontra no vinagre.
Ascético: contemplativo, místico, devoto.
Asséptico: pertencente ou relativo à assepsia; isento de germes patogênicos preservado de micro-organismos/microrganismos (variante gráfica).
Acidente: desgraça; desastre; sinistro; acaso, casualidade; relevo geográfico.
Incidente: acessório, superveniente; questão acessória; episódio, circunstância; pormenor, particularidade. Uma sucessão de incidentes atrasou o início da sessão.
Acondicionar: guardar em lugar conveniente; preservar de deterioração; acomodar.
Condicionar: pôr condições a, regular, tornar dependente de condição; regular (ar; daí: ar condicionado.

> Nota – *Ar condicionado*: ar regulado, isto é, filtrado por aparelhos especiais e distribuído aos recintos com o grau de umidade e o de aquecimento ou refrigeração antecipadamente estabelecidos. *Ar-condicionado*: aparelho condicionador de ar.

Aferir: conferir (pesos, medidas, etc.) com os respectivos padrões; comparar, cotejar.
Auferir: colher, obter (lucros, vantagens, etc.).
Afilhar: dar filhos ou rebentos (as plantas); adotar, dar proteção a; aceitar como um filho. *Afilhou* a sobrinha quando a irmã faleceu.
Afiliar: agregar(-se) a, associar(-se) a, unir(-se) a (corporação, entidade, etc.). *Afiliou* os netos a um clube de futebol. TVs *afiliadas* da Globo.
Afim: parente por afinidade (= parentesco de um cônjuge com os parentes do outro); semelhante, análogo. Não podem casar os *afins* em linha reta (disposição do Código Civil). Os dois executam tarefas *afins*.
A fim (de): para. Estou aqui *a fim de* colaborar com vocês.
Aleatório: fortuito, eventual, sujeito a contingências futuras.
Alheatório: que alheia, que transfere a outrem o domínio de algo.
Alienatário: a pessoa a quem se transfere a propriedade ou a posse de alguma coisa; adquirente, cessionário.
Alienatório: que se pode transferir por alienação; que se pode alienar ou alhear.
Alisar: tornar liso; aplanar, igualar; passar a mão por, geralmente numa carícia.
Alizar: revestimento (de madeira, azulejo, mármore, etc.) da parte inferior das paredes; rodapé; guarnição de madeira ou outros materiais de ombreiras de portas ou janelas.
À medida que: à proporção que. *À medida que* envelhecemos, verificamos quanto vale a vida.
Na medida em que: uma vez que, tendo em vista que (locução conjuntiva causal); na proporção em que. Seremos perdoados *na (mesma) medida em que* perdoarmos.
Amoral: indiferente à moral, que não se preocupa com a moral.
Imoral: contrário à moral, indecente, libertino.
Ante (prefixo): antes (anteprojeto, anteontem, antenupcial); diante de, em face de (preposição). *Ante* a complexidade do problema, resolvemos estudá-lo mais detidamente.

Anti (prefixo): contra, contrário (anti-inflacionário, anti-higiênico); oposto (antípoda); que evita (anticárie, antiabortivo).

Anticéptico: contra os cé(p)ticos (= descrentes).

Antisséptico: desinfetante.

Ao encontro de: para junto de, favorável a. Iremos *ao encontro de* amigos. Essas medidas vêm *ao encontro das* aspirações do povo.

De encontro a: contra, em prejuízo de. O ônibus foi *de encontro a* um poste. Não apoiarei a medida, pois ela vem *de encontro às* aspirações dos servidores.

Ao invés de: ao contrário de. *Ao invés de* punir o infrator, recompensou-o.

Em vez de: em lugar de. *Em vez de* citar exemplos de livros, resolveu apresentar fatos da vida real.

A par: ciente, informado, prevenido; ao lado (de), junto (de); além (de). Estou *a par do* que houve. O neto caminhava a par do avô.

Ao par: de acordo com a convenção legal, sem ágio (câmbio); de acordo com a convenção legal, sem qualquer desconto ou abatimento (títulos, ações). Estamos negociando todas as moedas estrangeiras *ao par*.

Aparte: interrupção feita a um orador ou expositor, no decorrer de seu discurso ou exposição.

À parte: isoladamente, particularmente, separadamente; isolado, particular, separado. O caso merece um tratamento *à parte*.

Apedido: seção de jornal em que se publicam notícias, anúncios, artigos, pagos a pedido dos interessados. O *apedido* está em todos os jornais da Capital.

A pedido: mediante pedido, por solicitação. *A pedido* dos condôminos, aceitou ser síndico do prédio.

Apor: pôr juntamente; acrescentar, juntar; aplicar ou dar assinatura (a lei, decreto, etc.).

Opor: resistir; apresentar em oposição, objetar, impugnar; ser contrário a alguma coisa ou ideia. Ninguém se *opôs* à aprovação da medida.

Apóstrofe: interrupção, desvio do discurso para uma interpelação. *Deus! ó Deus! onde estás que não respondes?* (Castro Alves – *Vozes d'a África*)

Apóstrofo: sinal gráfico (') que indica supressão de letra (mãe-d'água).

Apreçar: marcar o preço de, avaliar, ajustar.

Apressar: acelerar, dar pressa a, instigar.

Apreender: tomar, prender, fazer apreensão (de contrabando, etc.); captar, compreender (o significado de uma palavra, a mensagem de um texto, etc.); privar menor ou adolescente de sua liberdade quando comete ato infracional. *Apreender* é, aqui, eufemismo, ou termo politicamente correto, para a ação de *prender*. (E muda alguma coisa?)

Aprender: adquirir conhecimentos estudando; tomar experiência. Errando *se aprende*. Parece que, desta vez, você *aprendeu* a lição.

Área: superfície, espaço.

Ária: cantiga, melodia; povo antepassado dos indo-europeus.

Aréola: círculo que rodeia a Lua; círculo sombreado em volta do bico do seio.

Auréola: coroa luminosa em volta da cabeça dos santos, nas imagens; halo, diadema; brilho ou esplendor moral.

Aresto: decisão judicial insuscetível de recurso ordinário.

Arresto: apreensão judicial e depósito de bens do devedor, por decisão judicial.

Arrear: pôr arreios a, aparelhar.

Arriar: abaixar, descer, inutilizar, desanimar.

Arrochar: apertar muito.

Arroxar: tornar roxo.

Ás: pessoa notável em sua especialidade; carta de jogo.
Az: esquadrão, ala do exército, fileira.
Asado: que tem asas, alado.
Azado: oportuno, propício. O momento é *azado* para discutirmos o assunto.
Ascensão: subida de Jesus Cristo ao céu; subida; elevação.
Assunção: elevação, em corpo e alma, da Virgem Maria ao céu; ato de assumir (cargo, ônus); elevação a uma dignidade superior.
Assoar: expelir secreção nasal (limpar o nariz).
Assuar: vaiar, apupar.
À toa (adjetivo): imprestável, ruim, ordinário; fútil (preocupações *à toa*); sem caráter (sujeito *à toa*).
À toa (locução adverbial): sem pensar ou refletir (falar *à toa*); sem norma, sem regra ou sequência (arrumar os livros *à toa*); a esmo, ao acaso, sem rumo. Andava *à toa* pelas ruas.
Atuar: agir, influenciar. Este remédio *atua* vagarosamente.
Autuar: reduzir a auto[1], lavrar auto contra (alguém), processar. O criminoso foi *autuado* em flagrante.
Avocar: atrair, atribuir-se, chamar a si; deslocar (causa) para outro tribunal.
Evocar: trazer à lembrança, recordar. *Evocamos* os velhos tempos.
Bimensal: que aparece ou se realiza duas vezes ao mês, ou cada quinzena; quinzenal.
Bimestral: que dura dois meses; que aparece ou se realiza de dois em dois meses.
Boça: cabo de navio.
Bossa: protuberância, elevação; aptidão, vocação.
Brocha: prego curto de cabeça larga e chata; correia de couro cru.
Broxa: pincel grande para caiar ou para pintura ordinária; impotente sexualmente.
Cabide: móvel ou objeto em que se penduram roupas, chapéus, etc.
Cabido: coletivo de cônegos.
Caçar: perseguir, apanhar (animais).
Cassar: anular, suspender, invalidar. *Cassaram* sua licença, seu mandato, etc.
Caqui: fruto do caquizeiro.
Cáqui: da cor do barro; brim dessa cor. Terno de brim *cáqui*.
Catafalco: estrado sobre que se coloca o féretro (= caixão de defunto); essa.
Cadafalso: tablado, andaime ou estrado erguido em lugar público, para nele se exporem ou executarem os condenados; patíbulo.
Cardeal: prelado; ave ornamental; principal, fundamental (virtudes *cardeais*, pontos *cardeais*).
Carear: confrontar, acarear; atrair, granjear, trazer (a estima, a consideração de alguém).
Cariar: criar cárie. Alimentos muito doces *cariam* os dentes.
Casual: acidental, fortuito, eventual, ocasional. Daí: *casualidade*: acaso, contingência; qualidade do que é casual ou acidental.
Causal: relativo a causa, que exprime causa. Nexo *causal*. Daí: *causalidade*: relação de causa e efeito.
Cavaleiro: homem a cavalo, paladino; ponto elevado em que se coloca uma bateria. A *cavaleiro*: em lugar eminente, sobranceiro.
Cavalheiro: homem gentil, de sentimentos e ações nobres; bem-educado.

---

[1] Descrição autenticada e circunstanciada dos fatos ocorridos no processo e dos atos processuais.

Cela: aposento de religiosos nos conventos ou mosteiros; compartimento prisional nas cadeias; cubículo.
Sela: arreio acolchoado de cavalgadura.
Censo: recenseamento, contagem. *Censo* demográfico, escolar, etc.
Senso: juízo, tino, discernimento. Devemos ter *senso* de humor, de responsabilidade, etc.
Cerração: nevoeiro denso; neblina.
Serração: ato de serrar, de cortar.
Cerrar: fechar, apertar, encerrar.
Serrar: cortar, separar.
Cessão: ato de ceder, cedência.
Seção ou *se(c)ção*: setor, corte, subdivisão, parte de um todo. Substantivo derivado: *interse(c)ção*: cruzamento.
Sessão: espaço de tempo em que se realiza uma reunião; reunião.
Chá: planta; as folhas dessa planta; infusão de tais folhas.
Xá: soberano da Pérsia.
Chácara: quinta, habitação campestre (perto da cidade), casa de campo.
Xácara: romance popular em verso.
Cheque: ordem de pagamento.
Xeque: chefe árabe; lance de xadrez; perigo. Ele pôs em *xeque* nossa segurança.
Cidra: o fruto da cidreira, maior e mais carnudo do que o limão; é usado em confeitaria e perfumaria.
Sidra: bebida que se prepara com o suco fermentado da maçã.
Cível: relativo ao Direito Civil; diz-se dos tribunais que julgam causas cíveis.
Civil: referente às relações dos cidadãos entre si; polido.
Cocho: gamela; manjedoura.
Coxo: que coxeia; que tem falta de pé ou de perna.
Comprimento: extensão, tamanho, distância; duração do tempo.
Cumprimento: saudação; ato de cumprir. Aceite meus *cumprimentos* pela sua promoção.
Concertar: combinar, harmonizar, arranjar, ajustar; autenticar (cópias, traslados). Substantivo derivado: *concerto* (ordem, harmonia, ajuste, regularidade, sessão musical; autenticação [de cópias, traslados]).
Consertar: remendar, restaurar. Substantivo derivado: *conserto* (remendo, restauração, reparação).
Confidente: (pessoa) a quem se confiam pensamentos íntimos.
Confitente: que (se) confessa; confesso.
Conjetura: suposição, hipótese.
Conjuntura: oportunidade, momento, ensejo, situação.
Consumar: terminar, completar, executar.
Consumir: absorver, devorar; despender, empregar, gastar.
Contenção: ato de conter(-se) (muro de contenção, contenção de despesas) refrear(-se), reprimir(-se); contenda, debate, disputa; litígio, luta; conjunto de meios (faixas, talas, gesso, etc.) utilizados para manter na devida posição órgãos fraturados ou deslocados, ou que tendem a separar-se.
Contensão: grande aplicação ou esforço do espírito para adquirir um conhecimento ou remover uma dificuldade; grande aplicação ou esforço intelectual; tensão (= pressão). P. ex.: Tensão *arterial, nervosa, emocional*, etc.
Correção: ato de corrigir; repreensão; retidão, exatidão.

Correição: exame que o juiz faz nos cartórios de sua jurisdição (atividade correcional); fila de formigas em caminho.

Coser: costurar.

Cozer: cozinhar.

Crucial: que tem forma de cruz; decisivo, terminante. Momento *crucial*.

Cruciante: aflitivo, torturador. Dor *cruciante*.

Deferir: atender, conceder, anuir, despachar favoravelmente, outorgar. Substantivo derivado: *deferimento*.

Diferir: divergir; adiar, retardar, dilatar. Substantivo derivado: *diferimento*.

Degradar: rebaixar, desonrar, aviltar; atenuar sensivelmente

Degredar: exilar, desterrar, banir. Substantivo derivado: *degredo*.

Delatar: denunciar, acusar. Substantivo derivado: *delação* (denúncia).

Dilatar: aumentar o volume de; acrescentar, ampliar, crescer; adiar, prolongar, prorrogar. Substantivos derivados: *dilatação* (alargamento, expansão); *dilação* (prorrogação, adiamento).

Descrição: ato de descrever; explanação, relação.

Discrição: moderação, reserva, recato, modéstia. Antônimo: *indiscrição*. À *discrição*: à vontade, sem estar sujeito a condições.

Descriminar: inocentar, isentar de crime. Substantivo derivado: *descriminação*. O juiz optou pela *descriminação* do réu.

Discriminar: diferenciar, distinguir, separar, discernir. Substantivo derivado: *discriminação*. Devemos condenar a *discriminação* racial.

Despensa: depósito de mantimentos.

Dispensa: escusa, licença; demissão.

Despercebido: não visto, não notado, não observado, ignorado. Não me passou *despercebido* seu gesto.

Desapercebido: desprevenido, desguarnecido, desprovido. Estou *desapercebido* de fósforo.

Nota – Os dicionários em geral registram, atualmente, o emprego de **desapercebido** também como sinônimo de despercebido, não percebido, não notado.

Dessecar: secar completamente, enxugar.

Dissecar: analisar, examinar, dividir anatomicamente. Substantivo derivado: *disse(c)ção* (variante: dissecação).

Destratar: ofender, insultar, desacatar.

Distratar: desfazer um trato ou contrato. Substantivo derivado: *distrato* ou *distrate*.

Elidir: suprimir, eliminar. Substantivo derivado: *elisão*.

Ilidir: refutar, rebater. O advogado *ilidiu* as razões do adversário.

Emaçar: reunir em maço(s).

Emassar: reduzir a massa, converter em massa.

Emergir: vir à tona, manifestar-se, aparecer. A verdade *emergiu* pouco a pouco. Substantivo derivado: *emersão*.

Imergir: mergulhar, penetrar, afundar. Substantivo derivado: *imersão*.

Eminente: alto, elevado; sublime, célebre. Substantivo derivado: *eminência*. Trata-se de um cientista *eminente*.

Iminente: imediato, próximo, sobranceiro, prestes a acontecer. A chuva era *iminente*. Substantivo derivado: *iminência*.

Emigrar: sair da pátria.

Imigrar: entrar (em país estrangeiro) para viver nele.

Emitir: expedir, enviar, publicar; pôr em circulação monetária; exprimir, enunciar. Substantivo derivado: *emissão*.
Imitir: fazer entrar, meter; investir. Substantivo derivado: *imissão* (investidura, colocação, introdução). As autoridades judiciais *imitiram*-no na posse de seus legítimos bens.
Enfestar: dobrar pelo meio em sua largura (a fazenda).
Infestar: devastar, assolar. Os mosquitos *infestam* nossas casas durante o verão.
Erupção: emissão violenta, saída rápida; manifestação de borbulhas, pústulas, manchas, etc. na pele ou nas mucosas.
Irrupção: entrada súbita de inimigos num país; entrada impetuosa em geral; invasão súbita das águas do mar, de um rio, etc.
Esbaforido: cansado, ofegante.
Espavorido: apavorado, espantado.
Esotérico: que é ensinado de modo secreto, só para iniciados; profundo, secreto; difícil de entender.
Exotérico: exposto em público (teoria, doutrina, etc.)
Espectador: testemunha, assistente.
Expectador: aquele que tem expectativa, esperançoso.
Esperto: fino, inteligente, atilado, ativo.
Experto: perito, conhecedor, experimentado.
Espiar: espreitar, olhar.
Expiar: pagar, resgatar (crime, falta, pecado); sofrer as consequências de.
Espirar: estar vivo; respirar; soprar, respirar.
Expirar: expelir (o ar) dos pulmões; soltar o último alento, morrer; acabar, terminar, findar (tempo, prazo).
Estada: permanência, demora de uma pessoa em algum lugar.
Estadia: permanência paga do navio no porto para carga e descarga. Aplica-se, por extensão, a veículos em geral (automóveis, caminhões, etc.); alojamento, pouso (em hotel, etc.); diária.
Estância: morada, mansão; estabelecimento rural; estação de água mineral.
Instância: pedido urgente e repetido; jurisdição, foro; *grau de jurisdição* (denominação atual da hierarquia judiciária, em substituição ao termo *instância*).
Estático: imóvel como estátua; sem movimento, parado; hirto.
Extático: posto em êxtase; absorto, enlevado.
Esterno: tipo de osso.
Externo: que fica ou está fora; exterior.
Hesterno: relativo à véspera, ao dia anterior.
Estofar: guarnecer de estofo; acolchoar, forrar (daí: *estofador*).
Estufar: meter ou aquecer em estufa; aumentar o volume de; inchar, inflar, enfunar.
Estória: narrativa de ficção; conto popular.
História: narração metódica dos fatos notáveis de um povo ou da humanidade; conto, narração, narrativa; enredo, trama, fábula.

Nota – O vocábulo *história* abrange tanto o sentido de ciência histórica, quanto o de narrativa de ficção. Já *estória* significa apenas ficção.

Estrato: nuvem com o formato de uma longa faixa horizontal; camada, segmento, estamento (social, populacional).
Extrato: perfume, loção; resumo; produto concentrado. *Extrato* de tomate; Você deve anexar um *extrato* de sua conta-corrente.
Estremado: apropriado, consumado, completo; esforçado, valoroso.

Extremado: insigne, notável, célebre, excelente; radical. Não devemos tomar medidas *extremadas*.
Flagrante: evidente, manifesto. *Em flagrante*: no momento da ação. *Flagrante* delito: delito observado ou surpreendido no momento em que se está cometendo ou se acabou de cometê-lo.
Fragrante: aromático, perfumoso. Substantivo derivado: *fragrância*.
Florescente: florido, próspero, venturoso.
Fluorescente: que tem a propriedade da fluorescência; luminoso.
Folear: tocar fole.
Foliar: dançar, pular, divertir-se, folgar; fazer folia.
Folhar: cobrir com folhas; criar folhas.
Folhear: passar as folhas de (livro, revista, etc.); manusear, consultar, ler; ler apressadamente, ou sem atenção, as folhas de.
Fusível: peça de eletricidade; que se pode fundir.
Fuzil: arma de cano longo.
hosco: cor de animal escuro, de tom entre castanho e cinza. Por extensão: difícil, complicado.
osco: povo antigo (da Campânia, Itália).
Incerto: duvidoso, inseguro; vago, indeterminado, não certo.
Inserto: inserido, incluído, introduzido.
Incipiente: principiante, iniciante, neófito, novato (motorista *incipiente*, cirurgião *incipiente*, etc.).
Insipiente: ignorante, falto de saber.
Incontinente: que não se contém, imoderado.
Incontinenti (em latim) ou *incontinênti* (em português): imediatamente, logo, em seguida, sem demora, sem interrupção.

> Nota – O VOL09 registra apenas a forma *incontinenti*, seguida da indicação adv. lat. (advérbio latino). Aportuguesando-se o advérbio, deve receber acento circunflexo, por se tratar de palavra paroxítona terminada em *i* (como, aliás, registra o Dicionário Aurélio/2010). Os dicionários Houaiss/09 e Sacconi/10 atribuem ao adjetivo e substantivo *incontinente*, além das acepções suprarregistradas, as do advérbio *incontinente/incontinênti*: sem demora, sem intervalo, sem perda de tempo, imediatamente, prontamente. *Incontinenti/incontinênti* origina-se da locução adverbial do latim tardio (da era cristã) *in continenti tempore*: no tempo imediatamente posterior.

Indefeso: desarmado, fraco.
Indefesso: incansável, infatigável.
Infligir: aplicar [em sentido pejorativo, negativo] (pena, castigo, derrota, multa, etc.).
Infringir: transgredir, desrespeitar, desobedecer. Substantivos derivados: *infração* e *infringência*.
Intercessão: intervenção, mediação.
Interse(c)ção: ponto em que se cruzam duas linhas ou superfícies; cruzamento.
Intemerato: puro, íntegro, incorrupto.
Intimorato: sem temor, destemido.
Laço: laçada; corda; nó que se desata facilmente; traição, engano.
Lasso: fatigado, cansado, frouxo; devasso, dissoluto. Substantivo derivado: *lassidão* (frouxidão).
Lactante: (mulher) que amamenta ou produz leite.
Lactente: (criança) que ainda mama.
Latente: oculto, subentendido, dissimulado, encoberto. Antônimo: patente, evidente.

Lance: arremesso; conjuntura, ocorrência, fato; jogada; oferta de preço em leilão ou em venda; risco, perigo; aventura; caso difícil; acontecimento, etapa; sequência de casas contíguas; peripécia de um drama ou de um romance.

Lanço: tiro, arremesso; oferta de preço em leilão ou em venda; parte de uma escada compreendida entre dois patamares; lado de uma rua, de um corredor.

Nota – Como se observa, os dois vocábulos têm, atualmente, na maioria dos casos, acepções semelhantes ou idênticas.

Lenimento: remédio que mitiga, acalma dores; alívio, refrigério.

Linimento: medicamento untuoso (= oleoso) para fricções.

Lista: relação, rol, tira comprida e estreita; catálogo, cardápio.

Listra: risca de cor diferente num tecido.

Nota – Atualmente, também se emprega o vocábulo *lista* com o sentido de *listra*.

Locador: que dá de aluguel; proprietário.

Locatário: que recebe ou toma de aluguel; inquilino.

Lustre: brilho, polimento; lâmpada, candelabro.

Lustro: período de cinco anos, quinquênio.

Nota – Atualmente, também se emprega o vocábulo *lustro* com o sentido de brilho, polimento.

Maça: clava; pilão.

Massa: matéria contida num corpo; coisa informe; miolo; pasta.

Mandado: ato de mandar; ordem emanada de autoridade judicial ou administrativa; disposição, prescrição da lei. Ele pretende impetrar um *mandado* de segurança. *Mandado* de prisão, de soltura, de arresto.

Mandato: autorização que se confere a outrem, delegação. A procuração é o instrumento do *mandato*. Os deputados recebem seu *mandato* do povo.

Mandante: que ordena; dirigente.

Mandatário: pessoa mandada; representante, delegado, procurador.

Originalmente: de maneira nova, original.

Originariamente: inicialmente.

Óptica (substantivo): ciência da visão (VOLP/09); ramo da Física que estuda as leis da luz.

Ótica: (substantivo): ciência da audição (VOLP/09).

Óptico (adjetivo): relativo à visão, à vista; ocular. Nervo *óptico*.

Ótico (adjetivo): relativo à audição, auricular. Inflamação *ótica*. Substantivo correspondente: *otite*.

Nota – A distinção acima, entre os adjetivos *óptico* e *ótico* está registrada no VOLP/09 e é seguida rigorosamente na linguagem técnica (pericial, médica, médico-legal, etc.). Na linguagem usual, os dois adjetivos são empregados como sinônimos. Também na linguagem comum, empregam-se os substantivos *óptica* e *ótica* como variantes, também acolhidas pelo VOLP/09.

Paço: palácio do governo; a corte.

Passo: ato de andar; caminho, marcha; episódio.

Pequenez: qualidade do que é pequeno; estatura exígua; baixeza, mesquinhez.

Pequinês: de Pequim (China); raça de cães pequenos e felpudos, originária da China.

Perfilar: alinhar, aprumar.

Perfilhar: assumir legalmente a paternidade de; adotar; receber como filho; adotar, seguir, defender (doutrina, princípio, etc.).

Preceder: anteceder, vir antes.

Proceder: descender, provir, originar-se; comportar-se; agir, realizar; caber, ter fundamento. O eminente jurista *procede* de família humilde. A meu ver, suas críticas *procedem*. Fique tranquilo, você *procedeu* bem.
Presar: capturar, apresar, agarrar.
Prezar: estimar muito, amar, respeitar.
Prescrever: determinar, preceituar, ordenar, estabelecer norma; receitar; ficar sem efeito, anular-se, extinguir-se a ação (por inércia de seu titular, que não a exerce no prazo devido).
Proscrever: condenar a degredo, desterrar; proibir, abolir, suprimir.
Prever: antever, profetizar; conjeturar, calcular.
Prover: abastecer, dotar; preencher; munir.
Provido: que se proveu; cheio; dotado, munido; despachado; nomeado.
Próvido: providente, acautelado, prudente, precavido.
Ratificar: validar, confirmar autenticamente (o que foi feito ou prometido); sancionar. Substantivo derivado: *ratificação*.
Retificar: corrigir, emendar; tornar reto, alinhar; redestilar para purificar (o líquido); recondicionar (motor). Substantivos derivados: retífica (oficina de motores de explosão; *retificação*.
Recapar: recauchutar pneus.
Recapear: recobrir (rua, estrada) de nova camada asfáltica.
Receptível: que se pode receber; aceitável; admissível; razoável.
Receptivo: que está disposto a (ou é capaz de) receber ou acolher; prudente, precavido.
Recrear: proporcionar recreio a, divertir, alegrar. Substantivo derivado: *recreação*.
Recriar: criar de novo. Substantivo derivado: *recriação*.
Remição: ato ou efeito de re(di)mir (= resgatar, pagar); resgate, pagamento, quitação.
Remissão: ato ou efeito de remitir (= perdoar); indulgência, perdão; ato ou efeito de remeter, enviar; envio (em textos; daí: índice *remissivo*); alívio temporário de uma doença.
Remissível: que se pode remitir (= perdoar) ou remeter.
Remível: que se pode remir (= pagar); pagável, resgatável.
Remisso: descuidado, negligente, desleixado; vagaroso, lento, tardio.
Remido: resgatado, libertado; salvo; desobrigado de qualquer compromisso; liberado, quitado. Sócio *remido* (= isento de contribuição).
Remidor: que re(di)me, isto é, paga, resgata.
Remitente: que remite, isto é, perdoa; (doença) que apresenta remitências (= intervalos ou interrupções maiores ou menores de sintomas).
Renitente: persistente; que não cede; obstinado; teimoso; que resiste à pressão física.
Remunerar: gratificar, premiar; pagar, recompensar. Substantivo derivado: *remuneração*.
Renumerar: numerar novamente. Substantivo derivado: *renumeração*.
Ruço: pardacento; desbotado; grisalho; grave, difícil, sério. A situação está *ruça*.
Russo: referente à Rússia ou aos seus habitantes; natural ou habitante da Rússia; língua da Rússia.
Senão: defeito, mancha, nódoa; do contrário, caso contrário; mas, sim (após negação); exceto, salvo; pois.
Se não: caso não.
Sobrescritar: endereçar (a carta); pôr o sobrescrito (endereço) em.
Subscritar: assinar, subscrever.
Sortir: abastecer, prover.
Surtir: ter como resultado, produzir efeito, ter como consequência. A campanha *surtiu* excelentes resultados.

Subentender: entender ou perceber (o que não está expresso).
Subintender: dirigir, exercer as funções de subintendente.
Subtender: estender por baixo.
Sustar: fazer parar; impedir de continuar; interromper; parar.
Suster: segurar por baixo para que não caia ou desabe; sustentar, alimentar; refrear, reprimir.
Su(b)til: fino, delgado; arguto, perspicaz; que penetra ou se insinua facilmente. Substantivo derivado: *su(b)tileza*.
Sútil: costurado, cosido. Antônimo: *inconsútil* (sem costuras, inteiriço).
Tacha: pequeno prego, percevejo; mancha, nódoa.
Taxa: preço ou quantia que se estipula como compensação de certo serviço, ou como remuneração de certo trabalho; razão do juro.
Tachar: pôr prego em; avaliar ou julgar desfavoravelmente (negativamente), notar defeito em, censurar, criticar, apodar, acusar. *Tacharam*-no de ignorante, de corrupto, de venal, etc. Não me *tachem* de reacionário por não concordar com essa forma de protestar.
Taxar: regular o preço (de um gênero, de um serviço, etc.); estabelecer taxa; fixar (certa porção ou quantia); moderar, regular, limitar; avaliar, julgar (positiva ou negativamente). *Taxaram-no* de benfeitor da humanidade.

Nota – Taxar origina-se do verbo latino *taxare*: avaliar, estimar, apreciar; *tachar*, no sentido de julgar, avaliar, considerar, liga-se ao substantivo francês *tache* (em português *tacha*): mancha, nódoa, pecha, vício, defeito. Daí por que somente se pode empregá-lo, quando se trata de avaliação, julgamento, em sentido negativo, pejorativo.

Tapar: fechar, cercar, cobrir.
Tampar: cobrir com tampa; pôr tampo em.
Testo (*e* fechado): tampa de ferro ou de barro para vasilhas.
Texto: redação; teor; conjunto de enunciados linguísticos formando um todo orgânico; evento comunicativo, escrito ou falado, que envolve ações linguísticas, cognitivas e sociais (definição atual, baseada em Robert de Beaugrande).
Tráfego: trânsito de veículos, percurso.
Tráfico: negócio ilícito; mercado humano; comércio, negociação. É proibido o *tráfico* de entorpecentes, de escravos, de tóxicos, etc.
Vadear: atravessar a vau, passar a pé (o rio, etc.).
Vadiar: vagabundear, brincar, divertir-se.
Válido: legal; proveitoso; vigoroso, potente, são, sadio.
Valido: favorecido, protegido, favorito.
Vendável: que se vende bem ou fácil.
Vendível: que se pode vender.
Vestiário: guarda-roupa; pessoa encarregada do guarda-roupa de uma corporação (clube, academia, etc.); quarto onde se troca de roupas.
Vestuário: conjunto das peças de roupa que se vestem; traje.
Vultoso: grande, volumoso, importante; considerável, polpudo. A polícia apreendeu um *vultoso* contrabando de uísque estrangeiro.
Vultuoso: atacado de vultuosidade (= congestão da face); vermelho e inchado (diz-se do rosto).

5.3 – EXERCÍCIO

a) Devemos condenar veementemente a _____ racial e religiosa. (descriminação, discriminação)

b) Temos de agir com cautela e muita _____ . (discreção, discrição, descrição)

c) Consegui este emprego sem a _____ de ninguém. (interseção, intercessão)

d) _____ as rubricas em que há saldo disponível. (Descrimine, Discrimine)

e) Estou fazendo a prova sozinho, _____ de mostrar o que realmente sei. (a fim, afim)

f) Andávamos à tua procura _____ vinte minutos. (a cerca de, acerca de, há cerca de)

g) No verão, os mosquitos _____ as zonas alagadiças da cidade. (enfestam, infestam)

h) Acho que você agiu com inteiro _____ . (asserto, acerto)

i) Ontem a Assembleia Legislativa realizou duas _____ extraordinárias. (cessões, sessões, seções)

j) Os ladrões abandonaram uma soma _____ no carro em que fugiram. (vultuosa, vultosa)

k) Em *pau-d'água*, antes da palavra *água*, ocorre o sinal denominado _____ . (apóstrofe, apóstrofo)

l) Não coloquei essa cláusula, pois ela se _____ facilmente. (subintende, subtende, subentende)

m) Adquiriu o aparelho na _____ de artigos para o lar. (sessão, seção, cessão)

n) O juiz determinou o _____ dos bens do devedor. (aresto, arresto)

o) Foi ao banco e pediu um _____ de sua conta de depósitos referentes ao FGTS. (estrato, extrato)

p) Pairam, ainda, muitas dúvidas _____ da viabilidade dessas medidas. (acerca, a cerca, há cerca)

q) Lembre-se deste princípio matemático: não se adicionam _____ coisas da mesma natureza. (senão – se não)

r) Concordo plenamente com a medida, pois ela vem _____ interesses da comunidade porto-alegrense. (de encontro aos, ao encontro dos)

s) A emissora de rádio agradeceu a _____ do horário destinado à propaganda política. (sessão, cessão, seção)

t) Não me pronunciarei antes que as negociações se _____ . (consumam, consumem)

u) Muitos jovens _____ ideias socialistas. (perfilam, perfilham)

v) A ausência do flúor na água faz com que as crianças fiquem com os dentes _____ . (careados, cariados)

w) Um jogador _____ deve observar cuidadosamente os colegas e mesmo os adversários mais experimentados. (incipiente, insipiente)

x) O gerente da loja e o vendedor agiram em _____ de vontades. (concerto, conserto)

6 – Emprego de iniciais maiúsculas e minúsculas

6.1 – EMPREGO DE MAIÚSCULAS (CASOS MAIS COMUNS)

Emprega-se inicial maiúscula:

a) No começo das citações diretas (textuais):

William Cowper disse: *O conhecimento é o orgulho de se ter aprendido muito, a sabedoria é a humildade de não se saber mais.*

O ser humano é do tamanho do seu sonho. (Fernando Pessoa)

b) No começo dos versos:

Lá onde a luz do lampião
Uns tristes charcos alumia debalde,
Moram, numa infinita solidão,
As estrelinhas quietas do arrabalde.
(Mário Quintana)

Nota – Alguns poetas usam, à espanhola, inicial minúscula no princípio de cada verso, quando a pontuação o permite.

Com as lágrimas do tempo
e a cal do meu dia
eu fiz o cimento
da minha poesia.
(Vinícius de Morais)

c) nos antropônimos (= nomes próprios de pessoa), reais ou fictícios:

Leônidas, Berenice, Branca de Neve, D. Quixote.

d) Nos topônimos [= nomes de localidades e acidentes geográficos], reais ou fictícios:

Porto Alegre, Serra do Rio do Rastro, Pão de Açúcar, Morro do Chapéu, Atlântida (ilha lendária), Hespérides (ilhas fabulosas do Atlântico).

e) nos cognomes (= títulos) e alcunhas (= nomes acessórios ou qualificativos), dinastias e designação de ordens religiosas:

Isabel I, a Católica; Isabel, a Rainha Santa; Ivã, o Terrível; João V, o Magnânimo; Ricardo I, Coração de Leão; Frederico I, Barba-Roxa; Pepino, o Breve; Beda, o Venerável; Aleijadinho, os Antoninos, os Afonsinos; Frederico II, o Grande; Ordem das Clarissas, Ordem dos Frades Menores.

f) nos nomes de seres antropomorfizados (= seres semelhantes ao homem) e mitológicos:
Adamastor, Netuno, Hércules, etc.

g) nos nomes sagrados e relativos a religiões, de festas e festividades:
Deus, Jeová, Maomé, Assunção, Ascensão, Páscoa, Ressurreição, Todos os Santos, Ramadão, Dia das Mães, Proclamação da República, etc.

h) nos nomes que designam instituições:
Orquestra Sinfônica de Porto Alegre, Academia das Ciências de Lisboa, Ordem dos Advogados do Brasil, etc.

i) nos títulos de periódicos (jornais e revistas), grafados em itálico:
O Pioneiro, Primeira Hora, Valor Econômico, Correio do Povo, Veja, O Estado de São Paulo, etc.

j) nos nomes dos pontos cardeais, quando designam regiões:
Nordeste (= nordeste do Brasil), Ocidente (= o ocidente europeu), Oriente (= o oriente asiático). Exemplo: *O falar do Norte é diferente do falar do Sul. Viajo seguidamente ao Nordeste.*

k) em siglas, símbolos ou abreviaturas internacionais ou nacionalmente reguladas com maiúsculas (iniciais ou mediais ou finais ou o todo em maiúsculas):
APP, pl. APPs: Áreas de Preservação Permanente; FAT: Fundo de Amparo ao Trabalhador; LER: Lesão por Esforço Repetitivo; LIN: Lei de Incentivo à Cultura; Hz: unidade de frequência; kWh: quilowatt(s)-hora; dB: decibel.

l) opcionalmente, em nomes de vias e lugares públicos:
Avenida/avenida João Pessoa, Praça/praça Júlio de Castilhos, Travessa/travessa Leonardo Truda, Beco do Carvalho, Parque Farroupilha, etc.

m) opcionalmente, em nomes de templos e edifícios:
Igreja/igreja do Bonfim, Palácio/palácio do Comércio, Edifício/edifício Palácio do Comércio, etc.

n) nos nomes que designam altos conceitos políticos, religiosos ou nacionalistas:
Igreja (a entidade religiosa), Capital (determinada capital), Nação, Estado, Município, Distrito Federal (as entidades políticas – cfe. CRFB, arts. 18 a 31), etc.

Nota – Estes nomes escrevem-se com inicial minúscula quando empregados em sentido geral ou indeterminado. Todavia, na CRFB/88 e no CC/02, os termos *Estado*, *Município* e *Território*, mesmo no *plural*, sempre vêm grafados com inicial maiúscula, o que, aliás, é praxe também em outros códigos e leis esparsas. Isso se deve, principalmente no que se refere aos *Estados* e *Municípios*, ao fato de esses entes terem sido erigidos à categoria de *altos conceitos políticos* na CRFB/88, passando a constituir, juntamente com a União e o Distrito Federal, os pilares da República Federativa do Brasil (Confira o art. 1º da CRFB/88.).

o) nos nomes que designam instituições:
Instituto Nacional de Seguro Social (INSS), Cruz Vermelha, etc.

p) nos nomes que designam artes, ciências e disciplinas:
Direito, Matemática, Pintura, Filologia Românica, etc.

q) nos nomes que designam altos cargos, dignidades ou postos:
Papa, Cardeal, Arcebispo, Presidente da República, Ministro da Fazenda, Governador do Estado, Secretário da Saúde, Prefeito Municipal, etc.

Nota – Também se escrevem com inicial maiúscula os nomes das funções e cargos públicos: Técnico Superior Judiciário, Taquígrafo Parlamentar, Bibliotecário, Oficial de Justiça, Assistente Legislativo, Oficial Administrativo, etc.

r) nos nomes de repartições, agremiações, edifícios e estabelecimentos públicos ou particulares, bem como nos nomes de escolas de qualquer espécie ou grau de ensino:
Diretoria do Ensino Superior, Universidade Federal do Rio Grande do Sul, Sport Club Internacional, Livraria do Advogado Editora, Caixa Econômica Federal, Faculdade de Direito, Serviço Nacional de Aprendizagem Comercial, Colégio Nossa Senhora do Bom Conselho, etc.

s) Nos títulos de livros, jornais, revistas, produções artísticas, literárias e científicas:
Contos Gauchescos e Lendas do Sul, Correio do Povo, Jornal do Comércio, Quatro Rodas, Conjuntura Econômica, Vênus de Milo (estátua), Teoria da Relatividade (de Einstein), O Anel dos Nibelungos (de Wagner), etc.

t) opcionalmente, nos nomes (substantivos) abstratos quando personificados ou individuados, e de seres morais ou fictícios:
a Ira, o Ódio, a Inveja, o Amor, a Bondade, o Cordeiro, o Lobo, a Cigarra, a Formiga, etc.

u) opcionalmente, nos nomes referentes a Deus e à Virgem Maria:
Toda a justiça vem de Deus, é Ele a única fonte dela. (Jean-Jacques Rousseau – *O contrato social*)

v) Nos nomes, adjetivos, pronomes e expressões de tratamento ou reverência, bem como nas formas que se acham ligadas a essas expressões:
Dom e Dona (D.), Muito Digno (M. D.), Digníssimo (DD.), Senhor (Sr.), Meritíssimo (MM.), Vossa Excelência (V. Exª), Vossa Senhoria (V. S^a), Ilustríssimo Senhor Diretor, Excelentíssimo Senhor Presidente da República, Egrégio Tribunal Superior de Justiça, Colenda 17ª Câmara Cível, etc.

w) Nos nomes de atos das autoridades políticas, quando empregados em correspondência ou documentos oficiais:
Emenda Constitucional n. 45, Lei Complementar n. 101, Decreto-Lei n. 1.116, Lei n. 11.101, Medida Provisória n. 234, Resolução n. 3.175, Portaria n° 36, etc.

x) Nos nomes próprios de eras históricas épocas notáveis:
Idade Média, Quinhentos (o século XVI), Hégira, etc.

y) Nas palavras que, no estilo epistolar, se dirigem a um amigo, a um colega, a uma pessoa respeitável, as quais, por deferência, consideração ou respeito, se queira realçar por esta maneira:
Meu bom Amigo, caro Colega, meu prezado Mestre, minha doce Namorada, estimado Professor, etc.

z) Nos nomes de fatos históricos e importantes, de atos solenes e de grandes empreendimentos públicos:
Sesquicentenário da Independência do Brasil, Bicentenário de Porto Alegre, Revolução Farroupilha, Reforma Ortográfica, Festa das Mães, etc.

aa) Nos pronomes indefinidos *Fulano*, *Beltrano* e *Sicrano*, quando usadas *em lugar do nome da pessoa*:
Fulano de Tal, Diretor-Presidente, Beltrano de Tal, Advogado da União.

Nota – Esta norma (faculdade, licença) também se aplica, por analogia, aos nomes que designam entidades jurídicas (empresas, etc.), quando (numa correspondência, por exemplo) se deseja realçá-las: Temos a satisfação de enviar a essa Casa (a esse Banco, a esse Departamento, a essa Coordenadoria, etc.).

6.2 – EMPREGO DE INICIAIS MINÚSCULAS (CASOS MAIS COMUNS)

Emprega-se inicial minúscula:

a) ordinariamente, nos usos correntes de todos os vocábulos da língua portuguesa;

b) nos nomes de povos e nos gentílicos em geral:
baianos, colombianos, brasileiros, dinamarqueses, etc.

c) nos nomes dos dias, meses e estações do ano:
terça-feira, outubro, primavera, etc.

d) nos nomes das línguas:
português, francês, italiano, alemão, etc.

e) nos pronomes indefinidos:
fulano, beltrano e sicrano

f) opcionalmente, após o primeiro elemento, que é com maiúscula, dos títulos dos livros, exceto nos nomes próprios nele contidos. Tudo em itálico:
Eles, os Juízes, Vistos por um Advogado / Eles, os juízes, vistos por um advogado; À Sombra das Raparigas em Flor / À sombra das raparigas em flor; Café da Manhã com Sócrates / Café da manhã com Sócrates; História do Cerco de Lisboa / História do cerco de Lisboa; Nova Ortografia Integrada / Nova ortografia integrada.

g) nas partículas monossilábicas e átonas que se acham no interior de vocábulos compostos ou de locuções ou expressões que têm iniciais maiúsculas:
Dicionário **de** Coletivos e Correlatos, Gramática **de** Usos **do** Português **do** Brasil, Índice **dos** Topônimos **da** Carta do Brasil **ao** Milionésimo, etc.

Nota – Esta norma deve estender-se, por analogia, também às partículas átonas de mais de uma sílaba que se acham no interior de uma locução substantiva própria: Português **para** Profissionais; Uma Jangada **para** Ulisses; A Luta **pela** Sobrevivência; Novo Dicionário **da** Filosofia e **das** Ciências Humanas, etc.

h) nos nomes dos pontos cardeais – exceto em suas abreviaturas –, quando designam direções ou limites geográficos:
Percorri o país de *n*orte a *s*ul e de *l*este a *o*este. Mas: **L** (leste), **O** (oeste), **NNE** ou **N.N.E** (nor-noroeste).

i) nos nomes comuns que acompanham nomes geográficos:
o rio Amazonas, o rio Jacuí, a baía da Guanabara, o canal de Suez, o oceano Pacífico, etc.

j) depois de dois-pontos (:), quando segue uma enumeração, exemplificação, reflexão ou explanação:

Duas coisas prejudicam tua reputação: o jogo e a bebida.

Adote o ritmo da natureza: o segredo dela é a paciência. (Emerson)

k) Nos vocábulos *artigo, parágrafo* (inclusive na expressão *parágrafo único*), *inciso* e *alínea*, quando usados no *interior* do texto:

Tal ação cabe unicamente nas hipóteses dos incisos I a III do art. 621 do Código de Processo Penal.

No caso, não se observou o disposto no artigo 27, parágrafo único, da Lei n. 9.636, de 15 de maio de 1998.

Notas

1ª – Há certas divergências entre as normas ortográficas adotadas pela Academia Brasileira de Letras (ABL) e aquelas expedidas por outros órgãos, como, p. ex., a Associação Brasileira de Normas Técnicas (ABNT). A solução mais racional, no caso, parece ser esta: observar, na escrita comum, a ortografia oficial (AOLP-1990); e, na escrita técnica, a grafia técnica (ABNT).

2ª – Cabe não esquecer que nossa ortografia tem força de lei, é prescritiva. O Acordo Ortográfico da Língua Portuguesa (AOLP-1990) foi aprovado, em Lisboa, em 16 de dezembro de 1990; e, no Brasil, foi promulgado pelo Presidente da República, mediante o Decreto n. 6.583, de 29 de setembro de 2008.

7 – A estrutura das palavras

Toda palavra é constituída de um ou mais elementos significativos, ou morfológicos, denominados semantemas. Esses elementos são: raiz, radical vogal temática, tema, afixos (prefixos e sufixos) e desinências.

7.1 – RAIZ

Raiz é a parte da palavra que resta quando se eliminam as desinências, a vogal temática e os afixos (prefixos e sufixos). É, pois, a menor parte significativa das palavras: des*centr*alizar, in*corp*orar, *fac*ilidade.

7.2 – RADICAL

Radical é a parte da palavra que resta quando se eliminam as desinências e a vogal temática: *civiliz*ação, *convert*emos, *desocup*ar, *preocup*ação, *refaz*emos.

Notas
1ª – Nas palavras derivadas, o radical diz-se *secundário*, caso em que corresponde à definição acima. Nas palavras primitivas, o radical diz-se *primário*, identificando-se, neste caso, com a raiz.
2ª – Para alguns autores, o radical também excluiria os prefixos, quando sentidos como tais na língua atual. Para esses autores, nas palavras *incerteza* e *rejeitar*, p. ex., os radicais seriam, respectivamente, *cert* e *jeit*. Essa posição parece-nos pouco prática, em vista da dificuldade em se estabelecer, objetivamente, quais os prefixos que, na língua atual, são sentidos como tais.

7.3 – VOGAL TEMÁTICA

Vogal temática é a que caracteriza a conjugação do verbo: orn*a*r, acolh*e*r, part*i*r.

A vogal temática verbal também aparece em palavras derivadas de verbo: invest*i*da, prend*e*dor, civiliz*a*ção.

Existe também a vogal temática nominal, que precede a anexação de desinência a um nome. Vogais temáticas nominais podem ser o *a* (cas*a*s), o *e* (art*e*s) e o *o* (caval*o*s).

7.4 – TEMA

Tema é o radical acrescido da vogal temática, encontrando-se, assim, pronto para receber uma desinência ou um sufixo:
aprecia*r*, árvore*s*, endeusa*r*, invariá*vel*, organiz*ação*, trabalha*dor*.

7.5 – AFIXOS

Afixos são os elementos que se agregam ao radical para modificar-lhe o sentido ou a classe gramatical. Dividem-se em *prefixos* e *sufixos*.

a) *Prefixos* são os elementos que se antepõem ao radical:
*a*moral, *auto*ssugestão, *contra*veneno, *des*conhecer, *ex*por, *sub*gerente, *super*safra.

b) *Sufixos* são os elementos que se pospõem ao radical:
empobre*cer*, elit*ista*, gravid*ez*, laranj*al*, leal*dade*, pasteur*izar*, salt*itar*.

7.6 – DESINÊNCIAS

Desinências são os elementos que aparecem na parte final da maioria das palavras para indicar-lhes as flexões. Podem ser *nominais* ou *verbais*.

a) As desinências *nominais* indicam as flexões (= variações) de gênero e número dos nomes (artigos, substantivos, adjetivos, pronomes e numerais):
chave*s* (número: plural); lind*a* (gênero: feminino).

b) As desinências *verbais* indicam as flexões de número e pessoa (número-pessoais), modo e tempo (modo-temporais) e forma nominal (verbo-nominais) dos verbos.

Exemplos de desinências *número-pessoais*:
escrev*o*, escreve*s*, escreve*mos*, escreve*is*, escreve*m* (presente do indicativo); fal*ei*, fala*ste*, fal*ou*, fala*mos*, fala*stes*, fala*ram* (pretérito perfeito do indicativo).

Nota – No pretérito perfeito do indicativo, as desinências número-pessoais também indicam o modo e o tempo do verbo.

Exemplos de desinências *modo-temporais*:
fala*va*, trabalha*va* (pretérito imperfeito do indicativo – primeira conjugação); escrev*ia*, part*ia* (pretérito imperfeito do indicativo – segunda e terceira conjugações); convida*ra*, escreve*ra*, ouvi*ra* (pretérito mais-que-perfeito – primeira, segunda e terceira conjugações); marca*sse*, vende*sse*, admiti*sse* (pretérito imperfeito do subjuntivo – primeira, segunda e terceira conjugações); elabor*e* (presente do indicativo – primeira conjugação); ofend*a*, admit*a* (presente do subjuntivo – segunda e terceira conjugações).

Exemplos de desinências verbo-nominais:
abala*r*, entende*r*, obstrui*r* (infinitivo); paga*ndo*, sabe*ndo*, conclui*ndo* (gerúndio); mistura*do*, fei*to*, conclu*so* (particípio: *do* – regular; *to, so* – irregulares).

Nota – No verbo *vir* (e seus derivados), a desinência *ndo* (vi*ndo*, intervi*ndo*, etc.) indica tanto o particípio quanto o gerúndio: Vi*ndo* (gerúndio) de ônibus, você cansa menos. Após ter intervi*ndo* (particípio) nos debates, sentiu-se mal.

7.7 – VOGAIS E CONSOANTES DE LIGAÇÃO

a) *Vogais de ligação* são as que, por motivo de eufonia (= bom som, som agradável), se colocam entre dois elementos de certas palavras compostas ou derivadas:

gasômetro, legalidade, parisiense.

Nota – Às vezes, a vogal de ligação substitui outra que constava no final do primeiro elemento do composto: alvinegro (alvo), dentifrício (dente), pontiagudo (ponta).

b) *Consoantes de ligação* são as que, também por eufonia, se colocam entre o radical e o sufixo de certas palavras:

cafeteira, cafezinho, chaleira, paulada.

Nota – As vogais e consoantes de ligação não tem qualquer valor significativo.

7.8 – COGNATOS

Cognatos são as palavras que se originam da mesma raiz (radical primário), tendo, por isso, significação básica comum. Formam as chamadas famílias de palavras, famílias lexicais ou famílias etimológicas.

Exemplos de *cognatos*:

Amor – amoroso, amorável, amante, amizade, amistoso, inimigo, inimizade, desamor, namorar, enamorado, etc.

Ferro – ferradura, ferreiro, ferramenta, ferrugem, aferrar, ferragem, etc.

Terra – terreno, terreiro, terremoto, aterro, conterrâneo, enterro, terraplenagem (ou terraplanagem), terráqueo, terrestre, território.

Locução – locutor, loquaz, loquacidade, eloquente, colóquio, circunlóquio, alocução, elocução, antelóquio, grandiloquente, etc.

8 – Processos de formação de palavras

8.1 – TIPOS

A Nomenclatura Gramatical Brasileira (NGB) prevê três processos de formação de palavras: *derivação, composição* e *hibridismo*.

8.1.1 – Derivação

Formação de nova palavra pela ampliação ou redução de uma já existente, ou pela mudança de sentido e de classe gramatical de determinada palavra. A derivação pode ser:

a) *prefixal* – pelo acréscimo de prefixo a palavra já existente:

anti-inflacionário, *auto*controle, *bi*campeão, *contra*indicação, *co*autor, *hiper*sensível, *infra*mencionado, *re*fazer, *sobre*loja, *sub*unidade, *super*salário,*vice*-reitor.

b) *sufixal* – pelo acréscimo de sufixo a palavra já existente:

boi*ada*, arvor*edo*, livr*aria*, past*agem*, pernambuc*ano*, robust*ez*, social*ista*.

c) *Prefixal e sufixal* – pelo acréscimo de prefixo e sufixo a palavra já existente, quando um desses elementos – o prefixo ou o sufixo – já é suficiente para formar palavra nova:

*des*leal*dade* – existe *des*leal e existe leal*dade*; *a*normal*idade* – existe anormal e existe normal*idade*.

d) *Parassintética* – pelo acréscimo simultâneo de prefixo e sufixo a palavra já existente:

*en*triste*cer* – não existe *'entriste'* nem *'tristecer'*, *a*pedr*ejar*, *a*podre*cer*, *e*mude*cer*, *en*curr*alar*, *es*prai*ar*.

e) *regressiva*, ou *deverbal* – pela redução de palavra já existente. A redução ocorre, normalmente, pela supressão de elementos terminais (sufixos, desinências, etc.):

atrasar ⇨ (o) atraso, errar ⇨ (o) erro, custear ⇨ (o) custeio, pneumático ⇨ (o) pneu, realçar ⇨ (o) realce, tocar ⇨ (o) toque.

f) *imprópria* – pela mudança de sentido ou de classe gramatical de palavra já existente:

barata (animal) ⇨ Barata (sobrenome); Belchior (nome de pessoa) ⇨ belchior (mercador de objetos velhos e usados); Champanha (região da França) ⇨ champanha (vinho branco espumoso, da região de Champanha); Carrasco (sobrenome) ⇨ carrasco (algoz, executor da pena de morte); Fígaro (nome de pessoa) ⇨ fígaro (barbeiro); não (advérbio) ⇨ o não (substantivo); saber (verbo) o saber (substantivo).

8.1.2 – Composição

Reunião de duas ou mais palavras já existentes para formarem palavra nova, de sentido diferente. Pode dar-se por *justaposição* e por *aglutinação*.

a) *justaposição* – quando as palavras associadas mantêm sua autonomia fonética e gráfica:
amor-próprio, cachorro-quente, mandachuva, menina dos olhos, primo-irmão, vaga-lume, vaivém (ou vai e vem), Vossa Senhoria.

b) *Aglutinação* – quando as duas palavras componentes se fundem num tido fonético. O primeiro elemento perde seu acento tônico, além de perder algum ou alguns de seus fonemas. Em vez de perda, pode haver modificação de fonemas:
aguardente, boquiaberto, cabisbaixo, estadunidense, fidalgo, Fonseca, lobisomem, Monsanto, pernalta, pontiagudo, sanguissedento.

8.1.3 – Hibridismo

Palavra estruturada por elementos de idiomas diferentes:
abreugrafia (português e grego), autoclave (grego e latim), burocracia (francês e grego), sociologia (latim e grego), zincogravura (alemão e grego).

Nota – É tal a feição vernácula desses e outros hibridismos, que somente um exímio conhecedor da origem histórica dos elementos que os compõem terá condições de identificá-los como tais.

8.2 – EXERCÍCIOS

Indique o processo de formação das seguintes palavras:

antever: _____ jeitoso: _____

esclarecer: _____ lealdade: _____

deslealdade: _____ empobrecer: _____

(a) procura: _____ micro-ondas: _____

planalto: _____ sambódromo: _____

sociólogo: _____ entristecer: _____

ambiental: _____ astronauta: _____

vandalismo: _____ (o) levante: _____

descomunal: _____ Damasco: _____

rainha-mãe: _____ Oliveira: _____

descascar: _____ sub-raça: _____

9 – Emprego do hífen

9.1 – HÍFEN COM VOCÁBULOS COMPOSTOS

Emprega-se hífen:

a) nos vocábulos compostos por justaposição que não contêm formas de ligação e cujos elementos formadores, embora mantenham sua independência fonética e gráfica, criam um novo e único conjunto de sentido, podendo o primeiro elemento estar reduzido:

ano-base, arranha-céu, auxílio-maternidade, boa-fé, cachorro-quente, carta-proposta, castanho-escuro, curto-circuito, decreto-lei, escola-comunidade, escritório-modelo, licença-prêmio, livre-docente, livro-texto, má-fé, matéria-prima, papel-moeda, para--choque, porta-malas, posto-chave, processo-crime, quinta-feira, redator-chefe, salário-família, salário-teto, sócio-gerente (dois substantivos), és-sudeste, és-sudoeste, és-sueste, nor-nordeste, nor-noroeste, bel-prazer, grã-finagem grã-fino, zé-mané, zé--ninguém, etc.

b) nos topônimos (= nomes de lugar) compostos pelos *adjetivos grã, grão* ou por forma verbal, ou cujos elementos estejam ligados por artigo:

Grão-Pará, Grã-Bretanha, Abre-Campo, Passa-Nove, Entre-Morros, Quebra-Coco, Albergaria-a-Velha, Baía de Todos-os-Santos, Montemor-o-Novo, Trás-os-Montes, etc.

Nota – Os outros topônimos compostos escrevem-se sem hífen: Coronel Bicaco, Santa Cruz do Sul, Rincão dos Cabrais, Rio das Antas. Fazem exceção os topônimos *Guiné-Bissau* e *Timor-Leste*.

c) nos adjetivos gentílicos (designativos da raça, país, lugar ou região a que se pertence) derivados de topônimos (= nomes de lugar) compostos:

americano-do-norte, arroio-meense, belo-horizontino, cerro-azulense, cruz-altense, não-me-toquense, norte-americano, passo-fundense, porto-alegrense, porto-riquenho, rio-grandense-do-sul, santa-mariense, são-borjense, sul-rio-grandense.

Notas

1ª – As formas correspondentes a Estados Unidos são *estadunidense* ou *estado-unidense* (segundo o VOLP/09).

2ª – Com base no argumento de que, em alguns compostos, se perdeu, em certa medida, a noção de composição, o AOLP-1990 manteve a grafia aglutinada nos seguintes vocábulos: *girassol, madressilva, mandachuva, pontapé, paraquedas, paraquedismo, paraquedista*, etc. Adotou, no entanto, a forma com hífen em vocábulos como: *gira-mundo, gira-pataca, madre-forma, madre-mestra, manda-lua, manda-tudo, ponta-cabeça, ponta-direita, ponta-esquerda, para-brisa, para-centelhas, para-chispas, para-chuva, para-estilhaços, para-fios, para-fogo, para-lama, para-raios, para-sol, para-vento*.

d) nos adjetivos compostos gentílicos, quando representam duas ou mais entidades nacionais:

afro-brasileiro (africano e brasileiro), ítalo-austro-húngaro (italiano, austríaco e húngaro), argentino-brasileiro, belgo-dinamarquês, luso-franco-britânico, nipo-chinês, franco-árabe, etc.

Nota – Vocábulos como *afrolatria, angloparlante, hispanófobo, francofalante, lusoparlante, nipofobia, teutoburguês* e assemelhados são escritos aglutinadamente, uma vez que não designam duas ou mais identidades nacionais.

e) nas palavras compostas que designam *espécies botânicas* e *zoológicas*, estejam, ou não, ligadas por preposição ou qualquer outro elemento:

lentilha-d'água, arruda-do-mato, erva-cidreira, espinheira-santa, cipó-catinga, pata-de-vaca, bem-me-quer, arara-azul, cavalo-boi, coruja-de-igreja, joão-de-barro, bem-te-vi, peixe-espada, sabiá-laranjeira, pomba-rola, uva-do-mato, etc.

f) em palavras que ocasionalmente se combinam, formando encadeamentos vocabulares, e em combinações históricas ou ocasionais de topônimos. Também são chamadas *combinações simétricas*:

a divisa Liberdade-Igualdade-Fraternidade, sistema autor-página, binômio dano-reparação, coleção outono-inverno, deslocamento residência-trabalho, processo ensino-aprendizagem, relação médico-paciente, trajeto Pelotas-Rio Grande, o jogo Flamengo-Cruzeiro, as relações Alemanha-Brasil, as relações comerciais China-Brasil, a coligação PDT-PTB, a relação juiz-advogado, etc.

g) com o advérbio *bem*, quando o vocábulo que segue tem vida autônoma na língua, a pronúncia o requer ou é seguido de *h*:

bem-afortunado, bem-apessoado, bem-aventurado, bem-estar, bem-intencionado, bem-me-quer, bem-ouvido, bem-habituado, bem-humorado.

Nota – O advérbio *bem* pode também ter hífen quando o elemento seguinte começa por consoante: *bem-conceituado, bem-definido, bem-falante, bem-lavado, bem-nutrido, bem-pensado, bem-vindo,* etc. Pode também vir aglutinado com o segundo elemento, quer este tenha, ou não, vida à parte: *bendito, benfazejo, benfeito* (= benfeitoria, melhoramento), *benfeitor, benquerença, benquerente* (mas *bem-querer*, verbo e substantivo), *benquisto, Benvindo* (nome próprio de pessoa).

h) com o advérbio *mal*, quando o segundo elemento começa por vogal, *h* ou *l*:

mal-assombrado, mal-estar, mal-ordenado, mal-usar (verbo), mal-limpo, mal-humorado.

Nota – Como se observa, o emprego do hífen com os advérbios *bem* e *mal* não tem uma regra taxativa, uniforme. Assim, em casos de dúvida, convém consultar o VOLP/09 ou uma outra fonte confiável (dicionário, obra didática, etc.

i) com os advérbios em função prefixal *além, aquém, recém* (mais empregado diante de particípios) e *sem*:

além-Atlântico, além-túmulo, aquém-mar, aquém-Pireneus, recém-vindo, recém-nascido, sem-amor, sem-classe, sem-emprego, sem-modos (= que não tem boas maneiras), sem-número (= número grande e indeterminado)

Nota – *Abaixo-assinado* (com hífen) é substantivo composto, sinônimo de petição ou requerimento coletivo; *abaixo assinado* (separado, sem hífen) é adjetivo e indica cada uma das pessoas que assinam tal documento de caráter coletivo:

*Os professores da Universidade Federal do Rio Grande do Sul encaminharam um **abaixo-assinado** ao Ministro da Educação.*

*X, Y e Z, **abaixo assinados**, requerem a Vossa Senhoria que...*

j) nos compostos cujo segundo elemento é o adjetivo *geral*, quando indicam cargo ou função e o órgão ou lugar de trabalho correspondente:

contador-geral e contadoria-geral, diretor-geral e diretoria-geral, inspetor-geral e inspetoria-geral, procurador-geral e procuradoria-geral, secretário-geral e secretaria-geral, tesoureiro-geral e tesouraria-geral.

k) Nas abreviaturas de vocábulos compostos ligados por hífen:

cap.-ten. (capitão-tenente), ten.-cel. (tenente-coronel), m.-q.-perf. (mais-que-perfeito), v.-alm. (vice-almirante), 5ª-fª (quinta-feira).

Nota – As siglas e os símbolos representam-se, todavia, sem hífen: Ag (*argentum* = prata), kWh (quilo-watt-hora), cv (cavalo-vapor), Ns (newton-segundo).

l) nos derivados de compostos com hífen: arte-finalista, arte-finalizar (arte-final), norte-americanizar, (norte-americano).

Não se emprega hífen:

Nas locuções substantivas, adjetivas, pronominais, adverbiais, prepositivas ou conjuncionais:

locuções substantivas (são as que ocorrem com maior frequência):

ama de leite, beijo de judas, cara de pau, dona de casa, fim de semana, sala de jantar, cara de fome, chave de fenda, mão de obra, mestre de obras, pé de moleque, etc.

locuções adjetivas:

cor de açafrão, cor de café com leite, cor de vinho, etc.

locuções pronominais:

ele próprio, nós mesmos, quem quer que seja, etc.

locuções adverbiais:

acerca de, à parte (= separadamente, isoladamente, particularmente, sem contar com, além, fora), à toa (= ao acaso, a esmo, sem razão, por motivo frívolo, sem ocupação, inutilmente), à vontade (= sem constrangimento, com fartura), tão logo, tão só, tão somente (locuções sinônimas), etc.

locuções prepositivas:

abaixo de, a cerca de, a fim de, etc.

locuções conjuncionais:

a fim de que, ao passo que, contanto que, por conseguinte, etc.

Nota – O AOLP-1990 informa, no entanto, que, algumas dessas locuções permanecem com hífen, *por já serem consagradas pelo uso*; e apresenta estes exemplos: *água-de-colônia, arco-da-velha, cor-de-rosa, mais-que-perfeito, pé-de-meia, ao deus-dará* e *à queima-roupa*. Portanto, em caso de dúvida, convém consultar uma boa fonte (livro, dicionário, etc.).

9.2 – HÍFEN COM SUFIXOS DE ORIGEM TUPI-GUARANI

Emprega-se hífen nos vocábulos terminados por sufixos de origem tupi-guarani que representam formas adjetivas, como *açu*, *guaçu* e *mirim*, quando o primeiro elemento acaba com vogal acentuada graficamente ou quando a pronúncia exige a distinção gráfica dos dois elementos:

açaí-mirim (pl.=açaís-mirins), amoré-guaçu (pl.= amorés-guaçus), anajá-mirim (pl.= anajás-mirins, capim-açu (pl.= capins-açus, capim-açu-da-baía, (pl.= capins-açus-da-baía), andá-açu (pl.= andás-açus), Ceará-Mirim, Guajará-Açu, Guá-Mirim, Caeté-Açu, Tomé-Açu, etc.

Nota – Fora dos casos acima expostos, ocorre a aglutinação entre o primeiro elemento e o sufixo: *bejuaçu, brasilaçu, buritimirim,* etc.

9.3 – HÍFEN COM PREFIXOS E PSEUDOPREFIXOS (RADICAIS GREGOS OU LATINOS)

Emprega-se hífen:

a) nas formações com os prefixos e radicais que terminam na mesma vogal com que se inicia o segundo elemento ou em que este tem *h* inicial:

anti-industrial, anti-humanitário, arqui-irmandade, contra-ataque, contra-habitual, extra-abdominal, extra-hospitalar, infra-axilar, infra-humano, micro-ônibus, micro-história, semi-imbecil, semi-humano, ultra-aquecer, ultra-honesto, etc.

Notas
1ª – Os prefixos *co* e *re* sempre se aglutinam com o segundo elemento, mesmo que este se inicie por *h*, que é eliminado: *coeditor, coocupante, coabitação, coerdeiro, reeducação, reorientação, reabilitar, reumanização, reúso,* etc.

2ª – Ao lado de *co*, aparecem também as formas *com* (que exige hífen diante de *vogal*) e *con*: *com-aluno* (também coaluno), *comproprietário* (também coproprietário), *compromitente, concelebrante, concidadão, condiscípulo*, etc.

b) com os prefixos *circum* e *pan*, quando o segundo elemento começa por *vogal*, *h*, *m* ou *n*:

circum-adjacente, circum-hospitalar, circum-murado, circum-navegação, circum-uretral, etc.

c) com os prefixos *ciber*, *hiper*, *inter*, *nuper* e *super*, quando o segundo elemento começa por *h* ou *r*:

hiper-humano, hiper-rugoso, inter-humano, inter-racial, super-homem, super-realista, etc.

d) quando o primeiro elemento termina por *b* e o segundo começa por *b*, *h* ou *r*:

ab-rogável, ob-rogação, sub-bibliotecário, sub-horizontal, sub-reitoria, etc.

e) com o prefixo *ad*, quando o segundo elemento começa por *d*, *h* ou *r*:

ad-digital, ad-rogante, etc.

f) com o prefixo *ex*, quando o segundo elemento indica *cessamento* ou *estado anterior*:

ex-aluno, ex-aviador, ex-diretor, ex-ministro, ex-professor, ex-proprietário, ex-interventor, etc.

g) com os prefixos *sota*, *soto*, *vice* e *vizo*:

sota-almirante, soto-piloto, vice-campeão, vizo-rei, etc.

h) com os prefixos tônicos e, por isso, graficamente acentuados *pós-*, *pré-* e *pró-*:

pós-guerra, pós-operatório, pós-verbal, pré-adolescente, pré-misturado, pré-natal, pró-aliado, pró-socialista, pró-germânico, etc.

Notas

1ª – Quando os prefixos são átonos e, em consequência, sem acento gráfico, ligam-se diretamente ao elemento seguinte: *poscéfalo, posfácio, posposição, preexistência, prejulgar, prenoção, prequestionar, prodiagnóstico, proditador, proditadura, protutor.*

2ª – O problema está em saber quando estes prefixos são tônicos (*pós-, pré-, pró-*) e quando átonos (*pos-, pre- pro-*). Daí por que, em caso de dúvida, o melhor é consultar um bom dicionário ou manual específico sobre o novo sistema ortográfico. Convém observar também que, muitas vezes, há nítida diferença de sentido entre vocábulos com prefixo átono e seus correspondentes com prefixo tônico, como, p. ex., entre *pre*ocupar: prender a atenção de, inquietar; e *pré*-ocupar – ocupar previamente.

i) nos compostos formados por elementos repetidos com ou sem alternância vocálica ou consonântica de formas onomatopaicas:

blá-blá-blá, corre-corre, lenga-lenga, mexe-mexe, tique-taque, zigue-zague.

j) O prefixo *vice* sempre exige hífen:

vice-diretor, vice-reitor, vice-almirante, vice-versa, vice-prefeito, vice-presidente.

k) O prefixo *recém* sempre exige hífen:

recém-chegado, recém-vindo, recém-nascido, recém-casado.

Nota – No Rio Grande do Sul, emprega-se *recém* como advérbio (sem hífen, no caso): *Ele recém chegou. Recém conversamos com ele.* Trata-se de gauchismo coloquial, no dizer de A. M. de Sousa e Silva (*Dificuldades sintáticas e flexionais*, p. 251).

Não se emprega hífen:

a) nas formações em que o prefixo ou falso prefixo termina em vogal e o segundo elemento começa por vogal diferente:

anteaurora, antiaderente, autoeducação, contraindicação, extraocular, infraestrutura, intraintestinal, miniusina, neoirlandês, protoevangelho, pseudoapóstolo, semiaderente, supraindividual.

Nota – O que o AOLP-1990 denomina pseudoprefixo ou falso prefixo são radicais gregos ou latinos que, no decorrer do tempo, passaram a ser usados como prefixos: *aero, cardio, cripto, ele(c)tro, foto, hidro, homo, multi, neuro, osteo, penta, psico, retro, tele, zoo*, etc.

b) nas formações em que o prefixo ou falso prefixo termina por vogal e o segundo elemento termina por *r* ou *s*, *devendo estas consoantes ser duplicadas quando entre vogais*:

arquirrival, autorretrato, extrarregimental, radiorreceptor, termorregulável, ultrarrápido, antissocial, antropossocial, bissexual, parassíntese, multissecular, suprassolar.

c) com as palavras *não* e *quase*:

não cumprimento, não fumante, não pagamento, quase delito, quase contrato, quase domicílio.

d) nas unidades fraseológicas com valor de substantivo:

deus nos acuda, salve-se quem puder, faz de conta, tomara que caia, vira e mexe, etc.

Notas

1ª – Com os prefixos e elementos prefixados, há somente duas possibilidades de grafia: a) com hífen; ou b) ligadas diretamente ao vocábulo seguinte, tudo de acordo com as regras expostas neste capítulo: *suprarreferido*, mas *supramencionado*; *infra-assinado*, mas *infracitado*; *pseudo-herói*, mas *pseudoprofeta*; *autorretrato*, mas *autofinanciamento*; *miniusina*; *minimercado*; *macromercado*; etc. O prefixo, portanto, jamais pode vir escrito totalmente separado do vocábulo respectivo.

2ª – Quando dois ou mais prefixos, ligados entre si por conjunção (e, ou), se referem a um só vocábulo, emprega-se hífen somente com o último: *bem ou mal-apessoado*; *pré ou pós-guerra*; etc.

9.4 – EXERCÍCIO

1. Reescreva as seguintes palavras, juntando os dois elementos ou ligando-os mediante hífen:

co assinado: _____ co contratante: _____

co relator: _____ co signatário: _____

ex patriar: _____ vice campeão: _____

ante estreia: _____ anti roubo: _____

bi retangular: _____ cardio renal: _____

mini auditório: _____ neuro sensitivo: _____

co habitação: _____ pan arábico: _____

auto superação: _____ norma padrão: _____

trans sexual: _____ inter sexual: _____

super resistente: _____ sub rogar: _____

contra ataque: _____ anti social: _____

auto retrato: _____ semi reta: _____

pluri racial: _____ coxo femoral: _____

anti hepático: _____ afro cubano: _____

posto chave: _____ re humanização: _____

2. Assinale com hífen as locuções que o exigirem:

cidade sede	estrela guia	(os) sem partido	tão somente
franco falante	carro forte	à toa	orçamento programa
pé de chinelo	mais valia	auxílio doença	preço teto
procurador geral	recém doutor	(os) fora da lei	mãe de santo
balão de ensaio	olho de gato (erva)	não devolução	quase contrato
sinal da cruz	conto do vigário	(o) corpo a corpo	homem bomba
hora aula	inspetor chefe	lava rápido	pé de pato (calçado)
licença saúde	mega acidente	vale transporte	anti ofídico
tendão de aquiles	testa de ferro	moto táxi	

10 – Abreviações – abreviaturas, siglas e símbolos

10.1 – CONCEITO DE ABREVIAÇÃO

Abreviação é a palavra que designa, genericamente, a *abreviatura*, a *sigla* e o *símbolo*.

Nota – Também são denominadas abreviações, ou reduções, certas formas encurtadas de palavras, sem qualquer marcação (ponto, p. ex.): *míni* = minissaia, minirreforma; *súper* = supermercado; *hortifrúti*(s) = hortifrutigranjeiro(s); *múlti*(s) = empresa(s) multinacional/multinacionais. Os termos já constam, como substantivos, nos dicionários disponíveis.

10.1.1 – Abreviatura

Abreviatura é a representação reduzida de uma palavra, por meio da letra inicial, das letras ou sílabas iniciais ou de letras iniciais, médias ou finais.

Caracteriza-se pelo ponto abreviativo (às vezes, principalmente no estilo comercial, substituído pela diagonal) ou parênteses; pela inicial minúscula ou maiúscula (de acordo com as normas ortográficas); pela flexão (de gênero, numero e grau); e pela acentuação (quando a vogal acentuada graficamente dela faz parte):

cap., caps. (capítulo, capítulos), prof., prof^a (professor, professora), S. A. ou S/A (Sociedade Anônima), c/c (com cópia, conta-corrente, combinado com), A., AA. (autor, autores), a. ou (a), aa. ou (aa) (assinado, assinada, assinados, assinadas), a. C. (antes de Cristo), A. C. (no ano de Cristo, na era cristã), a. m. (*ante meridiem* [lat.] = antes do meio-dia), Est. (estrada, toponimicamente), hab. (habitante[s]), L. (largo, toponimicamente), M., MM. (Município, Municípios), lég., légs. (légua, léguas), pg. (pago[u]), p. m. (*post meridiem* [lat.] = depois do meio-dia, ou *post mortem* = depois da morte), *viz.* (*videlicet* [lat.] = convém ver).

Nota – Em final de frase, o ponto abreviativo acumula a função de ponto-final:
Contratamos os serviços da Floricultura Vitória-Régia Ltda.

10.1.2 – Sigla

Sigla é o conjunto das iniciais dos nomes próprios, principalmente de locuções substantivas próprias (nomes de repartições públicas, empresas, estabelecimentos de ensino, nomes personativos, denominação de códigos, etc.).

Caracteriza-se pela ausência do ponto abreviativo e pelas letras maiúsculas (já que se trata de *iniciais de nomes próprios*). Pode ser pluralizada, mediante o acréscimo, ao final, de um *s* minúsculo, ou pela duplicação das letras que a compõem (processo mais raro e restrito, praticamente, a siglas de apenas duas letras):

> CPI, CPIs (Comissão Parlamentar de Inquérito, Comissões Parlamentares de Inquérito); RIR (Regulamento do Imposto de Renda); CDL, CDLs (Clube de Diretores Lojistas, Clubes de Diretores Lojistas); APAE, APAEs (Associação dos Pais e Amigos dos Excepcionais, Associações dos Pais e Amigos dos Excepcionais); NCPC (Novo Código de Processo Civil); HQ, HQs (História em Quadrinhos, Histórias em Quadrinhos); EE UU (Estados Unidos); OPEP (Organização dos Países Exportadores de Petróleo); TPM (Tensão Pré-Menstrual).

Notas

1ª – Os caracteres que representam as siglas são necessariamente maiúsculos apenas quando compõem as iniciais de cada elemento da locução substantiva própria: CBF – *Co*nfederação *B*rasileira de *Fu*tebol.

2ª – Há siglas que apresentam alguma ou algumas letras minúsculas intermediárias ou finais, com intuito de diferenciá-las de outras, designativas de diferentes entidades: IRBr – Instituto Rio Branco (para distingui-la de IRB – Instituto de Resseguros do Brasil); CNPq – Conselho Nacional de Desenvolvimento Científico e Tecnológico, antigo Conselho Nacional de Pesquisas (para distingui-la de CNP – Conselho Nacional de Petróleo).

3ª – Existem também as *siglas por extensão* (siglas *impróprias*), que, por fugirem aos princípios tradicionais de formação, constituem verdadeiras aglomerações de vocábulos. Caracterizam-se por serem formadas por outra(s) letra(s) além das iniciais dos elementos da locução, já para efeitos de eufonia, já com a finalidade de diferenciá-las de outras siglas existentes: Bovespa (Bolsa de Valores de São Paulo), Petrobras (Petróleo Brasileiro S. A.), Mercosul (Mercado Comum do Cone Sul), Selic (Sistema Especial de Liquidação e de Custódia), Copom (Comitê de Política Econômica), Senai (Serviço Nacional da Indústria), Denarc (Departamento de Investigação do Narcotráfico).

É conveniente, na hora de escrever, considerar se a sigla é conhecida dos leitores a quem se dirige a comunicação, isto é, pensar se ela não necessita de tradução para que seja compreendida.

Há siglas que são de todos conhecidas, tais como ONU, INPS, CEEE, BNDES, etc. Outras, todavia, são conhecidas apenas em certas áreas especializadas, escapando sua tradução ao público em geral.

É claro que o valor significativo da sigla depende do círculo de leitores a quem se dirige a comunicação. Quanto mais amplo esse círculo, maior é a necessidade de traduzir a sigla. Se, no entanto, a comunicação se destina a um setor restrito ou especializado, a obrigação de traduzir a sigla é menor, pois se supõe conhecida dos leitores.

Para introduzir, nas comunicações, uma sigla nova, deve-se proceder da seguinte maneira: escrever primeiro por extenso a locução e, entre travessões ou parênteses, a sigla correspondente; nas vezes seguintes, no mesmo documento, usar-se-á apenas a sigla:

Temos a satisfação de comunicar a Vossa Senhoria que, no dia 14 do corrente, foi criada, nesta Capital, a Associação dos Colecionadores de Objetos Raros (ACOR).
A ACOR tem por objetivo aproximar aquelas pessoas que se dedicam a colecionar e proteger...

10.1.3 – Símbolo

Símbolo é a letra ou o sinal representativo de uma palavra ou expressão.

Quando não representados por letras, alguns os chamam de signos (zodiacais, tipográfico-bibliológicos, etc.) ou sinais (sinalização rodoviária, naval, militar, aeronáutica, etc.).

Quando representados por letras, caracterizam-se pela ausência do ponto abreviativo, pelas letras minúsculas ou maiúsculas (de acordo com a convenção oficial) e pela não pluralização (servem para o singular e o plural):

m (metro, metros); h (hora, horas); t (tonelada, toneladas); H (hidrogênio); O (oxigênio).

10.2 – ABREVIATURAS USUAIS

Nota – O AOLP-1990 não contém normas específicas sobre abreviações (abreviaturas, siglas e símbolos). O VOLP/09, após tecer algumas observações sobre os diferentes tipos de reduções, relaciona, em suas páginas finais, sob o título *Reduções mais correntes*, em doze páginas, formas reduzidas – comuns ou não muito comuns – coletadas "em uso em livros publicados no século XX". Muitas delas lembram a época da grafia a mão. Nas listas a seguir, estão relacionadas reduções mais comuns, algumas delas, como se verá, empregadas ou mesmo normatizadas por órgãos específicos.

A., AA. = autor, autores
a (ou a.), aa (ou aa.) = assinado, assinados
ac. = acórdão
a. c. = *anni currentis* ou *anno currente* (lat.), do corrente ano
A. C. = *anno Christi* (lat.), no ano de Cristo, na era cristã
a. C. = antes de Cristo
A/C, ou a/ c = ao(s) cuidado(s)
ad. lib. = *ad libitum* (lat.), à vontade, a gosto (em receitas médicas)
al., als. = alínea, alíneas
Al. = alameda (toponimicamente)
alv. = alvará
a. m. = *ante meridiem* (lat.), antes do meio-dia
ap. = apostila, aprovado, *apud* (em)
ap. ou apart. = apartamento
Arit. = Aritmética
art., arts. = artigo, artigos
ass. ou assemb. = assembleia
assoc. = associação
at. = atestado, à atenção de (em português!), ativo, átomo, átono
att. = *atention* (ingl.), à atenção de (em inglês!)

at.te = atenciosamente
Av. = avenida (toponimicamente)
B. = beco (toponimicamente)
Bíbl. = Bíblia
bibl. = bíblico, bibliografia, bibliográfico, biblioteca
cap., caps. = capítulo, capítulos
c/c = combinado com, com cópia, conta-corrente
cf. ou cfr. = confira, confronte com
cfe. ou conf. = conforme
C.ia ou Cia. = companhia (comercial ou militarmente)
circ. = circular
cit. = citação, citado, citada
cl. = classe(s)
col., cols. = coluna(s), colaborador(es), coleção, coleções
cp. = compare
ctv. = centavo(s)
d. C. ou D. C. = depois de Cristo
D., DD. = distrito, distritos
desp. = despesa
dec. = decreto
dep., deps. = departamento, departamentos
dipl. = diploma
diss. = dissertação
doc., docs. = documento, documentos
dz. = dúzia(s)
E., EE. = editor, editores
ed. = edição
e.g. = *exempli gratia* (lat.), por exemplo
el. = elemento(s)
E. M. ou E/M = em mão(s)
est. = estante(s), estrofe(s)
et al. = *et. alii*, *et. aliae* (lat.), e outros, e outras
etc. = *et cetera* (lat.), etcétera
ex. = exemplo(s), exemplar(es)
excl. = exclusive; excluído, excluída
fasc. = fascículo(s)
f., fem. = feminino
fl., fls. (formas mais usuais) ou f. ff. = folha, folhas

Nota – Há pessoas que empregam apenas a forma *fls.*, mesmo que se trate de somente *uma* folha. Isso, é claro, constitui erro, devendo-se usar *fl.* para o singular, deixando a forma *fls.* para os casos em que se faz menção a *mais de uma* folha: *Segundo se lê à/na* **fl.** *4. Veja o que consta da/na* **fl.** *28. Conforme se lê /às/nas* **fls**. *9 e 10. Segundo consta nas* **fls**. *14-26.*

fm. = forma(s)
gên. = gênero(s)
gr., grs. = grosa, grosas
hab. = habitante(s)
h. c. = *honoris causa* (lat.), por honra, honorariamente

H.P. = *horsepower* (ingl.), (cavalo-vapor)
ib. ou ibid. = *ibidem* (lat.), no mesmo lugar
id. = *idem* (lat.), o mesmo
i.e. = *id est* (lat.), isto é
i. é = isto é (port.)
inc., incs.= inciso, incisos
índ. = índice
int. ou intrans. = intransitivo
Jr. = *iunior* (lat.), júnior
L. = largo (toponimicamente)
lég., légs. = légua, léguas
loc. cit. = *loco citato* (lat.), no lugar citado, ou *locus citatus* (lat.), lugar citado
Lt.da, Ltda. = limitada (comercialmente)
loc. adv.
m., masc. = masculino
memo., memor. = *memorandum* (lat.), memorando
n. = neutro, nome, número(s)
N. B. = *nota bene* (lat.), nota bem
N. da E., N. do E. = nota da editora, nota do editor
N. do A. = nota do autor
N. (do) T. = nota do tradutor
num. = numeral
ob. = obra(s)
ob. cit. = obra citada ou na obra citada
obs. = observação, observa, observe
of. = ofício
op. cit. – *opere citato* (lat.), na obra citada, ou *opus citatatum* (lat.), obra citada
opp. citt. = *opera citata* (lat.) = obras citadas
p. ou pág. (em desuso), pp. ou págs. (em desuso) = página, páginas
pal. = palavra(s)
par. = parecer
pc. = pacote(s)
pç. = peça(s)
P. E. F. = por especial favor
P. E. O. = por especial obséquio
p. ex. = por exemplo
pg. = pago (adjetivo); pagou (forma verbal)
pgto. = pagamento
port. = portaria
p. p. = por procuração; próximo passado
pq. = porque
Pq. = parque (toponimicamente)
probl. = problema(s)
proc. = processo; procuração
P. S. = *post scriptum* (lat.), depois de escrito, pós-escrito
Q. E. D. = *quod erat demonstrandum* (lat.), o que devia ser demonstrado

R. = rua (toponimicamente); reprovado (classificação escolar); réu (em linguagem forense)
r. = regimento, regional, registro, regular
rec. = receita
reg. = regimento; regular
rel. = relatório
Rem.ᵗᵉ, Remte. = remetente
res. = resolução
sc. = *scilicet* (lat.), a saber, quer dizer; saco (comercialmente)
s. d., ou s/d = *sine die* (lat.), sem dia, sem data
seç. = seção
seg., segs. = seguinte, seguintes
S. E. O. = salvo erro ou omissão
S. M. J. = salvo melhor juízo
S. O. S., ou s. o. s. = *save our soul*, ou *save our ship* (ingl.), salve nossa alma, ou salva nosso navio (em apelo de socorro)
S. P. = serviço público
ss. = seguintes
T. ou Trav. = travessa (toponimicamente)
tb. = também
t. d. = transitivo direto
t. d. e i. = transitivo direto e indireto
t. i. = transitivo indireto
tel. = telefone
test. = testemunha
tôn. = tônico
trim.= trimestre(s)
t. = termo(s), tomo(s)
u. e. = uso externo (termo médico)
u. i. = uso interno (termo médico)
v. = veja; verbo(s)
V.ª, Va. = viúva
v. g. = *verbi gratia* (lat.) por exemplo
vol., vols. = volume, volumes
v. s. = *vide supra* (lat.) vê, veja acima
viz. = *videlicet* (lat.) convém ver, veja-se
voc. = vocabulário, vocábulo, vocativo
X. P. T. O. = Cristo. Esta abreviatura medieval designa, hoje, coisa ou qualidade excelente, sem par.
X. Y. Z. ou X. = abreviatura com que se encobre um nome (como assinatura, etc.)

10.3 – ABREVIATURAS DE PALAVRAS COM ACENTO GRÁFICO

Quando, na abreviatura de palavra com acento gráfico, este recai na parte abreviada, ele permanece:

anôn. = anônimo
cálc. = cálculo
étn. = étnico

bárb. = bárbaro
dól. = dólar(es)
fáb. = fábrica

gót. = gótico
lâm. = lâmina (prancha)
náut. = náutico
rúst. = rústico
tráf. = tráfego

húng. = húngaro
máq. = máquina
poét. = poético
síl. = sílaba
térm. = térmico

10.4 – ABREVIATURAS DE TÍTULOS, POSTOS E FORMAS DE TRATAMENTO

Ab., Ab.^{e}, Abe. = Abade
Adv.º, Advo., adv.º, advo. = advogado
Al.^{te,} Alte. = almirante (Marinha)
arc.º, arco. = arcebispo
B.^{el}, Bel., B.^{éis}, Béis. = Bacharel, Bacharéis
b.^{po}, bpo. = bispo
c.-alm. ou C-alm. = contra-almirante (Marinha)
cap. = capitão
cap.-ten. ou Cap.-ten. capitão-tenente
card. = cardeal
c.^{el}, cel. = coronel
com. = comandante; comendador
Côn., côn. = cônego
cons. = conselheiro
D. = digno; Dom ou Dona
DD. = Digníssimo
Des. = Desembargador
Des.^{a}, Desa. = Desembargadora
diác. = diácono
dir. adm. = diretor administrativo
Dr., Drs. = Doutor, Doutores
Dr.^{a}, Dra., Dras. = Doutora, Doutoras
emb. = embaixador
Em.^{mo}, Emmo. = Eminentíssimo
eng.º, engo. = engenheiro
Exmo, Exmo. = Excelentíssimo
Fr. = Frei
gen. = general
Il.^{mo}, Ilmo. = Ilustríssimo
L.^{do}, Ldo. = Licenciado
maj. = major (Exército, Aeronáutica)
mar. = marechal (Exército)
M. = *monsieur* (fr.) senhor
M. D. = Mui(to) Digno
M.^{a,} Ma. = mestra
M.^{e,} Me. = madre, mestre
méd. = médico
MM. = Meritíssimo; *messieurs* (fr.) senhores
Mons., mons. = Monsenhor

Mr. = *mister* (ingl.) senhor
Mrs. = *mistress* (ingl.) senhora
N. S. = Nosso Senhor
N. S.ª, N. Sa. = Nossa Senhora
P., P.e ou Pe. = Padre
Pár.º = Pároco
pres. = presidente
proc. = procurador
prof., profs. = professor, professores
prof.ª, profa., prof.ªs, profas. = professora, professoras
Rev. ou Rev.do, Revdo. = Reverendo
Rev.mo, Revmo. = Reverendíssimo
S.or = Sóror; Sênior
S. P. = Santo Padre
Sr., Srs. = Senhor, Senhores
Sr.ª, Sra., Sr.ªs, Sras. = Senhora, Senhoras
Sr.ta, Srta., Sr.tas, Srtas. = Senhorita, Senhoritas
ten. ou t.te, tte. = tenente
ten.-cel. = tenente-coronel
V., v. = você
V. A. = Vossa Alteza
V. Em.ª, V. Ema., V. Em.ªs, V. Emas., S. Em.ª, S. Ema., S. Em.ªs, S. Emas. = Vossa Eminência, Vossas Eminências, Sua Eminência, Suas Eminências
V. Ex.ª, V. Exa., V. Ex.ªs, V. Ex.ªs, = Vossa Excelência, Vossas Excelênias
S. Ex.ª, S. Exa., S. Ex.ªs, S. Exas. = Sua Excelência, Suas Excelências
V. Ex.ª Rev.ma, V. Exa. Revma., V. Ex.ªs Rev.mas, V. Exas. Revmas. = Vossa Excelência Reverendíssima, Vossas Excelências Reverendíssimas
S. Ex.ª Rev.ma, S. Exa. Revma., S. Ex.ªs Rev.mas, S. Exas. Revmas. = Sua Excelência Reverendíssima, Suas Excelências Reverendíssimas
Vig., vig.º = vigário
V. Mag.ª, V. Maga., V. Mag.ªs, V. Magas. = Vossa Magnificência. Vossas Magnificências. Recomenda-se empregar sempre por extenso.
V. Rev.ª, V. Reva., V. Rev.ªs, V. Revas., S. Rev.ª, S. Reva., S. Rev.ªs, S. Revas. = Vossa Reverência, Vossas Reverências, Sua Reverência, Suas Reverências
V. Rev.ma, V. Revma., V. Rev.mas, V. Revmas., S. Rev.ma, S. Revma., S. Rev.mas, S. Revmas. = Vossa Reverendíssima, Vossas Reverendíssimas, Sua Reverendíssima, Suas Reverendíssimas
V. S., S. S. = Vossa Santidade, Sua Santidade
V. S.ª, V. Sª., V. S.ªs, V. Sas., S. S.ª, S. Sa., S. S.ªs, S. Sas. = Vossa Senhoria, Vossas Senhorias, Sua Senhoria, Suas Senhorias.

10.5 – ABREVIATURAS DOS MESES (SEGUNDO A ABNT)

jan. = janeiro   fev. = fevereiro   mar. = março   abr. = abril
maio = maio   jun. = junho   jul. = julho   ago. = agosto
set. = setembro   out. = outubro   nov. = novembro   dez. = dezembro

Nota – Segundo a ABNT, não se abreviam os meses designados por palavras de 4 ou menos letras. O VOLP/09, todavia, registra *mai.* = *maio*.

10.6 – ABREVIATURAS TÍPICAS DO ESTILO COMERCIAL

a/a = ao ano
a/m = ao mês
B/L = *bill of lading* (ing.) = nota de embarque
c/ = com; conta
c/c = conta-corrente; com cópia; também combinado com
CIF = *cost, insurance and freight* (ing.) = custo, seguro e frete
Cx. ou cx. = caixa
D. = deve
d. = dia(s)
d/v = dias de vista
FOB = *free on board* (ing.) = livre a bordo
Ltda. = Limitada
m/ = meu(s); minha(s)
m/c = minha carta; minha conta
m/d = meses de data
m/1 = minha letra
m/o= minha ordem
m/p = meses de prazo
n/c = nossa carta; nossa conta
n/l = nossa letra
n/o = nossa ordem
n/s = nosso saque
o/ = ordem (comercialmente)
p. ou p/ = por; próximo; para
p/c = por conta
s/ = seu(s), sua(s); sobre (depois da palavra cheque); sem
S. A. ou S/A = Sociedade Anônima
s/a = seu aceite
s/c = sua carta; sua conta
s/l = seu lançamento
s/o = sua ordem

10.7 – SIGLAS USUAIS (PRÓPRIAS E IMPRÓPRIAS)

ABI = Associação Brasileira de Imprensa
ABIN, Abin = Agência Brasileira de Inteligência
ABNT = Associação Brasileira de Normas Técnicas
ALCA = Área de Livre de Comércio das Américas
ACT = Acordo Coletivo de Trabalho; pl.: ACTs
APP = Área de Preservação Permanente; pl.: APPs
ART = Anotação de Responsabilidade Técnica; pl.: ARTs (CREA-RS)
AVC = acidente vascular cerebral
BID = Banco Interamericano de Desenvolvimento
BNDES = Banco Nacional de Desenvolvimento Econômico e Social

BRIC = sigla que designa o grupo dos grandes países emergentes, formado por Brasil, Rússia, Índia e China
BRT = *Bus Rapid Transit* (ingl.) = Ônibus de Trânsito Rápido
CADE, Cade = Conselho Administrativo de Defesa Econômica
CAPES = Campanha Nacional de Aperfeiçoamento do Pessoal de Nível Superior
CAT = Comunicação de Acidente de Trabalho; pl.: CATs
CD = *compact disc* (ingl.), disco compacto
CDB = certificado de depósito bancário
CD-ROM = *compact disc read only* (ingl.) = disco compacto com memória somente para leitura
CDU = Classificação Decimal Universal
CEB = Conselho Eclesial de Base; pl.: CEBs
CFC = Centro de Formação de Condutores; pl. CFCs
CIPA = Comissão Interna de Prevenção de Acidentes
CNBB = Conferência Nacional dos Bispos do Brasil
CNP = Conselho Nacional do Petróleo
CNPq = Conselho Nacional de Desenvolvimento Científico e Tecnológico (pseudossigla)
CONAR = Conselho Nacional de Autorregulamentação Publicitária
CPOR = Centro de Preparação de Oficiais da Reserva
CVV = Centro de Valorização da Vida
DARF = Documento de Arrecadação da Receita Federal
DAX = *Deutscher Aktienindex* (al.)
DOC = Documento de Ordem de Crédito; pl.: DOCs
DST = doença sexualmente transmissível; pl.: DSTs
DVD = *digital versatile disc* (ingl.) = disco versátil digital
EMFA = Estado-Maior das Forças Armadas
FAO = *Food and Agricultural Organization* (ing.) = Organização da Alimentação e Agricultura
FASE, Fase = Fundação de Atendimento Socioeducativo
FAT = Fundo de Amparo ao Trabalhador
FBI = *Federal Bureau of Investigation* (ingl.) = Serviço Federal de Investigação
FGTS = Fundo de Garantia do Tempo de Serviço
FIFA = *Fédération Internationale de Foot-Ball Association* (ingl.) = Federação Internacional de Futebol
FMI = Fundo Monetário Internacional
HD, HDD = *hord disc* (ingl.), disco rígido, discos rígidos
HIV = *human immunodeficiency virus* (ingl.) = vírus da imunodeficiência humana
IBM = *International Business Machines* (ing.) = Companhia Internacional de Máquinas Comerciais)
IBGE = Instituto Brasileiro de Geografia e Estatística
IBOPE = Instituto Brasileiro de Opinião Pública e Estatística
ICMS = Imposto sobre Circulação de Mercadorias e Serviços
INCRA = Instituto Nacional de Colonização e Reforma Agrária
IPM = Inquérito Policial-Militar
INPM = Instituto Nacional de Pesos e Medidas
JARI = Junta Administrativa de Recursos de Infração (Código Tributário Nacional, art. 21)

LER = Lesão por Esforço Repetitivo
LTIP = Laudo Técnico de Inspeção Predial
MBA = *Master Business Administration* (ingl.) = Mestrado em Administração de Empresas
MinC = Ministério da Cultura
NAFTA = *North American Free Trade Agrement* (ing.) = (Tratado Norte-Americano de Livre-Comércio)
NASA = *National Aeronautics and Space Administration* (ingl.) = Administração Nacional de Aeronáutica e Espaço
NASDAQ = *National Association of Securities Dealers Automated Quotations System* (ing.) = Sistema Automatizado de Cotações da Associação Nacional de Corretoras de Valores
OIT = Organização Internacional do Trabalho
OMS = Organização Mundial da Saúde
PAIR = Perda Auditiva Induzida por Ruído
PIS/PASEP = Programa de Integração Social e de Formação do Patrimônio do Servidor Público (Lei n. 10.931, de 2-8-2004, art. 4º, III)
RADAR = *Radio Dedection and Ranging* (ingl.) = Localizador e Determinador de Distância pelo Rádio
RENAVAM = Registro Nacional de Veículos Automotores
REP = Registro Eletrônico de Ponto
RIR = Regulamento do Imposto de Renda
RPV = Requisição de Pequeno Valor; pl.: RPVs
SBPC = Sociedade Brasileira para o Progresso da Ciência
SENAC = Serviço Nacional de Aprendizagem Comercial
SENAI = Serviço Nacional de Aprendizagem Industrial
SESI = Serviço Social da Indústria
SESC = Serviço Social do Comércio
SIDA = Síndrome de Imunodeficiência Adquirida
SPB = Sistema de Pagamentos Brasileiro
SUSEP = Superintendência de Seguros Privados
TAC = Termo de Ajustamento de Conduta; pl.: TACs
TED = Transferência Eletrônica Disponível; pl.: TEDs
TIC – Tecnologia da Informação e Comunicação; pl.: TICs
TOC = Transtorno Obsessivo-Compulsivo; pl.: TOCs
UNESCO = *United Nations Educational, Scientific and Cultural Organization* (ingl.) = Organização Educacional, Científica e Cultural das Nações Unidas
UNICEF = *United Nations International Children's Emergency Fund* (ingl.) = Fundo Internacional de Emergência das Nações Unidas em prol da Criança
WWW – *World-Wide Web* (ingl.) = literalmente: teia, ou rede, ao redor do mundo)

10.8 – SIGLAS DAS UNIDADES FEDERAIS

DF = Distrito Federal
Estados

AC = Acre	AL = Alagoas	AM = Amazonas
AP = Amapá	BA = Bahia	CE = Ceará
ES = Espírito Santo	GO = Goiás	MA = Maranhão

MG = Minas Gerais
PA = Pará
PI = Piauí
RN = Rio Grande do Norte
RS = Rio Grande do Sul
SP = São Paulo

MS = Mato Grosso do Sul
PB = Paraíba
PR = Paraná
RO = Rondônia
SC = Santa Catarina
TO = Tocantins

MT = Mato Grosso
PE = Pernambuco
RJ = Rio de Janeiro
RR = Roraima
SE = Sergipe

10.9 – SIGLAS DOS PONTOS CARDEAIS COLATERAIS E SUBCOLATERAIS

E = este ou leste
O = ou W (ingl.) = oeste
NE = nordeste
SE = sudeste S
ENE = és-nordeste ou lés-nordeste
SSE = su-sudeste ou su-sueste
NNO ou NNW = nor-noroeste
OSO ou WNW = oés-sudoeste

N = norte
S = Sul
NO ou NW = noroeste
O ou SW = sudoeste
ESE = és-sudeste ou lés-sudeste
NNE = nor-nordeste
SSO ou SSW = su-sudoeste
ONO ou WNW = oés-noroeste

Nota – A letra W, na nomenclatura dos pontos cardeais, é a forma abreviada inglesa (*west*) de oeste.

10.10 – SÍMBOLOS DAS UNIDADES DE MEDIDA[1]

Grandezas	Nomes	Símbolos
Comprimento	milímetro	mm
	centímetro	cm
	metro	m
	quilômetro	km
Área	metro quadrado	m^2
	hectare	ha
Volume	litro	l ou L
	centímetro cúbico	cm^3
	metro cúbico	m^3
Massa	grama	g
	quilograma	kg
	tonelada	t
Tempo	segundo	s
	minuto	min
	hora	h
	dia	d
Frequência	hertz	Hz
Velocidade	metro por segundo	m/s
Vazão	metro cúbico por segundo	m^3/s
Fluxo (de massa)	quilograma por segundo	kg/s
Força	newton	N

---

[1] Sistema Internacional de Medidas – SI; Decreto nº 81.621-78 de 3-5-1978; CONMETRO, Resolução nº 12-1988

Trabalho, energia, quantidade de calor	joule	J
Potência, fluxo de energia	watt	W
	quilowatt-hora	kWh
	cavalo-vapor	cv
Nível de potência	bel	B
	decibel	dB
Corrente elétrica	ampère	A
Carga elétrica	coulomb	C
Tensão elétrica	volt	V
Fluxo magnético	weber	Wb
Ângulo plano	grau	°
	minuto	'
	segundo	"
Temperatura Celsius	grau Celsius	°C
Pressão	bar	b
	milibar	mb
	pascal[1]	Pa
	hectopascal	hPa
Temperatura termodinâmica	kelvin	K
Quantidade de matéria	mol	mol
Candela	intensidade luminosa	cd
Velocidade angular	rotação por minuto	rpm

Notas

1ª – Quando escritos por extenso, os nomes das unidades de medida começam por letra minúscula, mesmo quando têm o nome dum cientista (p. ex.: *ampère, kelvin, newton, watt,* etc.), exceto o grau Celsius.

2ª – Os símbolos das unidades de medida, segundo a regra geral, não admitem ponto abreviativo nem podem ser seguidos de *s* quando se trata de plural: 11h (11 horas); 10h35min (10 horas e 35 minutos); 36km (36 quilômetros); 300g (trezentos gramas – *grama* é do gênero *masculino* quando se trata de unidade de medida); etc.

3ª – O símbolo da unidade é escrito na mesma linha do número a que se refere, e não como expoente ou índice. Excetuam-se os símbolos das unidades usuais de ângulo plano (grau, minuto e segundo).

4ª – O símbolo da unidade é escrito depois do número a que se refere, e não antes ou intercalado entre a parte inteira e a parte decimal do número. Excetua-se a moeda nacional e a de outros países, em que o símbolo é escrito antes da quantia a que se refere.

5ª – O número que exprime o valor de uma grandeza deve ser referido a uma única unidade da mesma espécie: 0,173m ou 17,3cm ou 173mm (e não 17cm3mm). Esta regra não é geralmente seguida: a) com as unidades usuais de ângulo plano, por exemplo: 17°05'37"; b) com as unidades de campo, por exemplo: 2h15min (=2,25h = 2.1/4h, sendo, porém, errôneas as formas usuais 2,15h ou 2h,15).

6ª – Para separar a parte inteira da parte decimal de um número, deve ser usada, exclusivamente, a vírgula. Para facilitar a leitura, o número pode ser dividido em grupos de três algarismos, a contar da vírgula para a esquerda e para a direita, separados pelo espaço correspondente a um algarismo. Nos números que representam quantias em dinheiro, os grupos de três algarismos serão separados por ponto. Nos números indicativos do ano, não ocorre ponto nem espaço entre o milhar e a centena.

---

[1] A unidade *pascal* origina-se do antropônimo Blaise Pascal, matemático e filósofo francês. Conforme disposto na Resolução CONMETRO n. 12, de 12-10-1988, o plural das unidades *henry, mol* e *pascal* é, respectivamente, *henrys, mols, pascals*.

7ª – É indiferente escrever o símbolo junto ao número correspondente ou deixar um espaço entre os dois: 2t ou 2 t; 36ha ou 36 ha; 11h20min ou 11 h 20 min. Não se deve deixar espaço quando há possibilidade de fraude em certos documentos. Por outro lado, pode-se usar espaço variável quando se quer dispor em colunas os números e os símbolos das unidades correspondentes.

10.11 – UNIDADES MONETÁRIAS

a) O símbolo de *real* é R$. Deve preceder o número indicativo da importância, havendo um espaço entre eles: R$ 400,00.

b) Segundo estabelece o Decreto-Lei nº 7.672, as palavras *centavo* e *centavos* abreviam-se *Ct* e *Cts*, respectivamente.

10.12 – PREFIXOS DECIMAIS

São os seguintes os prefixos decimais empregados nas unidades de medida do Sistema Internacional de Medidas (SI):

Prefixo	Símbolo	Equivalência	Exemplo (e seu símbolo)
Terá	T	1 000 000 000 000	terabyte – TB
Giga	G	1 000 000 000	gigahertz – GH
Mega	M	1 000 000	megawatt – MW
quilo	k	1 000	quilovolt – kV
hecto	h	100	hectopascal – hPa
deca	da	10	decagrama – dag
deci	d	0,1	decigrama – dg
centi	c	0,01	centiare – ca
mili	m	0,001	milikelvin – mK
micro	m (grego)	0,000 001	microlux – mlx (M grego)
nano	n	0,000 000 001	nanossegundo – ns
pico	p	0,000 000 000 001	picowatt – pW
femto	f	0,000 000 000 000 001	femtoampère – fA
atto	a	0,000 000 000 000 000 001	attossegundo – as

Nota – Para outras informações sobre grafia de números, consulte o capítulo **11. Grafia, leitura e emprego dos numerais**.

11 – Grafia, leitura e emprego dos numerais

11.1 – GRAFIA E LEITURA DOS CARDINAIS COMPOSTOS

a) Dentro de cada classe, cada número expresso verbalmente deve ser antecedido da conjunção *e*:
62   – sessenta *e* dois;
672 – seiscentos *e* setenta e dois;
804 – oitocentos *e* quatro.

b) Entre as classes não se emprega a conjunção *e*:
3.357.840.430 – três bilhões, trezentos *e* cinquenta *e* sete milhões, oitocentos *e* quarenta mil, quatrocentos *e* trinta.

Exceções: Empregar-se-á, contudo, a conjunção *e* antes da última classe verbalmente expressa:

1) quando o primeiro algarismo da centena for *zero*:
3.067 – três mil *e* sessenta e sete;
23.436.027 – vinte e três milhões, quatrocentos e trinta e seis mil *e* vinte e sete.

2) quando os dois últimos ou os dois primeiros algarismos da última classe verbalmente expressa forem *zero*:
2.001 – dois mil *e* um; 2.100 – dois mil *e* cem;
83.224.008 – oitenta e três milhões, duzentos e vinte e quatro mil *e* oito;
46.112.900 – quarenta e seis milhões, cento e doze mil *e* novecentos;
70.000.200 – setenta milhões *e* duzentos;
90.000.001 – noventa milhões *e* um;
35.000.600.000 – trinta e cinco bilhões *e* seiscentos mil;
42.009.004 – quarenta e dois milhões, nove mil *e* quatro.

Nota – Entre as diversas classes, na ausência da conjunção *e*, emprega-se a vírgula, como se nota nos exemplos dados.

11.2 – GRAFIA E LEITURA DOS CARDINAIS E DOS ORDINAIS

Cardinal	Ordinal	Cardinal	Ordinal
um	primeiro	dois	segundo
três	terceiro	quatro	quarto

cinco	quinto	seis	sexto
sete	sétimo	oito	oitavo
nove	nono	dez	décimo
onze	décimo primeiro, undécimo	doze	décimo segundo, duodécimo
treze	décimo terceiro	catorze, quatorze	décimo quarto
quinze	décimo quinto	dezesseis	décimo sexto
dezessete	décimo sétimo	dezoito	décimo oitavo
dezenove	décimo nono	vinte	vigésimo[1]
trinta	trigésimo	quarenta	quadragésimo
cinquenta	quinquagésimo	sessenta	sexagésimo
setenta	septuagésimo, setuagésimo	oitenta	octogésimo
noventa	nonagésimo	cem	centésimo
cento e um	centésimo primeiro	duzentos	ducentésimo
trezentos	tricentésimo	quatrocentos	quadringentésimo
quinhentos	quingentésimo	seiscentos	seiscentésimo, sexcentésimo
setecentos	septingentésimo, setingentésimo	oitocentos	octingentésimo
novecentos	nongentésimo, noningentésimo	mil	milésimo
dois mil	segundo milésimo	milhão	milionésimo
bilhão, bilião	bilionésimo	trilhão, trilião	trilionésimo

11.3 – CORESPONDÊNCIA ENTRE OS ALGARISMOS ARÁBICOS E ROMANOS

O valor dos caracteres numerais romanos varia segundo o lugar que ocupam: o algarismo figurativo do número de menor valor, colocado antes do que figura ou representa o número mais forte, fá-lo diminuir tanto, quanto é o valor do mais fraco; quando, pelo contrário, o algarismo que indica o número mais fraco vem depois do que representa o mais forte, este torna-se tanto maior, quanto é o valor daquele. Assim é que o caractere IV representa o número quatro, isto é, cinco menos um; VI representa o número seis, isto é, cinco mais um. (Explicações colhidas na obra *Serões gramaticais* [grafia atualizada], de Ernesto Carneiro Ribeiro, p. 97)

Nota – Os romanos empregavam letras capitais (letras em caixa-alta) para representar os números que os árabes representavam pelos dez algarismos seguintes: 1, 2, 3, 4, 5, 6, 7, 8, 9, 0.

Eram sete os elementos da numeração romana: I, V, X, L, C, D, D e M.

Arábicos	Romanos	Arábicos	Romanos
1	I	2	II
3	III	4	IV
5	V	6	VI
7	VII	8	VIII
9	IX	10	X

---

[1] Na terminação *ésimo* o *s* tem pronúncia de z (vigésimo, trigésimo = *vigézimo, trigézimo*).

11	XI	12	XII
13	XIII	14	XIV
15	XV	16	XVI
17	XVII	18	XVIII
19	XIV	20	XX
30	XXX	40	XL
50	L	60	LX
70	LXX	80	LXXX
90	XC	100	C
200	CC	300	CCC
400	CD	500	D
600	DC	700	DCC
800	DCCC	900	CM
1000	M		

11.4 – GRAFIA POR EXTENSO DOS NUMERAIS

Recomenda-se a grafia dos numerais por extenso:

a) Em início de frase ou após ponto:
Cento e quarenta candidatos desistiram após a primeira prova.
Noventa por cento dos brasileiros mostrou-se (ou mostraram-se) favorável (ou favoráveis) à medida.

b) Quando o número é dado por aproximação ou estimativa:
*Em apenas uma semana, vendemos **dois mil e poucos** exemplares.*
*Deverão inscrever-se na ordem de **três a quatro** mil candidatos.*

Nota – Tratando-se, porém, de indicação cronológica, usar-se-á a forma em algarismos: Esse fato ocorreu por volta de 1935.

c) Em documentos, quando se deseja evitar fraude:
*[...], a quantia de R$ 2.342,60 (**dois mil, trezentos e quarenta e dois reais e sessenta centavos**), referente a...*
*Dos noventa votos encontrados na urna, **quinze** estavam em branco e **sete** foram anulados.*

d) Nos números de zero a nove e nas dezenas e centenas redondas:
*Costumo ler **três** livros por mês.*
*Zuza tem **quatro** anos de idade e **quarenta** de vivacidade.* (Atos Damasceno)

Notas

1ª – No caso de números muito grandes, costuma-se, para facilitar a leitura, escrever a forma em algarismos antes da forma por extenso ou após ela. Tratando-se de números pequenos, basta a forma por extenso, já que a outra não apresenta nenhuma finalidade prática. (Veja exemplos do caso *c*, acima.)

2ª – Em documentos manuscritos, alguns, com o propósito de evitar fraude, costumam escrever *hum*, em vez de *um*, já que a última forma (um) é facilmente transformável em *cem* (quando manuscrita). Pela mesma razão, há os que escrevem *treis*, em lugar de *três*, já que esta forma, principalmente quando a pessoa se esquece de acentuá-la, é facilmente transformável em *treze*, em textos manuscritos.

3ª – Conforme disposto no art. 23, II, *j*, do Decreto n. 4.176, de 20 de março de 2002, não se antepõe um zero ao número nos textos de atos normativos (portanto: 8 de fevereiro de 2015 e 8-2-2015; e não 08 de fevereiro de 2013 e 08-02-2013), e o primeiro dia do mês é indicado pela forma ordinal (portanto, 1º de fevereiro de 2013 e 1º-2-2013; e não 01 de fevereiro de 2013 e 01-02-2013).

11.5 – EMPREGO DOS CARDINAIS E DOS ORDINAIS

a) Na designação de *imperadores*, *papas*, *reis*, séculos e partes de um livro, usam-se os ordinais até décimo, e, daí em diante, os cardinais, quando o numeral vem posposto ao substantivo:
século V (quinto), Pedro II (Segundo), capítulo VI (sexto), Seção VIII (oitava), (século XXI (vinte e um), Bento XVI (Dezesseis), III Exército (terceiro), tomo LXX (setenta).

b) Quando o numeral vem anteposto ao substantivo, emprega-se sempre o ordinal:
sexto século, quinto ato, décimo sexto capítulo.

c) Em documentos normativos (decretos, leis, regimentos, etc.), na numeração de artigos e parágrafos usam-se os ordinais até *nove*, e, daí por diante, os cardinais: artigo 1º (primeiro), artigo 6º (sexto), artigo 9º (nono), artigo 10 (dez), artigo 34 (trinta e quatro), § 3º (terceiro), § 9º (nono), § 10 (dez), §§ 9º e 12 (nono e doze).

Notas
1ª – Quando a lei consta de apenas um artigo, este é representado pela expressão *artigo único*, obrigatoriamente por extenso, norma que também se aplica quando o artigo se desdobra em apenas um parágrafo. Escreveremos, pois, nesses caos, respectivamente, *artigo único* e *parágrafo único*.
2ª – Os incisos sempre são representados por algarismos romanos; leem-se, todavia, como cardinais: inciso IX (inciso nove); inciso X (inciso dez); inciso LXXVIII (inciso setenta e oito).
3ª – Somente na numeração das páginas de prefácio podem-se usar caracteres minúsculos: *i, ii, iii, iv, v*, etc.
4ª – Na indicação do primeiro dia dos meses, empregam-se os numerais ordinais: Porto Alegre, 1º (= primeiro) de dezembro de 2015. O curso será ministrado em dias úteis, de 1º-2-2015 a 1º-3-2015.
5ª – Grafia e emprego dos números e dos símbolos, veja Capítulo **10 – Abreviações – abreviaturas, siglas e símbolos**, item **10.10 – Símbolos das unidades de medida** e respectivas notas.

11.6 – OPÇÕES DE CONSTRUÇÃO E CONCORDÂNCIA COM NUMERAIS ORDINAIS

a) Caso se repita o artigo, são possíveis ambas as seguintes concordâncias:
A primeira, a segunda e a terceira **colocada receberá** *uma viagem de uma semana a Paris.*
Ou:
A primeira, a segunda e a terceira **colocadas receberão** *uma viagem a Paris.*
A segunda, a terceira e a quinta **reclamada sustenta** *que as parcelas devidas foram integralmente pagas.*
A segunda, a terceira e a quinta **reclamadas sustentam** *que as parcelas devidas foram integralmente pagas.*

b) quando não se repete o artigo, o plural é obrigatório:
No sexto, nono e undécimo **andares funcionam** *diversos consultórios médicos.*
A segunda, terceira e quarta **pistas estão** *sendo ampliadas.*

Nota – Não cabem, até por não eufônicas, construções com esta: *Os primeiro e segundo jogo [...]* Deve-se empregar, no caso, uma destas construções: *O primeiro e o segundo jogo/jogos [...]*; ou: *O primeiro e segundo jogos [...]*

12 – Flexão nominal – normas básicas

12.1 – FLEXÃO DE NÚMERO DOS SUBSTANTIVOS

12.1.1 – Plural de substantivos simples

12.1.1.1 – Substantivos em geral (exemplos)

abdome – abdomes
álcool – alcoóis, álcoois
arroz – arrozes (tipos de arroz)
az – azes
box(e) – boxes
cal – cales, cais
caráter – caracteres
cateter – cateteres
cônsul – cônsules
decibel – decibéis
esfíncter – esfíncteres
éter – éteres
fêmur – fêmures
fuzil – fuzis
garçom – garçons[3]
giz – gizes
gravidez – gravidezes
hangar – hangares
hímen – himens, hímenes
líquen – liquens, líquenes
néctar – néctares
paul (= pântano) – pauis
pôster (forma aportuguesada) – pôsteres

abdômen – abdomens, abdômenes
aluguel – aluguéis[1]
aval – avales, avais
bôer – bôeres
bóxer – bóxeres
cânon(e) – cânones
caractere – caracteres (usual na informática)
chofer – chofores
cós – cós (mais usual), coses
destróier – destróieres
espécime – espécimes[2]
faquir – faquires
fusível – fusíveis
gângster – gângsteres
germe – germes[4]
gol – gols (forma consagrada), gois, goles[5]
hambúrguer – hambúrgueres
hífen – hifens, hífenes
léxicon (= léxico) – lexícones, léxicons
mel – meles, méis
obus – obuses
pólen – polens
prócer – próceres

---

[1] Forma variante: aluguer – alugueres (uso em Portugal).
[2] Forma variante: espécimen – espécimens, espécimenes.
[3] Forma variante (antiquada) – garção – garções.
[4] Forma variante: gérmen – germens, gérmenes.
[5] Forma variante: golo – golos.

projétil – projéteis[1]
real (= moeda) – réis, reais[2]
réptil – répteis[3]
retrós – retroses
rol (=lista, relação) – róis
ureter – ureteres

pulôver – pulôveres
refém – reféns
rês – reses
revés – reveses
transistor – transistores[4]
zíper – zíperes

12.1.1.2 – Substantivos em –ão

a) Fazem o plural em *–ãos*
artesão (= artífice) – artesãos
cidadão – cidadãos
demão – demãos
órfão – órfãos
sótão – sótãos

bênção – bênçãos
cristão – cristãos
grão – grãos
pagão – pagãos
zângão – zângãos[5]

b) Fazem o plural em *–ães*
alemão – alemães
capelão – capelães
catalão – catalães (VOLP/09)
(maçã)pão – (maçã)pães

cão (= animal) – cães
capitão – capitães
escrivão – escrivães
tabelião – tabeliães (VOLP/09)

c) Fazem o plural em *–ões*
anfitrião – anfitriões
campeão – campeões
gavião – gaviões
leitão – leitões
patrão – patrões
reunião – reuniões
usucapião – usucapiões

balcão – balcões
espertalhão – espertalhões
histrião (= bobo, palhaço) – histriões
mamão – mamões
questão – questões
solteirão – solteirões
vagão – vagões

d) Fazem o plural em *–ães* ou *–ões*
charlatão – charlatães, charlatões
guardião – guardiães, guardiões
rufião – rufiães, rufiões

cirurgião – cirurgiães, cirurgiões
peão – peães, peões

e) Fazem o plural em *–ãos* ou *–ões*
anão – anãos, anões
tampão – tampãos, tampões
vulcão – vulcãos, vulcões

corrimão – corrimãos, corrimões
verão – verãos, verões

f) Fazem o plural em *–ãos* ou *–ães*
refrão – refrãos, refrães

sacristão – sacristãos – sacristães

---

[1] Forma variante: projetil – projetis
[2] Reais: plural da unidade monetária brasileira (real) a partir de 1º-7-1974.
[3] Forma variante: reptil – reptis.
[4] Forma variante: transístor – transístores (Borba, DicPorto Editora, GDSLP); ou transistores (ô) (Aurélio, 2070; Houaiss, 1868).
[5] Forma variante: zangão – zangãos ou zangões. (Houaiss, 1972; Aurélio, 2189; GDSLP, 2083)

g) Fazem o plural em *–ãos*, *–ães* ou *–ões*

aldeão – aldeãos, aldeães, aldeões
ancião – anciãos, anciães, anciões
deão – deãos, deães, deões (Houaiss, 789)
enrmitão – ermitãos, ermitães, ermitões
refrão – refrãos, refrães, refrões (Aurélio, 1633)
sultão – sultãos, sultães, sultões (Houaiss,1788)
vilão – vilãos, vilães, vilões

h) Fazem o plural em *–ãs*:

anã – anãs
imã – imãs
maçã – maçãs
sedã – sedãs
cã – cãs (forma usual; significa cabelo[s] branco[s])
lã – lãs
romã – romãs
talismã – talismãs

12.1.1.3 – Formas diminutivas

Formas diminutivas em *–zinho* e *–zito*

Em regra, forma-se o plural dos diminutivos em *–zinho* e *–zito*, trocando o *–s* da forma primitiva por *–zinhos* ou *–zitos*:

anel – anelzinho
casal – casalzinho
chácara – chacarazinha[1]
pastel – pastelzinho
pastora – pastorazinha[2]
piá – piazinho/piazito
xícara – xicarazinha[3]

anéi(s) – aneizinhos
casai(s) – casaizinhos
chácara(s) – chacarazinhas
pastéi(s) – pasteizinhos
pastora(s) – pastorazinhas
piá(s) – piazinhos/piazitos
xícara(s) – xicarazinhas

Notas

1ª – Nas formas primitivas com *–s* no singular, este permanece no diminutivo, tanto no singular como no plural: *chinês – chinesinho – chinesinhos*; *lápis – lapisinho – lapisinhos*; *princesa – princesinha – princesinhas*.

2ª – Os substantivos em *–r* podem-se pluralizar, no diminutivo, apenas pelo acréscimo de *s* à forma (diminutiva) singular, ou de acordo com a regra geral, acima exposta: *bar – barzinho – bares – barzinhos* ou *barezinhos*; *colher – colherzinha* (forma variante: *colherinha*) – *colheres – colherinhas* ou *colherezinhas*; *flor – florzinha* (forma variante: *florinha*) – *flores – florinhas, florzinhas* ou *florezinhas*; *mulher – mulherzinha* (forma variante: *mulherinha*) – *mulheres – mulherinhas, mulherzinhas* ou *mulherezinhas*.

3ª – Os substantivos em *–s* e *–z* pluralizam-se, na forma diminutiva, pelo acréscimo de *–s* ao sufixo *–inho*, do singular: *juiz – juizinho – juizinhos*; *país – paisinho – paisinhos*; *rapaz – rapazinho – rapazinhos*. Não se deve confundir *paisinho, paisinhos* (de país) com *paizinho, paizinhos* (de pai).

12.1.1.4 – Letras

Em regra, pluralizam-se as letras de dois modos: a) pela sua duplicação: os *aa*, os *ff*, os *ii*, os *rr*, etc.; ou b) pelo acréscimo de um *–s*: os ás, os bês, os cês, os dês, os és, os is, os vês, etc.

---

[1] Formas variantes: chacarinha(s), chacrinha(s).
[2] Forma variante usual: pastorinha(s).
[3] Forma variante usual: xicrinha(s).

Notas

1ª – Alguns desses plurais com –s ficam prejudicados pela coincidência com outras classes gramaticais: ás (substantivo), dês (forma verbal), és (forma verbal), etc.

2ª – Há, ainda, outras formas de pluralizar as letras: Escrever com todos os *efes* e *erres* (= com total precisão, com apuro). Andar aos *esses* (= andar cambaleando de bêbado).

12.1.2 – Plural dos substantivos compostos ligados por hífen

a) Pluralizam-se ambos os elementos nos compostos de: substantivo + substantivo; substantivo + adjetivo; adjetivo + substantivo; substantivo + numeral; numeral + substantivo:

tenentes-coronéis, cirurgiões-dentistas, meninas-moças, caixeiros-viajantes, amores--perfeitos, avisos-prévios, cabeças-inchadas, cofres-fortes, salários-mínimos, altos-fornos, prontos-socorros, obras-primas, matérias-primas, meios-tempos, primeiras-damas, primeiros-tenentes, segundas-feiras.

Nota – Para o substantivo composto *decreto-lei*, o VOLP/09 (p. 246) registra os plurais *decretos-leis* e *decretos-lei*.

b) Pluraliza-se apenas o segundo elemento nos compostos de: verbo + substantivo, palavra invariável (advérbio, preposição, prefixo) + substantivo, palavras onomatopaicas (= que imitam sons ou ruídos), verbos repetidos (e palavras repetidas em geral):

arranha-céus, porta-vozes, tapa-olhos, abaixo-assinados, arqui-irmandades, contra--ataques, recém-casados (adj., s. m.), recém-nascidos (adj., s. m.), sem-vergonhas, pseudo-heróis, bangue-bangues, bem-te-vis (pássaro), cri-cris, dói-dóis, fru-frus, lero--leros, pingue-pongues, tique-taques, mata-matas, quebra-quebras, tam-tans.

Notas

1ª – O VOLP/09 registra a pluralização de ambos os elementos em compostos de verbos repetidos. Haja vista os seguintes exemplos: *corre(s)-corres, mexe(s)-mexes, pega(s)-pegas, pisca(s)-piscas, ruge(s)-ruges, treme(s)-tremes, vai(s)-vais*, etc. A prática, no entanto, parece não confirmar essa dupla pluralização, talvez por não ser eufônica.

2ª – *Guarda*, seguido de adjetivo, é substantivo, indo ao plural: *guardas-civis, guardas-noturnos*. Seguido de substantivo, é verbo, ficando invariável: *guarda-chaves, guarda-pós, guarda-roupas, guarda-sóis*, etc. Para *guarda-marinha*, o VOLP/09 (p. 414) registra os plurais *guardas-marinha, guardas-marinhas* e *guarda--marinhas* (este mais usual).

3ª – *Abaixo-assinado*, com hífen, é sinônimo de petição ou requerimento coletivo; *abaixo assinado*, sem hífen, é advérbio mais adjetivo, indicando cada uma das pessoas que subscrevem tal documento. Confira o item **9.1**, nota ao subitem *i*.

4ª – *Alto*, quando adjetivo, pluralizam-se ambos os elementos: **altas**-*costuras*, **altos**-*comandos*, **altos**-*relevos*, **altos**-*fornos*, etc. Quando advérbio, equivalendo a altamente, como, p. ex., em *alto-falante*, o primeiro elemento fica invariável: **alto**-*falantes*.

c) Pluraliza-se apenas o primeiro elemento nos compostos de substantivo + preposição + substantivo:

amigos da onça, amas de leite, capitães de fragata, contos do vigário, dores de cotovelo, fins de semana, joões de barro, pães de ló, pores do sol, pontos de interrogação, testas de ferro, testemunhas de Jeová.

d) Nos compostos de substantivo + substantivo que limita o significado do primeiro, com ideia de espécie, finalidade ou semelhança, pluraliza-se apenas o primeiro elemento (regra tradicional), ou, facultativamente, também o segundo (opção moderna, já consagrada):

anos-base(s), asilos-escola(s), cidades-dormitório(s), homens-rã(s), horas-aula(s), papéis-alumínio(s), salários-hora(s), seguros-desemprego(s), vales-transporte(s). Constituem exceção os substantivos *ano-luz* e *cavalo-vapor*, em que só se pluraliza o primeiro elemento: anos-luz, cavalos-vapor.

e) Os dois elementos ficam invariáveis nos compostos de: verbo + palavra invariável; verbos de sentido oposto; locuções substantivadas (unidades fraseológicas):

os bota-abaixo, os bota-fora, os cola-tudo, os ganha-tudo, os pisa-mansinho, os salta-atrás, os topa-tudo, os vale-tudo, os chove não molha, os entra e sai, os ganha-perde, leva e traz, os perde-ganha, os sobe e desce, os vai e vem (ou: vaivéns), os vai-volta, os diz que diz que, os/as maria vai com as outras, os salve-se quem puder, os toma lá da cá, os tomara que caia.

Alguns casos especiais:

as ave-marias, os banhos-maria(s), os grã-finismos, os grão-mestres, os joões-ninguém, os padre(s)-nossos[1], os pai(s)-nossos, os roza-cruzes, as salve-rainhas, os salvo(s)-condutos, os/as sem terra, os/as sem teto, os xeque(s)-mates.

12.2 – GÊNERO DOS SUBSTANTIVOS

a) Os seguintes substantivos são masculinos:

Afã, aneurisma, cambiante (= nuança), champanha (variante: champagne, s. 2g.), clã, cometa, diadema, dilema, dó (= compaixão; nota musical), eczema, edema, emblema, enfisema, estigma, estratagema, grama (= unidade de massa), guaraná (= arbusto; pasta, pó; xarope; refrigerante) , herpes, ímã, lotação (= veículo; variante: autolotação, s. m.), moral (= estado de espírito, ânimo), original, talismã, telefonema, teorema, trema (= sinal gráfico).

b) Os seguintes substantivos são femininos:

Abusão, alface, aluvião, apendicite, bacanal (bacanais: s. f. pl.), cal, celeuma, comichão, dinamite, echarpe, entorse, enzima, grama (= relva), libido, linotipo, mascote, matinê, mó, moral (= moralidade, ética), omoplata[2], quitinete, sentinela, soja, testemunha.

c) Os seguintes substantivos admitem ambos os gêneros:

O/a autoclave, o/a cataplasma, o/a cônjuge (o cônjuge = marido; a cônjuge = a mulher; os cônjuges = marido e mulher), o/a diabete (variante: diabetes s. 2g. 2n.), o/a personagem[3], o/a xerox (ou xérox)[4], o/a usucapião.

---

[1] São preferíveis, por mais eufônicos (=soam melhor) os plurais padre-nossos, pai-nossos e xeque-mates. *Pai-nosso(s)* é, atualmente, preferível a *padre-nosso(s)*.

[2] Na nomenclatura médica atual, denomina-se *escápula*.

[3] Costuma-se fazer esta recomendação: empregar o masculino quando se refere somente a seres masculinos e também quando compreende, simultaneamente, seres masculinos e femininos; e empregar o feminino quando designa somente seres femininos.

[4] *Xerox* (ou *xérox*), originariamente marca registrada de produto, passou a designar o próprio produto: cópia feita a seco (do grego *xerós* = seco). Alguns vocábulos derivados: xerocar, xerocópia, xerografar, xerografia.

d) Mudança de gênero *x* mudança de significado. Alguns substantivos mudam de gênero de acordo com o significado:

o cabeça:	líder	a cabeça:	parte do corpo
o cabra:	homem valente	a cabra:	animal
o capital:	dinheiro	a capital:	cidade principal
o cisma:	separação	a cisma:	desconfiança
o crisma:	óleo santo	a crisma:	cerimônia religiosa (= sacramento da confirmação)
o cura:	padre, pároco	a cura:	restabelecimento; ato de curar
o foca:	jornalista principiante	a foca:	animal
o lotação:	veículo coletivo	a lotação:	capacidade de veículo coletivo, de sala de espetáculos, etc.; número de servidores de uma repartição
o nascente:	lugar onde nasce o Sol	a nascente:	fonte de um curso de água
o toalete:	compartimento para trajar-se, aprontar-se; gabinete sanitário; traje feminino requintado	a toalete:	ação de se lavar, pintar, vestir

e) Substantivos comuns de dois. Denominam-se comuns de dois os substantivos que não mudam de forma para indicar mudança de sexo, sendo esta expressa pelo artigo definido ou outro determinante (adjetivo, pronome, numeral, etc.).

o/a chefe, o/a cônjuge, o/a consorte, o/a gerente, o/a médium, o/a motorista.

f) Substantivos sobrecomuns são os substantivos que se referem a ambos os sexos sem mudança de forma ou de gênero:

o algoz (*ô* ou *ó*), o carrasco, o ídolo, a sentinela, o sósia, a testemunha, o traste, a vítima.

g) Substantivos epicenos. Denominam-se epicenos os nomes de animais e insetos inferiores que apresentam uma só forma para designar os dois sexos:

a andorinha, a baleia, a barata, a cobra, o crocodilo, o gavião, a girafa, o jacaré, a onça, a pantera, a pulga, a sardinha, o tatu, a tainha.

Notas

1ª – Quando há necessidade ou interesse de especificar o sexo, empregam-se as palavras *macho* e *fêmea* – sempre invariável – junto ao substantivo epiceno: *a onça macho* (ou *o macho da onça*); *a barata macho* (ou *o macho da barata*); *o jacaré fêmea* ou *a fêmea do jacaré*), *a pulga macho* (ou *o macho da pulga*); *o tatu fêmea* (ou *o fêmea do tatu*).

Observação: Não se emprega a forma *macha* (mulher "macha", a onça "macha", etc.).

2ª – *Tigre*, indicando o animal, é usualmente empregado como substantivo epiceno. O feminino *tigresa* emprega-se em sentido figurado, para designar mulher muito bela e atraente, caso em que também se usa o termo *pantera*.

3ª – Existem também substantivos epicenos de vegetais: *o mamão*, *a palmeira*, etc. Pode-se, assim, dizer: *o mamão fêmea*, *a palmeira macho*, etc.

12.3 – GÊNERO DOS NOMES DESIGNATIVOS DE FUNÇÕES PÚBLICAS

Sobre o assunto, transcrevemos os seguintes documentos:

LEI N. 2.749, DE 2 DE ABRIL DE 1956

Dá norma aos nomes designativos das funções públicas.

O PRESIDENTE DA REPÚBLICA:

Faço saber que o Congresso Nacional decreta e eu sanciono a seguinte Lei:

Art. 1.º – Será invariavelmente observada a seguinte norma no emprego oficial de nome designativo de cargo público:

"O gênero gramatical desse nome, em seu natural acolhimento ao sexo do funcionário a quem se refira, tem que obedecer aos tradicionais preceitos pertinentes ao assunto e consagrados na lexiologia do idioma. Devem, portanto, acompanhá-lo neste particular, se forem genericamente variáveis, assumindo, conforme o caso, feição masculina ou feminina, quaisquer adjetivos ou expressões pronominais sintaticamente relacionadas com dito nome".

Art. 2.º – A regra acima exposta destina-se por natureza às repartições da União Federal [sic], sendo extensiva às autarquias e a todo serviço cuja manutenção dependa, totalmente ou em parte, do Tesouro Nacional.

Art. 3.º – Esta Lei entrará em vigor na data de sua publicação, revogadas as disposições em contrário.

Rio de Janeiro, 2 de abril de 1956; 135.º da Independência e 68.º da República.

Juscelino Kubitschek
Nereu Ramos

LEI N. 12.605, DE 3 DE ABRIL DE 2012

Determina o emprego obrigatório da flexão de gênero para nomear profissão ou grau em diplomas.

A PRESIDENTA DA REPÚBLICA:

Faço saber que o Congresso Nacional decreta e eu sanciono a seguinte Lei:

Art. 1.º – As instituições de ensino público e privadas expedirão diploma e certificados com a flexão de gênero correspondente ao sexo da pessoa diplomada, ao designar a profissão e o grau obtido.

Art. 2.º – As pessoas já diplomadas poderão requerer das instituições referidas no art. 1.º a reemissão gratuita dos diplomas, com a devida correção, segundo regulamento do respectivo sistema de ensino.

Art. 3.º – Esta Lei entra em vigor na data de sua publicação.

Brasília, 3 de abril de 2012; 191.º da Independência e 124.º da República.

DILMA ROUSSEF
Aloizio Mercadante
Eleonora Meinucci de Oliveira

RECOMENDAÇÃO N. 42, DE 8 DE AGOSTO DE 2012.

O presidente do conselho nacional de justiça, no uso de suas atribuições legais e regimentais, e CONSIDERANDO a decisão do Plenário do Conselho Nacional de Justiça, no julgamento do Ato n. 0000912-07.2012.00.0000, realizado na 151.ª Sessão Ordinária, em 31 de julho de 2012;

CONSIDERANDO o princípio constitucional da igualdade de gênero (inciso I do art. 5.º da Constituição Federal [sic]);

CONSIDERANDO que o Poder Judiciário deve dar igual tratamento aos seus magistrados e servidores, sejam eles homens ou mulheres;

CONSIDERANDO ser imprópria a menção de denominações masculinas para cargos públicos ocupados por mulheres;

CONSIDERANDO a necessidade de eliminar eventuais práticas depreciativas da condição feminina e de propiciar a linguagem inclusiva como política de igualdade de tratamento, pelo Poder Judiciário brasileiro;

RESOLVE:

Art. 1.º – Fica recomendado aos tribunais indicados nos incisos II a VII do art. 92 da Constituição Federal [sic] que:

I – na menção aos cargos do Poder Judiciário, observem o gênero de seu ocupante, respeitando a condição feminina ou masculina;

II – a linguagem inclusiva de gênero, referente aos cargos, seja observada nos atos oficiais de nomeações, posses, designações, documentos funcionais, crachás de identificação pessoal, placas de automóvel, cartões de visita, plaquetas de identificação, entre outros que visem à identificação.

Art. 2.º – Publique-se e encaminhe-se cópia desta Recomendação a todos os tribunais.

Ministro Ayres Brito,
Presidente

Notas

1ª – A valorização e consequente ascensão social e profissional da mulher é, em nossos dias, um fato marcante, positivo e inegável. Em proporção cada vez maior, ela vai ocupando cargos e exercendo funções que antes constituíam privilégio indeclinável da classe masculina. E ela o faz com dignidade, zelo, dedicação e competência. Em razão desse fato, é de inteira justiça e correção acomodar os nomes designativos dos cargos e funções ao gênero feminino, quando seus detentores são mulheres.

2ª – Há dois tipos de masculino: um corresponde ao sexo masculino (= macho), e outro puramente gramatical, indiferente ao sexo (masculino = macho ou fêmea). Assim, quando não há interesse ou necessidade de discriminar, especificar o sexo, usa-se a forma masculina daqueles substantivos que permitem a flexão de gênero: meus filhos (= filhos e filhas), nossos alunos (= alunos e alunas), os brasileiros (= brasileiros e brasileiras), etc. Tal masculino evidentemente nada tem a ver com o masculino sexual; é uma categoria puramente gramatical. Em outras palavras: nesses casos, o masculino é abrangente, extensivo em relação ao sexo, compreendendo tanto homens quanto mulheres, razão por que se diz que é agenérico: *Fulano/Fulana prestou concurso para Juiz de Direito. Pedro/Laura concorre a Deputado Federal. Fulano de Tal/Fulana de Tal, ocupante do cargo de Procurador de Justiça.* [...] Já o feminino, nesses casos, é marcado, restrito, intensivo, abrangendo somente os seres femininos: *a Juíza Fabiana; a Procuradora da Fazenda Nacional Cíntia; a Senadora Rita Vasconcelos; a Prefeita Juçara Paranhos; a Assessora Legislativa Cármen Silveira. Fulana de Tal, Promotora de Justiça, requer a Vossa Excelência* [...]

Observação: As considerações da segunda nota foram elaboradas com base em diversos textos publicados por Celso Pedro Luft, na coluna *Mundo das Palavras*, jornal Correio do Povo.

12.4 – FORMAÇÃO DO FEMININO DOS SUBSTANTIVOS

a) Substantivos em geral (exemplos):

abade	abadessa
bacharel	bacharela
bode	cabra
búfalo	búfala
carneiro	ovelha

cavaleiro	amazona
cônsul	consulesa
desembargador	desembargadora
diácono	diaconisa
elefante	elefanta, elefoa, aliá (no Siri Lanka)
embaixador	embaixadora (= representante diplomática, embaixatriz – mulher de embaixador)
frade	freira
frei	sóror (ou soror)
garçom	garçonete
general	generala
governante	governanta (ou governante)
governador	governadora (= que exerce as funções próprias de governador; governatriz – que governa, em sentido genérico)
hóspede	hóspede (forma preferível), hóspeda
imperador	imperatriz, imperadora (= soberana de um império, mulher de imperador)
inventor	inventriz
jogral	jogralesa
jóquei	joqueta
manicuro	manicura, manicure (fr.)
maestro	maestrina
marajá	marani[1] (político corrupto, Porto Editora, ano 2009)
marechal	marechala
oficial	oficiala
parente	parenta, parente (forma preferível)
pardal	pardaloca, pardaleja, pardoca (forma usual)
piloto	pilota
píton (= vidente)	pitonisa
poeta	poetisa, poeta[2]
presidente	presidente (forma preferível), presidenta
prior	prioresa (= superiora de certas ordens) priora (irmã da Ordem Terceira)
rajá (príncipe indiano ou turco)	rani
rapaz	rapariga[3], moça
senador	senadora (forma usual, senatriz)
sandeu (= idiota)	sandia
soldado	soldada
tutor	tutora (forma usual), tutriz

---

[1] No sentido de servidora pública com remuneração exorbitantemente alta, o feminino de marajá é *marajoa*.

[2] A forma *poeta*, para o feminino, tem caráter mais profissional, ao passo que *poetisa* identifica, atualmente, mais a mulher que faz versos eventualmente, até por diletantismo. Tem certa conotação pejorativa, passando a ideia de sentimentalismo versejado. O VOLP/09 avaliza os dois femininos.

[3] Oportuna esta observação de Celso Cunha e Luís F. Lindley Cintra, em sua *Nova gramática do português contemporâneo* (p. 189): *Rapariga* é o feminino de rapaz mais usado em Portugal. No Brasil prefere-se 'moça', em razão do valor pejorativo que, em certas regiões, o primeiro termo adquiriu.

b) Substantivos terminados em *–ão* (exemplos):

aldeão	aldeã
anão	anã
ancião	anciã
anfitrião	anfitriã (forma usual), anfitrioa
artesão (= artífice)	artesã
barão	baronesa
cão	cadela
capitão	capitã (forma usual), capitoa (nau capitoa)
charlatão	charlatona
cirurgião	cirurgiã
comilão	comilona
ermitão	ermitã (forma usual), ermitoa (Houaiss, 789)
escrivão	escrivã
espião	espiã
folião	foliona
glutão	glutona
guardião	guardiã
hortelão	horteloa
ladrão	ladra (forma usual), ladrona ladroa (formas populares)
leitão	leitoa
machão	machona (forma usual), machoa
pavão	pavoa (forma usual), pavã
pedinchão	pedinchona
perdigão	perdiz[1]
pobretão	pobretona
sacristão	sacristã
sultão	sultana
tabelião	tabeliã (forma usual), tabelioa (VOLP/09)
tecelão	tecelã (forma usual), teceloa
varão	virago (forma usual), varoa (forma arcaica)
vilão	vilã (forma usual), viloa
zângão (ou zangão)	abelha

12.5 – FLEXÃO DE GÊNERO DOS ADJETIVOS

12.5.1 – Adjetivos simples (exemplos)

alemão – alemã
andaluz – andaluza
chão (singelo, rasteiro, vulgar) – chã
folgazão – folgazona, folgazã
hebreu – hebreia

ateu – ateia
bretão – bretã
capiau (= caipira) – capioa
glutão – glutona
judeu – judia

---

[1] Embora as gramáticas e os dicionários em geral registrem a forma *perdiz* como feminino de *perdigão*, trata-se, na verdade, de aves diferentes, não formando casal. Está-se, pois, diante de uma distinção correta do ponto de vista linguístico ou gramatical, mas incorreta pelo prisma da ciência ornitológica.

loução (= gracioso) – louçã
plebeu – plebeia
sandeu (= imbecil) – sandia
temporão – temporã
vilão – vilã (forma usual), viloa

malsão (= doentio; nocivo) – malsã
poltrão (= covarde) – poltrona
tabaréu (= matuto, caipira) – tabaroa
trabalhador – trabalhadora, trabalhadeira

Nota – Muitos dos adjetivos suprarrelacionados também se usam como substantivos.

12.5.2 – Adjetivos compostos

Os adjetivos compostos recebem a flexão feminina somente no último elemento, seja o primeiro variável ou invariável:

cirurgia plástico-estética
comunidade teuto-brasileira
luso-franco-britânica

crise político-econômico-financeira
linguagem jurídico-judiciária
solução alcalino-terrosa

12.6 – FLEXÃO DE NÚMERO DOS ADJETIVOS

12.6.1 – Adjetivos simples (exemplos)

folgazão – folgazões
poltrão (= covarde) – poltrões
temporão – temporãos

gentil – gentis
sutil – sutis
têxtil – têxteis

Nota – *Extra*, como redução de extraordinário, tem a pronúncia fechada (ê), pluraliza-se normalmente e não se liga por hífen ao substantivo precedente: horas extras, sorteios extras.

12.6.2 – Adjetivos compostos

Os adjetivos compostos recebem a flexão de número no último elemento, seja o primeiro variável ou invariável:

aspectos médico-legais
discussões filosófico-religiosas
normas processual-penais
problemas afetivo-emocionais
questões político-econômico-financeiras

decisões normativo-processuais
mocinhas ítalo-sírio-teuto-luso-brasileiras
pesquisas pseudo-históricas
questões jurídico-tributárias
resultados extraoficiais

Notas

1ª – a *Surdo-mudo*, como substantivo, recebe flexão (de gênero e número) nos dois elementos:
Os surdos-mudos têm proteção especial da lei.
As surdas-mudas moram num bairro de Bento Gonçalves.
Como adjetivo, em atenção à regra geral, somente o segundo elemento recebe flexão, tanto de gênero quanto de número:
Dois rapazes surdo-mudos.
Duas senhoras surdo-mudas.

2ª – *Zero-quilômetro*, quer como substantivo, quer como adjetivo, é invariável (em gênero e número):
Os zero-quilômetro estão com preços convidativos.
Presenteou a namorada com dois automóveis zero-quilômetro.

12.6.3 – Adjetivos designativos de cores

a) Nos compostos de adjetivo + adjetivo, quando ambos os elementos designam cor, ou quando o segundo é *claro*, *escuro* ou *negro*, somente varia o último (tanto em número quanto em gênero):

flâmulas verde-amarelas
faixas rubro-negras
blusas azul-claras
olhos castanho-escuros
ondas verde-azuis
mechas castanho-ruivas

b) Se um dos elementos do composto é substantivo, ou se o segundo não designa cor, mas a tonalidade desta, estabelecendo, assim, ideia de comparação ou semelhança, ambos os elementos ficam invariáveis:

olhos verde-mar
uniformes verde-oliva
chapéus escuro-cinza
blusas azul-celeste
tonalidades amarelo-laranja
dentes branco-pérola

c) Nos casos em que a cor é expressa por substantivo, subentendendo-se a expressão *da cor de*, esse substantivo fica invariável:

ternos cinza
bolsas gelo
vestidos rosa
fios laranja

d) O adjetivo substantivado *ultravioleta* fica invariável:

raios ultravioleta
radiações ultravioleta

e) O adjetivo *infravermelho* varia tanto em número quanto em gênero:

raios infravermelhos
radiações infravermelhas

12.6.4 – Flexão de grau dos adjetivos

Exemplos de superlativos sintéticos:

acre – acérrimo
ágil – agílimo, agilíssimo
agudo – acutíssimo, agudíssimo
amargo – amaríssimo, amarguíssimo
antigo – antiquíssimo, antiguíssimo
áspero – aspérrimo
audaz – audacíssimo
benéfico, beneficente – beneficentíssimo
bom – boníssimo, ótimo
célebre – celebérrimo
crível – credibilíssimo
difícil – dificílimo
dócil – docílimo   eficaz – eficacíssimo
feio – feiíssimo
feroz – ferocíssimo
frio – friíssimo, frigidíssimo (forma popular) (radical de *frígido*)
humilde – humílimo
infame - infamérrimo
íntegro – integérrimo, integríssimo
livre – libérrimo

afável – afabilíssimo
agradável – agradabilíssimo
alto – altíssimo, supremo, sumo
amigo – amicíssimo
antipático – antipaticíssimo
atroz – atrocíssimo
baixo – baixíssimo, ínfimo
benévolo, benevolente - benevolentíssimo
capaz – capacíssimo
comum – comuníssimo
cruel – crudelíssimo
doce – dulcíssimo
fácil - facílimo
feliz – felicíssimo
fiel – fidelíssimo   frágil – fragílimo
grande, grandíssimo, máximo, grandessíssimo
incrível – incredibilíssimo
inimigo – inimicíssimo
jovem – juveníssimo
macio – maciíssimo

magnífico, magnificente – magnificentíssimo
maléfico – maleficentíssimo
malédico, maledicente, maldizente – maledicentísimo
mísero – misérrimo
módico – modicíssimo
necessário – necessariíssimo
negro – nigérrimo, negríssimo
notável – notabilíssimo
pequeno – pequeníssimo, mínimo
pessoal – personalíssimo, pessoalíssimo
pobre – paupérrimo, pobríssimo
preguiçoso, pigro – pigérrimo
pródigo – prodigalíssimo
próspero – prospérrimo, prosperíssimo
público – publicíssimo
pulcro – pulquérrimo
rústico – rusticíssimo
sagaz – sagacíssimo
salubre – salubérrimo
senil – seníllimo
sério – seriíssimo
simples – simplicíssimo, simplíssimo
sumário – sumariíssimo
terrível – terribilíssimo
úbere (= fértil) – ubérrimo
visível – visibilíssimo
vulnerável – vulnerabilíssimo

magro – macérrimo, magérrimo, magríssimo
malévolo, malevolente – malevolentíssimo
mau – péssimo, malíssimo
miserável – miserabilíssimo
miúdo – minutíssimo, miudíssimo
móvel – mobilíssimo – munífico, munificente – munificentíssimo
nobre – nobilíssimo, nobríssimo
ordinário – ordinariíssimo
perspicaz – perspicacíssimo
pio – piíssimo, pientíssimo (VOLP/09)
precário – precariíssimo
primário – primariíssimo
próprio – propriíssimo
provável – probabilíssimo
pudico – pudicíssimo
ruim – péssimo
sábio – sapientíssimo
sagrado – sacratíssimo
semelhante, símil – simílimo
sensível – sensibilíssimo
simpático – simpaticíssimo
soberbo – superbíssimo, soberbíssimo
tenaz – tenacíssimo
tétrico – tetérrimo
veloz – velocíssimo
voraz – voracíssimo

Notas

1ª – A maioria dos superlativos apresentados são irregulares, derivando-se diretamente da forma latina, razão por que recebem a denominação de *eruditos*. Essas formas eruditas, de um modo geral, são preferidas no nível culto formal da comunicação.

2ª – Atualmente há tendência para a redução dos dois *is* dos adjetivos terminados em *io* a um só no superlativo absoluto sintético, fato registrado por vários gramáticos: *precaríssimo, primaríssimo, sumaríssimo*, etc. Todavia, essa tendência encontra dois tipos de resistência: a) alguns adjetivos, por questão de eufonia, impedem essa mudança: *frio – friíssimo* (e não *fríssimo*), *vário – variíssimo* (e não *varíssimo*); b) a língua-padrão, como observa Evanildo Bechara (*Moderna gramática portuguesa*, p. 151), insiste em que se mantenham os dois *is*. A rigor, a forma superlativa com apenas um *i* seria regular somente para aqueles adjetivos em que a terminação *io* é precedida de *e*: *cheio* (radical *che*), *feio* (radical *fe*). Aqui a forma com apenas um *i* tem lógica: *cheio* – radical *che* + *íssimo* = *cheíssimo*; *feio* – radical *fe* + *íssimo* = *feíssimo*. Não obstante, também para esses se registram as formas com dois *is*: *cheiíssimo* (*Dicionário Houaiss da língua portuguesa*, 1ª ed., 2009); *feiíssimo* (Bechara, *Moderna gramática portuguesa*, p. 150).

Dessa forma (concessão feita às formas *cheíssimo* e *feíssimo*, que têm justificativa gramatical), por via das dúvidas, em textos formais, empreguem-se os superlativos regulares, isto é, com dois *is*, sobre os quais não paira qualquer suspeita.

3ª – Para o adjetivo *magro*, o VOLP/09 registra as formas *macérrimo* e *magérrimo*. Esta última ainda é considerada incorreta por alguns distraídos.

4ª – Como se observa na lista acima, para muitos adjetivos, ao lado da forma superlativa erudita, está registrada uma outra, moderna, baseada, no radical português do adjetivo. Muitas dessas já foram empregadas, inclusive, por grandes escritores, como, p. ex.: *cruelíssimo* (Machado de Assis, *Contos*).

5ª – Quando se comparam qualidades de um mesmo ser, empregam-se os comparativos analíticos dos adjetivos *bom, mau, grande* e *pequeno*:

*Ele, na verdade, é mais **mau** do que infeliz.*
*Seus filhos são mais **bons** do que inteligentes.*
*O capitão era homem mais **grande** do que forte.*
*A causa é mais **pequena** do que simples.*

O comparativo analítico *mais pequeno* pode empregar-se, em lugar da forma sintética *menor*, em qualquer hipótese:

*A Lua é **mais pequena** do que a Terra.*
*Em pé, quando era **mais pequeno**, metia a cara no vidro* (Machado de Assis – *Dom Casmurro*).

Todavia, a forma *menor* também pode ser empregada sem problemas:

*A casa em que reside atualmente é **menor** (ou **mais pequena**) do que a anterior.*

13 – Flexão verbal

13.1 – ESQUEMA DOS TEMPOS E MODOS DO VERBO

MODO	TEMPO		EXEMPLO
Indicativo	Presente		observo, observas, etc.
	Pretérito imperfeito		observava, etc.
	Pretérito perfeito	simples	observei, etc.
		composto	tenho observado, etc.
	Pretérito mais-que-perfeito	simples	observara, etc.
		composto	tinha observado, etc.
	Futuro do presente	simples	observarei, etc.
		composto	terei observado, etc.
	Futuro do pretérito	simples	observaria, etc.
		composto	teria observado, etc.

MODO	TEMPO		EXEMPLO
Subjuntivo	Presente		observe, observes, etc.
	Pretérito imperfeito		observasse, etc.
	Pretérito perfeito		tenha observado, etc.
	Pretérito mais-que-perfeito		tivesse observado, etc.
	Futuro	simples	observar, observares, etc.
		composto	tiver observado, etc.

MODO	TEMPO (só presente)	EXEMPLO
Imperativo	Afirmativo	observa tu, etc.
	Negativo	não observes tu, etc.

FORMAS NOMINAIS			EXEMPLO
Infinitivo	impessoal	presente	observar
		pretérito	ter observado
	pessoal	presente	observar, observares, etc.
		pretérito	ter (teres, etc.) observado
Gerúndio	presente		observando
	pretérito		tendo observado
Particípio			observado

Nota – nas formas compostas, em lugar do verbo auxiliar *ter*, também se pode empregar o verbo *haver*: *Eu havia observado. Nós havíamos observado. Se eles me houvessem avisado.*

13.2 – CONJUGAÇÕES

Há, em português, três conjugações: em *ar*, em *er* e em *ir*. O verbo *pôr* e seus compostos incluem-se entre os irregulares da segunda conjugação.

13.3 – CLASSIFICAÇÃO DO VERBO

Quanto à forma ou flexão, os verbos são *regulares, irregulares, anômalos, defectivos* e *abundantes*. Quanto ao sentido e às função, *são princi*pais ou *auxi*liares.

13.3.1 – Verbo regular

Verbo *regular* é o que não sofre alteração em seu radical: *trabalh*-ar, *bat*-er, *part*-ir. O verbo *trabalhar*, por exemplo, conserva, em todas as formas, o radical *trabalh*.

13.3.2 – Verbo irregular

Verbo *irregular* é o que sofre alteração em seu radical: *ouvir* – eu *ouço*, que eles *ouç*am; *fazer* – eu *fiz*, se ele *fiz*esse; *caber* – eu *caib*o, eu *coub*e, se você *coub*esse.

13.3.3 – Verbo anômalo

Verbo *anômalo* é aquele cujo radical se modifica completamente: *ser* – eu *fui*, se ele *fosse*; *ir* – eles *foram*, quando vocês *forem*.

13.3.4 – Verbo defectivo

Verbo *defectivo* é o que não possui certas formas, isto é, não se conjuga integralmente: *falir* (só se conjuga nas formas em que ao *l* do radical segue a letra *i*); *reaver* (conjuga-se como *haver*, mas só nas formas em que aparece a letra *v*):
reouve, reouverem, reouvesse

Entre os verbos defectivos incluem-se os *impessoais*, isto é, os que se usam somente na terceira pessoa do singular: *chover, nevar, fazer* (quando indica tempo transcorrido ou fenômeno da natureza), *haver* (quando indica tempo transcorrido ou no sentido de *existir*), etc.

Excepcionalmente, o verbo impessoal pode ser empregado na terceira pessoa do plural, como, por exemplo, o verbo *ser* na indicação de horas, datas ou distâncias:
São *onze horas.*
Eram *28 de junho de 2014.*
De Porto Alegre a Gramado **são** *126 quilômetros.*

13.3.5 – Verbo abundante

Verbo *abundante* é o que tem duas ou mais formas equivalentes, em geral no particípio: uma regular, desenvolvida, e outra irregular, contraída:

aceitar	aceitado e aceito
anexar	anexado e anexo
concluir	concluído e concluso
corrigir	corrigido e correto
difundir	difundido e difuso
extinguir	extinguido e extinto
imprimir	imprimido e impresso
incluir	incluído e incluso
inserir	inserido e inserto
matar	matado e morto
morrer	morrido e morto
pegar	pegado, pego (é), pego (ê)
situar	situado e sito
submergir	submergido e submerso
surpreender	surpreendido e surpreso

Nota – A forma irregular, contraída do particípio tem, muitas vezes, função adjetiva: acesso *restrito*; devedor *remisso* (= relapso); direitos *difusos* (= disseminados); domicílio *ficto* (= presumido); feridas *contusas* (= abertas); movimentos *suspeitos*; informações *confusas*; vinhos *tintos*; atitudes *corretas*; interesses *ocultos*; réus *confessos*; etc.

13.3.6 – Verbo principal

Verbo *principal* é o que, junto com um verbo auxiliar, forma uma locução verbal (= dois verbos com o mesmo sujeito), constituindo a base desta:

devem **voltar**
começou a **nevar**
querem **negociar**, tenho pensado
podem **transigir**
temos de **tomar** cuidado

13.3.7 – Verbo auxiliar

Verbo *auxiliar* é o que se junta a outro, chamado principal, para formar tempos compostos e locuções verbais:

começou a chover
terão de pagar
deverão voltar
havia colaborado
tinha desistido
continuam resistindo

13.4 – PARADIGMAS (= MODELOS) DAS TRÊS CONJUGAÇÕES REGULARES NAS FORMAS SIMPLES

MODO	TEMPO	CONJUGAÇÃO		
		Primeira	*Segunda*	*Terceira*
INDICATIVO	Presente	compro	vendo	parto
		compras	vendes	partes
		compra	vende	parte
		compramos	vendemos	partimos
		comprais	vendeis	partis
		compram	vendem	partem
	Pretérito imperfeito	comprava	vendia	partia
		compravas	vendias	partias
		comprava	vendia	partia
		comprávamos	vendíamos	partíamos
		compráveis	vendíeis	partíeis
		compravam	vendiam	partiam
	Pretérito perfeito	comprei	vendi	parti
		compraste	vendeste	partiste
		comprou	vendeu	partiu
		compramos	vendemos	partimos
		comprastes	vendestes	partistes
		compraram	venderam	partiram
	Pretérito mais-que-perfeito	comprara	vendera	partira
		compraras	venderas	partiras
		comprara	vendera	partira
		compráramos	vendêramos	partíramos
		compráreis	vendêreis	partíreis
		compraram	venderam	partiram
INDICATIVO	Futuro do presente	comprarei	venderei	partirei
		comprarás	venderás	partirás
		comprará	venderá	partirá
		compraremos	venderemos	partiremos
		comprareis	vendereis	partireis
		comprarão	venderão	partirão
	Futuro do pretérito	compraria	venderia	partiria
		comprarias	venderias	partirias
		compraria	venderia	partiria
		compraríamos	venderíamos	partiríamos
		compraríeis	venderíeis	partiríeis
		comprariam	venderiam	partiriam

MODO	TEMPO	CONJUGAÇÃO		
		Primeira	*Segunda*	*Terceira*
SUBJUNTIVO	Presente	compre	venda	parta
		compres	vendas	partas
		compre	venda	parta
		compremos	vendamos	partamos
		compreis	vendais	partais
		comprem	vendam	partam
	Pretérito imperfeito	comprasse	vendesse	partisse
		comprasses	vendesses	partisses
		comprasse	vendesse	partisse
		comprássemos	vendêssemos	partíssemos
		comprásseis	vendêsseis	partísseis
		comprassem	vendessem	partissem
	Futuro	comprar	vender	partir
		comprares	venderes	partires
		comprar	vender	partir
		comprarmos	vendermos	partirmos
		comprardes	venderdes	partirdes
		comprarem	venderem	partirem

MODO		CONJUGAÇÃO		
		Primeira	*Segunda*	*Terceira*
IMPERATIVO	Afirmativo	compra tu	vende tu	parte tu
		compre você	venda você	parta você
		compremos nós	vendamos nós	partamos nós
		comprai vós	vendei vós	parti vós
		comprem vocês	vendam vocês	partam vocês
	Negativo	não compres tu	não vendas tu	não partas tu
		não compre você	não venda você	não parta você
		não compremos nós	não vendamos nós	não partamos nós
		não compreis vós	não vendais vós	não partais vós
		não comprem vocês	não vendam vocês	não partam vocês

CONJUGAÇÃO	FORMAS NOMINAIS			
	Infinitivo		Gerúndio	Particípio
	impessoal	*pessoal*		
Primeira	comprar	comprar	comprando	comprado
		comprares		
		comprar		
		comprarmos		
		comprardes		
		comprarem		
Segunda	vender	vender	vendendo	vendido
		venderes		
		vender		
		vendermos		
		venderdes		
		venderem		
Terceira	partir	partir	partindo	partido
		partires		
		partir		
		partirmos		
		partirdes		
		partirem		

13.5 – VOZ VERBAL

Voz é a forma que o verbo assume para indicar a relação entre ele e o sujeito. Exprime se o sujeito é agente, paciente (recipiente) ou ambas as situações simultaneamente.

13.5.1 – Voz ativa

A voz *ativa* indica que o sujeito é o agente (do latim *age*re: fazer) ou, ao menos, o ponto de partida deste:
O **examinador** proveu todos os recursos.
O **comprador** examinou detidamente o aparelho.
O **vento** derrubou várias casas.

13.5.2 – Voz passiva

A voz *passiva* indica que o sujeito é o paciente (do latim *pati* = sofrer, receber) da ação verbal. Pode ser *analítica* ou *sintética*.

13.5.2.1 – Voz passiva analítica

A voz passiva *analítica*, ou composta, é a formada com o verbo auxiliar *ser* mais o particípio do verbo principal, que concorda em gênero e número com o sujeito da oração:

São arrecadadas *grandes somas.*
Foram compradas *várias máquinas novas.*
Serão abertas *modernas rodovias.*
Eram observadas *todas as reações do paciente.*
São revogadas *as disposições em contrário.*

13.5.2.2 – Vos passiva sintética

A voz passiva *sintética*, ou pronominal, é a formada com o verbo na forma ativa acompanhado do pronome (apassivador) *se*. Assim, para transformar a voz passiva analítica em sintética, coloca-se o particípio na voz (ativa), modo, tempo e número em que se encontrava o auxiliar e acrescenta-se-lhe o pronome (apassivador) *se*. O auxiliar desaparece:

Arrecadam-se *grandes somas.*
Compraram-se *várias máquinas novas.*
Abrir-se-ão *modernas rodovias.*
Observavam-se *todas as reações do paciente.*
Revogam-se *as disposições em contrário.*

13.5.3 – Voz reflexiva

A voz *reflexiva* indica que o sujeito é, ao mesmo tempo, agente e paciente do processo verbal:

O rapaz **considera-se** *um artista de televisão.*
O velejador **jogou-se** *ao mar.*
A criança **machucou-se** *com a tesoura.*

Nota – Há uma forma de voz reflexiva denominada *reflexiva recíproca*, que ocorre quando a ação é praticada por dois ou mais sujeitos e por eles reciprocamente recebida (eles fazem e, ao mesmo tempo, recebem (sofrem) a ação:

Os noivos **beijaram-se** *apaixonadamente.*
Os dois deputados **insultaram-se** *grosseiramente.*
Ao final do julgamento, advogado e réu **cumprimentaram-se** *efusivamente e* **abraçaram-se** *com emoção.*

13.6 – MODO VERBAL (NOÇÕES BÁSICAS)

Modo é a forma assumida pelo verbo para indicar certos estados de espírito em relação ao fato (*ação, processo, movimento*, etc.) por ele expresso. É, em síntese, a qualidade, o como da afirmação: *se eu soubesse; eu quisera; eu desejava;* etc.

13.6.1 – Indicativo

É, basicamente, o modo da realidade, da certeza. Serve para enunciar fatos ou estados verdadeiros ou supostos como tais. É o modo por excelência – não, porém, exclusivo – das orações independentes ou principais:

A verdade é indestrutível; a mentira, passageira. (Adão Myszak)
O tempo é a insônia da eternidade. (Mário Quintana)
Uma nação vale pela cultura de seu povo. (Miguel Couto)

13.6.2 – Subjuntivo

É modo da incerteza, da hipótese, da possibilidade, da dúvida. Ocorre com maior frequência nas orações dependentes (subordinadas).

Talvez a chuva pare no final do dia.
Que a terra lhe seja leve.
Espero que se resolvam essas questões o mais breve possível.

13.6.3 – Imperativo

É o modo da ordem ou mando. Pode também indicar conselho, exortação, pedido, súplica ou desejo.

Sê maldito e sozinho na terra. (Gonçalves Dias)
Procure manter a calma.
Fique comigo esta noite.
Não corra, não mate, não morra.

13.7 – FORMAS NOMINAIS

São as formas que participam da natureza do nome (substantivo, adjetivo, advérbio).

13.7.1 – Infinitivo

Participa da natureza do substantivo:
Viver (= a vida) *é lutar* (= luta).
Viver (= a vida) *é conviver* (= convivência).

Nota – O infinitivo pode ser substantivado pela anteposição do artigo, caso em que admite plural: *os dizeres, os haveres, os falares, os cultivares, os saberes.*

A natureza fez **o comer** para **o viver**, e a gula fez **o comer** muito para **o viver** pouco. (P. Antônio Vieira)

13.7.2 – Gerúndio

Participa da natureza do advérbio (= modalidade da ação verbal, como locução verbal) e do adjetivo (= caracterização do substantivo):

Natureza adverbial:
Vive **trabalhando** (= vive a trabalhar).
Passou a noite **chorando** (= a chorar).
Estudando (= por meio do estudo, quando se estuda), *é fácil aprender*.

Natureza adjetiva:
água **fervendo** (= água fervente).
Fornalha **ardendo** (= ardente, que arde).
Pessoas **discutindo** (= que discutem).

> Nota – A *locução verbal* consiste em dois verbos usados em combinação e que funcionam como um só e têm o mesmo sujeito. É constituída de verbo auxiliar mais um verbo principal, que estará numa das formas nominais (infinitivo, gerúndio ou particípio): *ir andando, ter adormecido, estou a pensar, pôs-se a correr*.

13.7.3 – Particípio

Participa da natureza do adjetivo: *trabalhos concluídos; questões resolvidas*.

> Nota – O atual particípio é o antigo particípio passado. O particípio presente latino sobrevive apenas em substantivos e adjetivos: *ouvinte, amante, pedinte, crente, gerente*. O particípio futuro latino, com a terminação *–turo* ou *–douro*, permaneceu apenas em alguns substantivos e adjetivos: *nascituro* (= que há de nascer); *nascedouro* (= lugar onde se nasce; princípio, origem); *futuro* (= que há de ser); *vindouro* (= que há de vir); *imorredouro* (= que não há de morrer).

13.8 – FORMAS VERBAIS RIZOTÔNICAS E ARRIZOTÔNICAS

Formas verbais *rizotônicas* são aquelas em que o acento tônico recai na *raiz* (ou radical); *arrizotônicas*, as em que o acento tônico cai na *terminação* (fora da raiz):

Presente do indicativo	Presente do subjuntivo	Pretérito perfeito do indicativo
escr*ev*-o (R)	escr*ev*-a (R)	escrev-*i* (A)
escr*ev*-es (R)	escr*ev*-as (R)	escrev-*este* (A)
escr*ev*-e (R)	escr*ev*-a (R)	escrev-*eu* (A)
escrev-*e*mos (A)	escrev-*a*mos (A)	escrev-*e*mos (A)
escrev-*e*is (A)	escrev-*a*is (A)	escrev-*estes* (A)
escr*ev*-em (R)	escr*ev*-am (R)	escrev-*eram* (A)

(R) – formas rizotônicas. (A) – formas arrizotônicas.

13.9 – FORMAÇÃO DO PRESENTE DO SUBJUNTIVO

O presente do subjuntivo forma-se da *primeira pessoa do singular do presente do indicativo*, do seguinte modo:

a) na *primeira conjugação*, trocando-se o *o* por *e, es, e, emos, eis, em*:

eu procur*o* – (que) eu procur*e*, (que) tu procur*es*, (que) ele procur*e*, (que) nós procur*emos*...

b) na *segunda* e na *terceira conjugação*, trocando-se o *o* por *a, as, a, amos, ais, am*:

eu suspend*o* – (que) eu suspend*a*, (que) tu suspend*as*, (que) ele suspend*a*, (que) nós suspend*amos*...

eu admit*o* – (que) eu admit*a*, (que) tu admit*as*, (que) ele admit*a*, (que) nós admit*amos*...

Nota – Constituem exceção os verbos *dar, estar, haver, querer, saber, ser* e *ir*, cujo presente do subjuntivo é, respectivamente: (que) eu dê; (que) tu dês...; (que) eu esteja; (que) tu estejas...; (que) eu haja; (que) tu hajas...; (que) eu queira; (que) tu queiras...; (que) eu saiba; (que) tu saibas...; (que) eu seja; (que) tu sejas...; (que) eu vá; (que) tu vás...

13.10 – FORMAÇÃO DOS IMPERATIVOS

O *imperativo afirmativo* tira a segunda pessoa do singular e do plural (tu e vós) do presente do indicativo, com a eliminação do *s* final, e as demais pessoas (você, nós e vocês), do presente do subjuntivo, sem alteração alguma:

Presente do indicativo	*Imperativo afirmativo*	*Presente do subjuntivo*
escrevo	--------	escreva
escreves	escreve tu	escrevas
escreve	escreva você	escreva
escrevemos	escrevamos nós	escrevamos
escreveis	escrevei vós	escrevais
escrevem	escrevam vocês	escrevam

Notas

1ª – Excetua-se o verbo *ser*, na segunda pessoa do singular e do plural, que fica, respectivamente: *sê tu, sede vós*; as demais pessoas (você, nós e vocês) são iguais às do presente do subjuntivo; segundo a regra, portanto.

2ª – Os verbos terminados em *zir* perdem o *e* final na terceira pessoa do singular do presente do indicativo e podem conservar ou perder essa vogal na segunda pessoa do singular do imperativo afirmativo no caso de a terminação *zir* vier precedida de vogal: *conduzir* – ele *conduz* (presente do indicativo); *conduz* ou *conduze* tu (imperativo afirmativo). Quando a terminação *zir* é precedida de consoante, o *e* mantém-se em ambas as formas: *franzir* – ele *franze* (presente do indicativo); *franze* tu (imperativo afirmativo)

O *imperativo negativo* toma suas formas do presente do subjuntivo, sem alteração alguma, exceto a primeira pessoa do singular, que não se usa:

Presente do subjuntivo	*Imperativo negativo*
conserve	--------
conserves	(não) conserves tu
conserve	(não) conserve você
conservemos	(não) conservemos nós
conserveis	(não) conserveis vós
conservem	(não) conservem vocês

13.11 – FORMAÇÃO DO PRETÉRITO IMPERFEITO DO INDICATIVO

O *pretérito imperfeito do indicativo* tira suas formas do infinitivo presente impessoal, trocando as terminações deste (*ar, er, ir*) por *ava...*, na primeira conjugação, e por *ia...*, na segunda e na terceira conjugação:

reclam*ar* – eu reclam*ava*...
escrev*er* – eu escrev*ia*...
repart*ir* – eu repart*ia*...

Nota – Fazem exceção os verbos *ser, ter, vir* e *pôr*, cujo pretérito imperfeito do indicativo é, respectivamente: eu era, tu eras, ele era...; eu tinha, tu tinhas, ele tinha...; eu vinha, tu vinhas, ele vinha...; eu punha, tu punhas, ele punha...

13.12 – DERIVADOS DO PRETÉRITO PERFEITO DO INDICATIVO

Da *segunda pessoa do singular* do pretérito perfeito do indicativo derivam três tempos:

a) o *futuro do subjuntivo*, trocando-se a desinência *ste* (da segunda pessoa do singular do pretérito perfeito do indicativo) por *r, res, r, rmos, rdes, rem*:

Verbo	Segunda pessoa do singular do pretérito perfeito do indicativo	Futuro do subjuntivo
saber	soube(*ste*)	soub*er*...
poder	pude(*ste*)	pud*er*...
ver	vi(*ste*)	vi*r*...
vir	vie(*ste*)	vie*r*...

b) o *pretérito imperfeito do subjuntivo*, trocando-se a desinência *ste* (da segunda pessoa do singular do pretérito perfeito do indicativo) por *sse, sses, sse, ssemos, sseis, ssem*:

Verbo	Segunda pessoa do singular do pretérito perfeito do indicativo	Pretérito imperfeito do subjuntivo
saber	soube(*ste*)	soube*sse*...
poder	pude(*ste*)	pude*sse*...
ver	vi(*ste*)	vi*sse*...
vir	vie(*ste*)	vie*sse*...

c) o *pretérito mais-que-perfeito do indicativo*, trocando-se a desinência *ste* (da segunda pessoa do singular do pretérito perfeito do indicativo) por *ra, ras, ra, ramos, reis, ram*:

Verbo	Segunda pessoa do singular do pretérito perfeito do indicativo	Pretérito imperfeito do subjuntivo
saber	soube(*ste*)	soube*ra*...
poder	pude(*ste*)	pude*ra*...
ver	vi(*ste*)	vi*ra*...
vir	vie(*ste*)	vie*ra*

Notas

1ª – As regras de formação supraexpostas aplicam-se a qualquer verbo, mas tem importância especial para a correta flexão dos verbos irregulares, em face da mudança do radical.

2ª – Basicamente, o pretérito mais-que-perfeito do indicativo exprime ação praticada ou sucesso ocorrido anteriormente a outro fato também passado, expresso no contexto ou implícito nele:

*Quando os bombeiros chegaram, o fogo já **cosumira** (tinha/havia consumido) metade do casarão.*
*Após essa crise, tinha **havido** longos períodos de prosperidade.*

13.13 – FORMAÇÃO DO FUTURO DO PRESENTE E DO FUTURO DO PRETÉRITO DO INDICATIVO

O *futuro do presente do indicativo* e o *futuro do pretérito do indicativo* formam-se desta maneira:

a) o *futuro do presente do indicativo*, pelo acréscimo das terminações *ei, ás, á, emos, eis, ão* ao infinitivo impessoal;

b) o *futuro do pretérito do indicativo*, pelo acréscimo das terminações *ia, ias, ia, íamos, íeis, iam*:

Defender: infinitivo impessoal

Futuro do presente do indicativo	Futuro do pretérito do indicativo
defenderei	**defender**ia
defenderás	defenderias
defenderá	defenderia
defenderemos	defenderíamos
defenderíeis	defenderíeis
defenderão	defenderiam

Nota – Fogem às regras de formação supraexpostas os verbos *dizer, fazer* e *trazer* (bem como os respectivos compostos, que assumem as seguintes formas no futuro do presente e no futuro do pretérito:

(pre)dizer – (pre)direi, (pre)dirás, (pre)dirá, (pre)diremos, (pre)direis, (pre)dirão; (pre)diria, (pre)dirias, (pre)diria, (pre)diríamos, (pre)diríeis, (pre)diriam;

(re)fazer – (re)farei, (re)farás, (re)fará, (re)faremos, (re)fareis, (re)farão; (re)faria, (re)farias, (re)faria, (re)faríamos, (re)faríeis, (re)fariam;

(re)trazer – (re)trarei, (re)trarás, (re)trará, (re)traremos, (re)trareis, (re)trarão; (re)traria, (re)trarias, (re)traria, (re)traríamos, (re)traríeis, (re)trariam.

13.14 – CONJUGAÇÃO DO VERBO COM PRONOME ENCLÍTICO (= POSPOSTO)

a) Com o pronome *lhe(s)*, nenhuma modificação sofre o verbo: comunicamos-lhe, informamos-lhes, devolvemos-lhe.

b) Com o pronome reflexivo, elimina-se o *s* da primeira pessoa do plural, mas o da segunda pessoa do plural permanece:

queixamo-***nos***   queixais-*vos*
dignamo-***nos***   dignais-*vos*
subscrevemo-***nos***   subscreveis-*vos*

Notas

1ª – Se elimitássemos o pronome reflexivo da segunda pessoa do plural, estaríamos formando o imperativo afirmativo: *abstende-vos*; *arrependei-vos*; *decidi-vos*; etc.

2ª – Quando o pronome *vos* se liga encliticamente a um verbo na primeira pessoa do plural, não ocorre nenhuma modificação: *devolvemos-vos*; *advertimos-vos*, *suplicamos-vos*; etc.

c) Com o pronome *o* (*a, os, as*), ocorrem as seguintes modificações:

1) Se o verbo termina em *r*, *s* ou *z*, essas consoantes desaparecem, e o pronome toma a forma *lo* (*la, los, las*):

informar + *o*	= informá-*lo*
coloquemos + *os*	= coloquemo-*los*
amar + *o*	= amá-*lo*
amas + *o*	= ama-*lo*
satisfez + *as*	= satisfê-*las*
quis + *o*	= qui-*lo*

Notas

1ª – Essas modificações podem ocorrer também no *futuro do presente* e no *futuro do pretérito*, em caso de mesóclise: *expulsará* + *o* = *expulsá-lo-á*; *inutilizariam* + *as* = *inutilizá-las-iam*; *refarão* + *os* = *refá-los-ão*.

2ª – Observe-se que a forma mais correta da famosa frase "fi-lo porque qui-lo" – supostamente da autoria do político Jânio Quadros, que sempre lhe negou a paternidade – é, na verdade, "fi-lo porque o quis", em face da atração exercida sobre o pronome *o* pela conjunção *porque*.

2) Se o verbo termina em *ns*, o *n* passa a *m*: tens + *o* = tem-*lo*; obténs + *o* = obtém-*lo*;

3) Se o verbo termina em *m*, *ão*, ou *õe*, o pronome toma a forma *no* (*na, nos, nas*):

informaram + *o*	= informaram-*no*
tem + *o*	= tem-*no*
depõe + *o*	= depõe-*no*
põem + *as*	= põem-*nas*
consultaram + *os*	= consultaram-*nos*
estavam + esperando + *o*	= estavam-*no* esperando

Nota – O *futuro do presente* e o *futuro do pretérito* não admitem a posição enclítica do pronome pessoal oblíquo átono. São, pois, grosseiramente incorretas formas como: 'pedirei-te', 'pediria-te'; 'devolverão-lhe', 'devolveriam-lhe'.

13.15 – VERBOS EM *UIR*, *OER* E *AIR* NO PRESENTE DO INDICATIVO

Os verbos terminados em *uir* (*influir, destruir, obstruir, moer, soer, cair*, com exceção dos em *guir*, isto é, daqueles em que o *u* é mudo), em *oer* (*moer, soer, remoer, doer*) e em *air* (*cair, atrair, sobressair*) escrevem-se com *i* (e não com *e*) na segunda e na terceira pessoa do singular:

influo	destruo	obstruo	moo	......	caio
influ*i*s	destró*i*s	obstru*i*s	mó*i*s	só*i*s	ca*i*s
influ*i*	destró*i*	obstru*i*	mó*i*	só*i*	ca*i*
influímos	destruímos	obstruímos	moemos	soemos	caímos
influís	destruís	obstruís	moeis	soeis	caís
influem	destroem	obstruem	moem	soem	caem

Notas

1ª – O verbo *soer* (= costumar) não tem a primeira pessoa do singular do presente do indicativo. É empregado quase que exclusivamente na terceira pessoa (do singular e do plural):

Em Gramado **sói** fazer muito frio no inverno.
Naquela época **soía** haver mais solidariedade.
Os gaúchos **soem** (= costumam, têm o hábito de) oferecer chimarrão às visitas.

2ª – Quanto ao verbo *arguir*, confira a flexão completa no livro *Nova ortografia integrada*, de Adalberto J. Kaspary.

3ª – Os verbos terminados em *–guir*, isto é, aqueles em que o *u* é mudo, como *distinguir* e *extinguir*, escrevem-se com *e* na segunda e na terceira pessoa do singular do presente do indicativo e também na segunda pessoa do singular do imperativo afirmativo: *tu distingues, ele distingue; tu extingues, ele extingue, distingue tu, extingue tu*.

13.16 – MODIFICAÇÕES ORTOGRÁFICAS NOS VERBOS

Alguns verbos sofrem pequenas alterações em consequência da flexão. Trata-se de meras alterações gráficas, e não de irregularidade verbal. Visam a preservar a regularidade fonética dos tempos. São as seguintes:

Verbos terminados em *–car*. Modificam o *c* em *qu* antes de *e*:

fi*car* – fi*quemos*; cer*car* – cer*quei*; to*car* – to*quem*.

Verbos terminados em *–gar*. Acrescenta-se um *u* após o *g* antes de *e* (para manter o som original):

jul*gar* – jul*guei*; inda*gar* – inda*guemos*; che*gar* – che*guem*.

Verbos terminados em *–çar*. Suprime-se a cedilha antes de *e* (por desnecessidade):

alcan*çar* – alcan*cemos*; ca*çar* – ca*cem*.

Verbos terminados em *–cer* e *–cir*. Acrescenta-se uma cedilha ao *c* antes de *a* e *o*:

agrade*cer* – agrade*çam*; agrade*ço*-lhe; cres*cer* – cres*çam* e apare*çam*.

Verbos terminados em *–ger* e *–gir*. Transforma-se o *g* em *j* diante das vogais *a* e *o* (para manter a pronúncia original):

ele*ger* – ele*jo*, ele*jam*; a*gir* – a*jo*, a*jam*.

Nota – Observe-se que os verbos terminados em *–jar* mantêm o *j* em toda a flexão: *encorajar – encoraje, encorajem; viajar – viajemos, viajem*.

Verbos terminados em *–guer* e *–guir*. Perdem o *u* antes de *o* e *a* (por desnecessidade):

er*guer* – er*go*, er*gam*; distin*guir* – distin*go*, distin*gam*; extin*guir* – extin*go* – extin*gamos*.

Nota – São grosseiramente erradas formas verbais como 'distinguam' (de distinguir) e 'extinguam'.

13.17 – FORMAS VERBAIS DE ACENTUAÇÃO ESPECIAL

a) As formas que, na terceira pessoa do singular, terminam em *ê* escrevem-se, na terceira pessoa do plural, com dois *ee*, sem o acento circunflexo, de acordo com o novo sistema ortográfico:

ele vê	eles veem	ele provê	eles proveem
ele crê	eles creem	ele descrê	eles descreem
ele lê	eles leem	ele relê	eles releem
ele dê	eles deem	ele desdê	eles desdeem

b) As formas dos verbos *ter* e *vir* são assinaladas com acento circunflexo na terceira pessoa do plural do presente do indicativo, permanecendo inacentuadas na terceira pessoa do singular do mesmo tempo e modo:

ele tem   eles têm   ele vem   eles vêm

c) As formas dos compostos de *ter* e *vir* são assinaladas com acento agudo na segunda e na terceira pessoa do singular do presente do indicativo, e, com acento circunflexo, na terceira pessoa do plural do mesmo tempo e modo:

tu manténs	ele mantém	eles mantêm
tu reténs	ele retém	eles retêm
tu convéns	ele convém	eles convêm
tu intervéns	ele intervém	eles intervêm

13.18 – VERBOS EM *EAR*

Os verbos terminados em *ear* intercalam um *i* eufônico (= destinado a dar melhor pronúncia à forma) entre a raiz (ou radical) e a terminação nas formas rizotônicas, sendo regulares nas formas arrizotônicas. (Veja item 13.8.)

Presente do indicativo	*Presente do subjuntivo*	*Pretérito perfeito do indicativo*
nome-*i*-o	nome-*i*-e	nome-e*i*
nome-*i*-as	nome-*i*-es	nome-aste
nome-*i*-a	nome-*i*-e	nome-ou
nome-amos	nome-emos	nome-amos
nome-ais	nome-eis	nome-astes
nome-*i*-am	nome-*i*-em	nome-aram

13.19 – VERBOS EM *IAR*

A maioria é regular (*negociar, copiar, vigiar, iniciar*, etc.). Todavia, os verbos *mediar* (também *intermediar*), *ansiar, remediar, incendiar* e *odiar* conjugam-se como os em *ear* (= recebem um *i* eufônico) nas formas rizotônicas:

Presente do indicativo		*Presente do subjuntivo*	
ode-*i*-o (R)	remede-*i*-o (R)	ode-*i*-e (R)	remede-*i*-e (R)
ode-*i*-as (R)	remede-*i*-as (R)	ode-*i*-es (R)	remede-*i*-es (R)
ode-*i*-a (R)	remede-*i*-a (R)	ode-*i*-e (R)	remede-*i*-e (R)
odiamos	remediamos	odiemos	remediemos
odiais	remediais	odieis	remedieis
ode-*i*-am (R)	remede-*i*-am (R)	ode-*i*-em (R)	remede-*i*-em (R)

(R) – Formas rizotônicas.

13.20 – VERBOS COM PRONÚNCIA ESPECIAL

a) Os verbos *alvejar, aparelhar, apetrechar, desfechar, ensejar, espelhar, fechar, pejar, pelejar, pretextar, velejar* e *vexar* conservam o *e* tônico fechado em todas as pessoas.

eu apar*e*lho (ê); tu desf*e*chas (ê); ele esp*e*lha (ê); eles esp*e*lham (ê); eu f*e*cho (ê); tu f*e*chas (ê); eles f*e*cham (ê); ele p*e*leja (ê); eles pret*e*xtam (ê).

Nota – Há vacilações quanto ao verbo *vexar*, para cujas formas tônicas alguns recomendam a pronúncia fechada; e outros, a pronúncia aberta. A tendência, hoje, parece ser pela pronúncia aberta:
Eles nunca se v**e**xam (é).

b) Os verbos *afrouxar, dourar, estourar, noivar, pernoitar* e *roubar* conservam o ditongo (*oi* ou *ou*) *fechado* em todas as formas:

eu afr*ou*xo (ôu); eles d*ou*ram (ôu); eles est*ou*ram (ôu); eu n*oi*vo (ôi); tu n*oi*vas (ôi); ele n*oi*va (ôi); eles n*oi*vam (ôi); tu pern*oi*tas (ôi); eles pern*oi*tam (ôi); ele r*ou*ba (ôu).

13.21 – VERBOS *APRAZER, CABER, SABER* E *TRAZER* NO PRETÉRITO PERFEITO DO INDICATIVO

Os verbos *aprazer, caber, saber* e *trazer* têm em comum o ditongo *ou* no radical do pretérito perfeito do indicativo e, consequentemente, dos derivados deste:

Aprazer – apr*ou*ve; apr*ou*veste, apr*ou*ver, apr*ou*vesse, apr*ou*vera
Caber – c*ou*be; c*ou*beste, c*ou*ber, c*ou*besse, c*ou*bera
Saber – s*ou*be; s*ou*beste, s*ou*ber, s*ou*besse, s*ou*bera
Trazer – tr*ou*xe; tr*ou*xeste, tr*ou*xer, tr*ou*xesse, tr*ou*xera

Notas
1ª – *Aprazer* (= causar, prazer, apreciar, gostar de) é composto de *prazer* (= agradar) e tem a mesma flexão do primitivo: *apraz, aprouve, aprouvesse*, etc. É mais empregado na terceira pessoa do singular:
Às vezes me **apraz** caminhar sozinho pelo parque.
Resolva o caso como melhor lhe **aprouver**.
O verbo primitivo (prazer) aparece na conhecida exclamação: *Prouvera a Deus!*
2ª – *Comprazer* (= fazer a vontade ou o gosto de alguém; condescender, deleitar-se, regozijar-se), também composto de *prazer*, tem duas formas para o pretérito perfeito do indicativo e seus derivados: comprazi ou comprouve; *comprazer* ou *comprouver*; *comprazesse* ou *comprouvesse*; *comprazera* ou *comprouvera*.
Comprazi-me (ou **comprouve-me**) em regar as flores do jardim do prédio.

13.22 – VERBOS *AGREDIR, CERZIR, DENEGRIR, PREVENIR, PROGREDIR, REGREDIR* E *TRANSGREDIR*

Os verbos *agredir, cerzir, denegrir, prevenir, progredir, regredir* e *transgredir* mudam o *e* da raiz em *i* nas formas rizotônicas do presente do indicativo e, consequentemente, de todos os derivados deste, conforme modelo a seguir:

Presente do indicativo	Presente do subjuntivo	Imperativo afirmativo	Imperativo negativo
agr*i*do	agr*i*da	....	....
agr*i*des	agr*i*das	agr*i*de tu	não agr*i*das tu
agr*i*de	agr*i*da	agr*i*da você	não agr*i*da você
agredimos	agr*i*damos	agr*i*damos nós	não agr*i*damos nós
agredis	agr*i*dais	agredi vós	não agr*i*dais vós
agr*i*dem	agr*i*dam	agr*i*dam vocês	não agr*i*dam vocês

Nota – Para alguns gramáticos, o verbo *cerzir* pertence ao grupo de aderir (Veja **item 13.23**.): *não se cerze bem com linha grossa.* Outros admitem mesmo as duas formas.

13.23 – VERBO *ADERIR* E OUTROS

O verbo *aderir* muda o *e* da raiz em *i* na primeira pessoa do singular do presente do indicativo e seus derivados, o mesmo acontecendo, entre outros, com os verbos *advertir, aferir, assentir, auferir, compelir, competir, conferir, conseguir, consentir, convergir, deferir, desferir, desmentir, despir, diferir, digerir, discernir, dissentir, divergir, divertir, expelir, ferir, impelir, inferir, ingerir, inserir, interferir, investir, mentir, perseguir, preferir, proferir, prosseguir, referir, refletir, repelir, repetir, revestir, seguir, sentir, servir, sugerir, transferir* e *vestir*:

eu ad*i*ro	– (que) eu ad*i*ra, (que) tu ad*i*ras...
eu inv*i*sto	– (que) eu inv*i*sta, (que) tu inv*i*stas...
eu rep*i*lo	– (que) eu rep*i*la, (que) tu rep*i*las...
eu div*i*rjo	– (que) eu div*i*rja, (que) tu div*i*rjas...

13.24 – VERBOS CONVERGIR, *EMERGIR, IMERGIR* E *SUBMERGIR*

Os verbos *convergir, emergir, imergir* e *submergir* são geralmente considerados defectivos, somente se flexionado nas formas em que o radical é seguido de *e* ou *i*: *converge, convergimos; emerge, emergiram; imergem, imergissem; submergem, submergiu*, etc.

Alguns autores, no entanto, atribuem a eles flexão completa, pelo padrão de *aderir*: *emirjo, emerges, emergimos; submirjo, submerges; submirja, submirjam*, etc. Outros autores concedem flexão completa a esses verbos, mas sem a troca do *e* do radical por *i* (como em *aderir*), considerando-os, portanto, regulares: *emerjo, emerges; emerja, emerjam; imerjo, imerges; imerjam, imerjamos; submerjo, submerjas; submerjamos, submerjam*; etc.

Nota – Observe-se, nos respectivos exemplos, a troca de *g* por *j* antes das vogais *e* e *o*.

13.25 – VERBOS *VER* E *VIR* NO PRESENTE E NO PRETÉRITO PERFEITO DO INDICATIVO

Frequentemente se faz confusão entre os verbos *ver* e *vir* no presente e no pretérito perfeito do indicativo, principalmente na primeira pessoa do plural. Eis um quadro comparativo entre os dois verbos:

Presente do indicativo		Pretérito perfeito do indicativo	
Ver	Vir	Ver	Vir
vejo	nós vimos	vi	vim
vês	vós vindes	viste	vieste
vê	eles vêm	viu	veio
vemos	*vimos*	*vimos*	*viemos*
vedes	vindes	vistes	viestes
veem	vêm	viram	vieram

Como se observa, a forma *vimos* pertence a *ver* e *vir*, mas em tempos distintos: a *vir*, no presente do indicativo; a *ver*, no pretérito perfeito do indicativo:

Vimos, neste momento, conversar com você, pois ontem **viemos** pela manhã, mas não o **vimos** por aqui.

13.26 – COMPOSTOS DE *PÔR*, *TER*, *VER* E *VIR*

Os compostos de *pôr* (*expor, impor, propor, repor*, etc.), *ter* (*deter, entreter, manter, reter*, etc.), *ver* (*antever, prever, rever*, com exceção de *prover*) e *vir* (*intervir, provir, sobrevir*, etc.) seguem a conjugação de seus primitivos:

Presente do indicativo

(re)ponho	(entre)tenho	(pre)vejo	(inter)venho
(re)pões	(entre)téns[1]	(pre)vês	(inter)véns
(re)põe	(entre)tém	(pre)vê	(inter)vém
(re)pomos	(entre)temos	(pre)vemos	(inter)vimos
(re)pondes	(entre)tendes	(pre)vedes	(inter)vindes
(re)põem	(entre)têm	(pre)veem	(inter)vêm

Pretérito perfeito do indicativo

(re)pus	(entre)tive	(pre)vi	(inter)vim
(re)puseste	(entre)tiveste	(pre)viste	(inter)vieste
(re)pôs	(entre)teve	(pre)viu	(inter)veio
(re)pusemos	(entre)tivemos	(pre)vimos	(inter)viemos
(re)pusestes	(entre)tivestes	(pre)vistes	(inter)viestes
(re)puseram	(entre)tiveram	(pre)viram	(inter)vieram

---

[1] As formas monossilábicas *tens*, *tem*, *vens* e *vem*, da segunda e da terceira pessoa do singular, não levam acento gráfico, mas as respectivas formas compostas (*entreténs*, *entretém*, *intervéns* e *intervém*), nas mesmas pessoas do singular, requerem acento agudo.

Futuro do subjuntivo			
(re)puser	(entre)tiver	(pre)vir	(inter)vier
(re)puseres	(entre)tiveres	(pre)vires	(inter)vieres
(re)puser	(entre)tiver	(pre)vir	(inter)vier
(re)pusermos	(entre)tivermos	(pre)virmos	(inter)viermos
(re)puserdes	(entre)tiverdes	(pre)virdes	(inter)vierdes
(te)puserem	(entre)tiverem	(pre)virem	(inter)vierem
Particípio			
(re)posto	(entre)tido	(pre)visto	(inter)vindo
Gerúndio			
(re)pondo	(entre)tendo	(pre)vendo	(inter)vindo

Notas

1ª – O verbo *prover* conjuga-se como *ver* apenas no presente do indicativo, no presente do subjuntivo e nos imperativos. Nos demais tempos, segue a conjugação de *vender* (regular da segunda conjugação). O particípio é *provido*.

2ª – Como se observa, o verbo *vir* e seus derivados não têm forma própria de particípio, que toma emprestada a do gerúndio:

*Eu já havia **intervindo** (particípio) nessa discussão mais de uma vez.*

*Não **intervindo** (gerúndio) ninguém, deu-se por aprovada a proposta do síndico.*

13.27 – VERBOS *ABOLIR*, *COLORIR*, *DEMOLIR* E *USUCAPIR*

Os verbos *abolir, colorir, demolir* e *usucapir* (= adquirir por usucapião) são defectivos, não tendo as formas em que o *i* da terminação se transformaria em *a* ou *o*. Assim, faltam-lhes a primeira pessoa do singular do presente do indicativo, o presente do subjuntivo e o imperativo negativo. No imperativo afirmativo, só possuem a segunda pessoa do singular e do plural.

13.28 – VERBOS *AGUAR* (E SEUS DERIVADOS: *DESAGUAR* E *ENXAGUAR*), *APANIGUAR*, *APAZIGUAR*, *APROPINQUAR* (= APROXIMAR), *MINGUAR* (= DIMINUIR, ESCASSEAR), *OBLIQUAR* E *DELINQUIR* (= COMETER ATO ILÍCITO CIVIL OU PENAL)

O Acordo Ortográfico da Língua Portuguesa (1990) confere dupla flexão aos verbos supratranscritos. Por se tratar de questão exclusivamente ortográfica, a flexão desses verbos vem exposta e exemplificada na obra *Nova ortografia integrada*, de Adalberto J. Kaspary, para a qual remetemos os estudantes e leitores em geral.

13.29 – VERBO *ADEQUAR*

O verbo *adequar* pode ser empregado, atualmente, em todas as formas (inclusive nas com *u* tônico):

adequo, adequas, adequamos, adequam; adeque, adequemos, adequem; adequei, adequaste, adequou; etc.

Nota – O *Dicionário escolar da língua portuguesa*, 2. ed., 2008, da Academia Brasileira de Letras, regis-tra, na p. 56, paradigma 31, as formas com *u* tônico (ú) do verbo *adequar*. No *Dicionário Houaiss/2009*, p. 833, no verbete **estereótipo**, na acepção 3 desta palavra, emprega a forma *adequa:* **estereótipo**, s. m. [...]: *3 algo que se adequa a um padrão fixo ou geral.*Confira também, sobre a matéria, o livro *Nova ortografia integrada*, 2. ed., 2013, p. 47, de Adalberto J. Kaspary.

13.30 – VERBO *FALIR*

O verbo *falir* é defectivo, só se conjugando nas formas em que ao *l* da raiz segue a vogal *i* (formas arrizotônicas):

fa*li*mos, fa*li*s; fa*li*, fa*li*ste, fa*li*u; etc.

13.31 – VERBO *PERDER*

O verbo *perder* é irregular na primeira pessoa do singular do presente do indicativo e, consequentemente, em todo o presente do subjuntivo e nas formas do imperativo dele derivadas:

Primeira pessoa do singular do presente do indicativo:

eu perco.

As demais são regulares:

tu perdes, ele perde, etc.

Presente do subjuntivo:

(que eu) perca, (que tu) percas, (que ele) perca, (que nós) percamos, (que vós) percais, (que eles) percam.

Imperativo afirmativo (formas irregulares):

perca você, percamos nós, percam vocês.

Imperativo negativo (formas irregulares: todas elas, exceto a primeira pessoa do singular, que não se usa):

(não) percas tu, (não) perca você, (não) percamos nós, (não) percais vós, (não) percam vocês.

13.32 – VERBO *PODER* NO PRETÉRITO PERFEITO DO INDICATIVO

Merecem especial atenção as formas do pretérito perfeito do indicativo do verbo *poder*, especialmente a terceira pessoa do singular, já porque muitos, erroneamente, empregam a forma 'poude' (que, há muito tempo, deixou de existir), já por ser a única palavra portuguesa que conservou o acento diferencial de *timbre*:

eu pude   nós pudemos
tu pudeste   vós pudestes
ele *pôde*   eles puderam

13.33 – VERBO *POLIR*

O verbo *polir* muda o *o* da raiz em *u* nas formas rizotônicas do presente do indicativo, em todas as formas do presente do subjuntivo e do imperativo negativo. No imperativo afirmativo, apenas a segunda pessoa do plural não muda o *o* em *u*:

Presente do indicativo	Presente do subjuntivo	Imperativo afirmativo	Imperativo negativo
pulo	pula	--------------	--------------
pules	pulas	pule tu	(não) pulas tu
pule	pula	pula você	(não) pula você
polimos	pulamos	pulamos nós	(não) pulamos nós
polis	pulais	poli vós	(não) pulais vós
pulem	pulam	pulam vocês	(não) pulam vocês

Nota – As demais formas são todas regulares, conservando sempre o *o* da raiz: *poli, poliste, poliu, polirei, polirás*, etc.

13.34 – VERBO *PRECAVER(-SE)*

O verbo *precaver-se*, que se emprega pronominalmente ou não, flexiona-se como os verbos regulares da segunda conjugação (= vender), mas só possui as formas *arrizotônicas*:

Presente do indicativo	Presente do subjuntivo	Imperativo afirmativo	Imperativo negativo
--------------	--------------	--------------	--------------
--------------	--------------	--------------	--------------
--------------	--------------	--------------	--------------
precavemo-nos	--------------	--------------	--------------
precaveis-vos	--------------	precavei-vos	--------------
--------------	--------------	--------------	--------------

Notas
1ª – Nos demais tempos, este verbo possui todas as formas, pois são todas arrizotônicas, seguindo a conjugação de *vender*.
2ª – O verbo *precaver(-se)* nada tem de comum com *ver* e *vir*. São, pois, totalmente erradas as formas 'precavenho-me', 'precavejo-me', 'precavenham-se', etc. As formas que faltam (= as rizotônicas) podem ser substituídas pelas dos verbos *prevenir-se, precatar-se, acautelar-se*, etc.
Dirija com cuidado, para **precaver** (= prevenir) acidentes.
Desta vez eu me **precavi** contra as investidas dos ladrões.
As autoridades **precaveram-se** contra a escassez de grãos durante a entressafra.
Sugeri-lhe que **precavesse** os filhos contra as más companhias.

13.35 – VERBO *REAVER*

O verbo *reaver* conjuga-se como *haver*, mas só possui as formas em que aparece a letra *v*:

Presente do indicativo		Pretérito perfeito do indicativo	
hei	--------------	houve	reouve
hás	--------------	houveste	reouveste
há	--------------	houve	reouve
havemos	reavemos	houvemos	reouvemos
haveis	reaveis	houvestes	reouvestes
hão	--------------	houveram	reouveram

Reouvemos setenta por cento dos objetos furtados.

13.36 – VERBO *REQUERER*

A primeira pessoa do singular do presente do indicativo do verbo *requerer* é (eu) *requeiro*. As demais formas são normais:

(tu) requeres, (ele) requer (ou requere), (nós) requeremos, (vós) requereis, (eles) requerem.

Nota – Quanto ao *presente do subjuntivo e imperativos*, veja os **itens 13.9** e **13.10**.

13.37 – VERBOS *DIGNAR-SE*, *INDIGNAR-SE* E *IMPUGNAR*

Atente-se para a pronúncia e grafia corretas das formas dos verbos *dignar-se*, *indignar-se* e *impugnar*:

Eles não se **dignam** de ouvir-me.
Eu sempre me **indigno** quando tomo conhecimento dessas falcatruas.
É natural que as pessoas se **indignem** com tais fatos.
Excelência, eu **impugno** essa testemunha.
Sugira ao advogado que **impugne** essas provas.

Nota – Evitem-se assim, por grosseiramente incorretas, as formas como eu me 'indiguino', eles se 'indiguinam', eu 'impuguino', eles 'impuguinam'.
Um procurador responsável se **indigna** com esses expedientes e os **impugna** energicamente.

13.38 – VERBO *MOBILIAR*

O verbo *mobiliar* (= guarnecer com mobília), nas formas rizotônicas tem a tonicidade na sílaba *bi*:

presente do indicativo	presente do subjuntivo
mobílio	mobílie
mobílias	mobílies
mobília	mobílie
mobiliamos	mobiliemos
mobiliais	mobilieis
mobíliam	mobíliem

Também existe a variante gráfica *mobilhar*, com flexão regular:

presente do indicativo	presente do subjuntivo
mobilho	mobilhe
mobilhas	mobilhes
mobilha	mobilhe
mobilhamos	obilhemos
mobilhais	mobilheis
mobilham	mobilhem

13.39 – VERBO *SOBRESTAR*

O verbo *sobrestar* (= não prosseguir, parar, cessar), muito usado na linguagem forense, conjuga-se pelo verbo *estar*:

sobresteve, sobrestiveram; sobrestivesse, sobrestivessem; etc.

Sobresteja-se (imperativo afirmativo) *a celebração do contrato até que se realizem as modificações sugeridas pelos acionistas.*

Nota – Também existe a forma *sobreestar*.

13.40 – VERBO *RESSARCIR*

A maioria dos autores atribui flexão completa ao verbo *ressarcir*, pelo modelo de decidir, partir: *ressarço, ressarces, ressarce; ressarça, ressarças, ressarça, ressarçamos*, etc. Alguns autores lhe indicam a flexão de *falir* (somente flexionável nas formas em que permanece o *i* do radical), mas referem a possibilidade da flexão, completa. O DELP, 2. ed., 2008, p. 76, paradigma 94, adota a flexão completa.

13.41 – VERBO *VIGER*

O verbo *viger*, sinônimo de *vigorar*, é regular da segunda conjugação (= paradigma *vender*), mas só possui as formas em que o *g* é seguido de *e* ou *i*:

vi*g*e, vi*g*em; vi*gi*a, vi*gi*am; vi*g*eu, vi*g*eram; vi*g*erá, vi*g*erão; vi*g*er, vi*g*erem; vi*g*esse, vi*g*essem; vi*g*endo, vi*gi*do; etc.

Nota – Não existe o verbo *'vigir'*.

13.42 – EXERCÍCIOS

1 – Passe a forma verbal em destaque para a voz passiva sintética. Transcreva a frase toda: (Veja item *13.5.2.2*)

a) *Serão esgotados* todos os recursos.

b) *Seriam mantidas* as atuais condições de segurança.

c) *São obtidos* bons resultados com o novo método.

d) Não *podem ser usados* materiais sensíveis ao calor.

e) Não gostei das alterações que *foram feitas*.

f) *Seriam abertas* novas estradas na região.

g) *São previstas* muitas chuvas para o próximo inverno.

h) Os males não *são remediados* com palavras bonitas.

2 – Preencha os espaços com as formas verbais solicitadas.

a) É provável que eles não _____ muita importância ao caso. (dar, presente do subjuntivo)

b) _____-me o que sabes sobre o assunto. (dizer, imperativo afirmativo)

c) Se não tens trabalho, _____-o. (procurar, imperativo afirmativo)

d) É preciso que eu sempre _____ as boas iniciativas. (encorajar, presente do subjuntivo)

e) Caso _____ necessidade, é preciso que tu _____ com rigor. (haver e agir, presente do subjuntivo)

f) _____ o trabalho como achares melhor. (fazer, imperativo afirmativo)

g) _____-me, pois preciso falar contigo. (esperar, imperativo afirmativo)

3 – Reescreva as seguintes formas verbais, acrescentando-lhes o pronome enclítico solicitado: (Veja item 13.14)

a) devolvemos + o: _____

b) remetemos + lhes: _____

c) despedimos + nos: _____

d) interditam + as: _____

e) distrair + os: _____

f) expor + o: _____

g) compõem + as: _____

4 – Preencha os espaços em branco com as formas verbais solicitadas.

a) Ao Estado somente _____ funcionários realmente capazes. (convir, presente do indicativo)

b) Senhor Prefeito, nós _____ manifestar a Vossa Excelência nossa solidariedade. (vir, presente do indicativo)

c) Se as autoridades não _____, ocorrerão novos problemas. (intervir, futuro do subjuntivo)

d) _____-se todas as possibilidades. (prever, pretérito perfeito do indicativo)

e) Quando nós o _____, dar-lhe-emos o recado. (ver, futuro do subjuntivo)

f) Essas máquinas _____ da Itália. (provir, pretérito perfeito do indicativo)

g) Quantas unidades _____ essa caixa? (conter, presente do indicativo)

h) Os rapazes _____-se no bar até o amanhecer. (entreter, pretérito perfeito do indicativo)

5 – Preencha os espaços em branco com as formas verbais solicitadas:

a) Ele pede que nós não _____ nos corredores. (passear, presente do subjuntivo)

b) De vez em quando, convém que a pessoa _____ um pouco, para prosseguir em seguida. (regredir, presente do subjuntivo)

c) Sugeri ao juiz que _____ o julgamento do feito. (sobrestar, pretérito imperfeito do subjuntivo)

d) Eu _____ totalmente dessas medidas. (divergir, presente do indicativo)

e) Quem não se _____ em tempo, agora terá sérias dificuldades. (precaver, pretérito perfeito do indicativo)

f) Este contrato _____ pelo período de dois anos. (viger, futuro do presente)

14 – Pronomes pessoais

14.1 – CONCEITO

Os pronomes pessoais representam os seres em relação à pessoa gramatical: a primeira pessoa é o ser que está com a palavra, falando ou escrevendo; a segunda pessoa é aquele ao qual se dirige a palavra (ouvinte ou leitor); e a terceira pessoa é aquele que constitui o objeto ou o assunto da comunicação. Costumeiramente, diz-se que as pessoas gramaticais são o *falante*, o *ouvinte* e o *assunto*, na caracterização acima. Entre os pronomes pessoais incluem-se os de tratamento, que serão estudados em capítulo próprio.

14.2 – DIVISÃO

Os pronomes pessoais dividem-se em *retos* e *oblíquos*. Retos são os que servem geralmente de sujeito: *Ele* (sujeito) *esteve aqui há pouco*. Oblíquos são os que servem de complemento. Os oblíquos, por sua vez, dividem-se em tônicos e átonos. Os tônicos são precedidos de preposição e, como o nome já diz, têm acentuação (tonicidade) própria: Confie *em mim*. Atribuo *a ti* o sucesso de nosso trabalho. Os átonos ligam-se diretamente ao verbo, como uma espécie de parasita: Consultou-*me* sobre o assunto. Devolvemos-*lhe* os documentos.

Nota – O pronome pessoal reto também pode exercer a função de predicativo: *Eu não sou ele* (predicativo do sujeito).

14.3 – QUADRO DOS PRONOMES PESSOAIS

Retos	*Oblíquos*		
	Átonos	Tônicos	
função subjetiva	função completiva ou objetiva		
eu	me	mim	(co)migo
tu	te	ti	(con)tigo
ele ela	o a lhe se	si	(con)sigo
nós	nos	–	(co)nosco
vós	vos	–	(con)vosco
eles elas	os as lhes se	si	(con)sigo

14.4 – EMPREGO DOS PRONOMES PESSOAIS (OBSERVAÇÕES)

a) *Para eu copiar* ou *para mim copiar*?

Mim e *ti* são pronomes pessoais oblíquos tônicos, razão por que não podem ser usados como sujeito, devendo ser substituídos pelas formas correspondentes do caso reto: *eu* e *tu*.

Certo: *Este trecho é para eu* (sujeito) *copiar.*
(Errado: ...para mim copiar.)
Certo: *Este relatório é para tu* (sujeito) *revisares.*
(Errado: ...para ti revisar.)

Outros exemplos (corretos):
Eu trouxe uns livros para tu leres nas férias.
Se é para eu conferir sozinho todos estes cálculos, creio que levarei mais de uma semana.
Não faça nada sem eu estar informado.

O que, nos exemplos acima, caracteriza a função subjetiva dos pronomes *eu* e *tu* é o infinitivo não virgulado que vem após eles. Assim, em frases como *Para mim, viajar de avião é um suplício*, *eu* não é sujeito. A frase apenas está em ordem inversa, ficando assim na ordem direta: *Viajar é um suplício para mim.*

Nota – Os pronomes pessoais oblíquos também podem exercer a função de sujeito. Isso ocorre em orações infinitivas (reduzidas de infinitivo) dependentes dos verbos chamados factitivos ou causativos (*fazer, deixar, mandar*, etc.) e sensitivos (*ver, olhar, ouvir, sentir*, etc.):
Deixe-me sair (deixe = que eu saia).
Vi-o sair (vi = que ele saía) de automóvel.
Fizeram-no ajoelhar-se (fizeram = que ele se ajoelhasse).

b) Entre *mim e ti* ou entre *eu e tu*?

As preposições exigem o emprego dos pronomes pessoais oblíquos tônicos, sendo incorreto usar, em seu lugar, as formas do caso reto.

Certo: *Não pode haver segredos entre mim e ti.*
(Errado: ...entre eu e tu.)
Certo: *Não houve nada de anormal entre ela e mim.*
(Errado: ...entre ela e eu.)
Certo: *Entre mim e você tudo acabou.*
(Errado: Entre eu e você...)

Há, todavia, hoje, no padrão culto formal, a tendência de, na sequência entre + substantivo + e + pronome pessoal, usar o pronome reto após o *e*. Assim, ao lado de frases como *Não pode haver desavenças entre teus colegas e ti. Nada houve entre meus colegas e mim*, são usuais as construções *Não pode haver desavenças entre teus colegas e tu. Nada houve entre meus colegas e eu.*

Na linguagem coloquial é comum empregar-se o pronome reto após a preposição *entre*:
entre eu e o grupo não se tratou desse assunto.

Até na linguagem literária está-se insinuando essa construção:
Entre eu e tu/ tão profundo é o contrato/Que não pode haver disputa (José Régio, poeta português).

*Meu destino é errar. /Por onde **eu** vá, seguindo esse destino/ Entre **eu** e minha mãe existe o mar* (Ribeiro Couto, poeta brasileiro).

Nota – Inexistindo as formas oblíquas adequadas, usam-se as formas retas antecedidas de preposição: *entre **ela** e **mim**, para **mim** e para **ela***, etc.

c) Querem falar *consigo* ou *com o senhor*?

Si e *consigo* são pronomes exclusivamente reflexivos da terceira pessoa (= aquela em quem se fala), razão por que somente podem ser empregados em relação a um sujeito da terceira pessoa. Em outras palavras, as formas *si* e *consigo* não podem ser usadas em lugar de *em você, com você, no senhor, com o senhor, com Vossa Senhoria*, etc.

Certo: *Professor, quero falar **com o senhor*** (ou falar-lhe) *após a aula.*
(Errado: Professor, quero falar consigo após a aula.)
Certo: *Dona Laura, minha filha deseja falar **com a senhora**.*
(Errado: Dona Laura, minha filha deseja falar consigo.)
Certo: *Senhor Diretor, há uma pessoa lá fora que deseja **falar-lhe*** (ou falar com o senhor).
(Errado: Senhor Diretor, há uma pessoa lá fora que deseja falar consigo.)
Certo: *Doutor Mário, os vizinhos estão irritados **com o senhor**.*
(Errado: Doutor Mário, os vizinhos estão irritados consigo.)

Nota – Se disséssemos, por exemplo, 'Doutor Mário, os vizinhos estão irritados consigo', daríamos a entender que os vizinhos estavam irritados com eles mesmos, não tendo o Doutor Mário nenhuma razão para se preocupar, portanto... Em Portugal, todavia, mesmo entre os grandes escritores, é usual o emprego de *si* e *consigo* em função não reflexiva: Estive pensando em *si*. Estou zangado *consigo*. Uma das explicações para esse emprego não reflexivo de *si* e *consigo* é a intenção de fugir ao tratamento excessivamente cerimonioso (senhor, Vossa Senhoria, Vossa Excelência, etc.) ou demasiadamente íntimo (tu, você).

d) Só podemos contar *com nós* mesmos ou *conosco* mesmos?

Deve-se dizer *com nós, com vós*, em vez de *conosco, convosco*, sempre que esses pronomes vierem acompanhados de palavras determinativas, tais como *próprios, mesmos, outros*, etc.

Com nós outros não houve problema.
*O barco virou **com nós** quatro.*
*Deveis contar **com vós** mesmos.*
*Devemos viver contentes **com nós** mesmos.*

e) *Me = meu; te = teu; lhe(s) = seu(s); nos – nossos(s)*

Os pronomes pessoais átonos podem ser usados com valor possessivo:
*Já **te** conheço as manias* (= as tuas manias).
*Bati-**lhe** no ombro* (= no seu ombro).
*A liberdade e a saúde se parecem: não **lhes** conhecemos o valor* (= o seu valor) *senão quando as perdemos.*
*Parece que já **nos** descobriram os defeitos* (= os nossos defeitos).

f) Combinações de pronomes

Os pronomes pessoais átonos podem combinar-se entre si, dando origem às seguintes formas: *me + o(s) = mo(s); te +o(s) = to(s); lhe + o(s) = lho(s); nos + o(s) = no-lo(s)*:
*Já li quase todo o livro; amanhã **lho** devolverei sem falta.*

*Pedimos que assine os contratos e **no-los** devolva em seguida.*
*Se ele conhecia o fato, não **mo** disse.*

Nota – Constitui erro, todavia, combinar o pronome átono *se* com o pronome átono *o*, originando as formas (errôneas, portanto) *se o(s), se-o(s), se a(s), se-a(s)*.

Construções *erradas*:
Esses movimentos são ilegais, por isso não se os tolera(m).
Todas as palavras são boas, desde que se as use(m) corretamente.
Cite(m)-se-o(s).

Formas *corretas* correspondentes:
Esses movimentos são ilegais, por isso não se toleram (ou: *não são tolerados*).
Todas as palavras são boas, desde que se usem (ou: *sejam usadas corretamente*).
Cite(m)-se (ou: *seja[m] citado[s]*).

O erro está no fato de se tratar de voz passiva, e o pronome pessoal átono *o* (*os, a, as*) não pode servir de sujeito (exceto em determinadas orações infinitivas: *vi-o sair*, p. ex., como visto na nota ao item *a*, acima). Alguns exemplos corretos, colhidos em Sousa da Silveira, *Lições de português*, p. 202):

Um crime, só um crime, pode unir-nos... Fez uma pausa, e prossegui: – E por que não se cometerá ele?

Dão-se os conselhos com melhor vontade do que geralmente se aceitam. (Marquês de Maricá, *Máximas*)

Poderia não ser mais que uma galanteria, e as galanterias é de uso que se agradeçam. (Machado de Assis, Quincas Borba)

14.5 – EXERCÍCIO

Preencha os espaços em branco com uma das formas pronominais entre parênteses:

a) Espere um pouco, pois tenho um assunto urgente a tratar _____ (consigo, com você)

b) Dona Teresa, minha filha pediu que eu entregasse estas revistas para _____. (si, a senhora)

c) Podes viver sem _____ (eu, mim), mas não posso viver sem _____. (tu, ti)

d) Professor, querem falar _____ na secretaria. (com o senhor, consigo)

e) Para _____ tomar uma atitude dessas, preciso de muito tempo e profunda reflexão. (eu, mim)

f) Daqui por diante, meus amigos, somente poderemos contar _____ mesmos. (conosco, com nós)

g) Quero que não tomes nenhuma decisão sem _____ saber antecipadamente. (mim, eu)

h) Se é para _____ arcar somente com as despesas, prefiro não participar do negócio. (eu, mim)

i) Fizeram tudo sem _____ notar. (mim, eu)

j) Minha querida, ontem passei o dia pensando em _____. (você, si)

15 – Formas de tratamento

15.1 – CONCEITO

Entre os pronomes de tratamento interessam-nos, aqui, as chamadas *formas* ou *expressões de tratamento*: locuções, ou pares de palavras, mediante as quais nos referimos ao ouvinte ou destinatário na linguagem formal e cerimoniosa, de modo especial nas comunicações oficiais. Elas constituem o chamado *tratamento indireto*, em que não se designa diretamente o ouvinte ou destinatário, mas uma qualidade ou categoria dele: *a santidade, a majestade, a alteza, a excelência, a magnificência, a senhoria*, etc. Nesse tratamento indireto, embora nos dirijamos ao ouvinte (segunda pessoa), empregamos os termos a ele relacionados (verbo, pronome pessoal oblíquo e pronome possessivo) na terceira pessoa.

15.2 – EMPREGO DAS FORMAS DE TRATAMENTO

a) *Vossa excelência*

Aplica-se às seguintes autoridades:
Presidente da República (no caso, não se admite a forma abreviada);
Vice-Presidente da República;
Ministros de Estado;
Secretário-Geral da Presidência da República;
Consultor-Geral da República;
Advogado-Geral da União;
Chefe do Estado-Maior das Forças Armadas;
Chefe do Gabinete Militar da Presidência da República;
Chefe do Gabinete Pessoal do Presidente da República;
Secretários da Presidência da República;
Procurador-Geral da República;
Chefe do Gabinete de Segurança Institucional da Presidência da República;
Chefe da Corregedoria-Geral da União;
Governadores e Vice-Governadores de Estado e do Distrito Federal;
Chefes de Estado-Maior das Três Armas;
Oficiais-Generais das Forças Armadas;
Embaixadores;
Secretário Executivo e Secretário Nacional de Ministérios;

Secretários de Estado dos Governos Estaduais;
Prefeitos Municipais;
Presidente, Vice-Presidente e Membros da Câmara dos Deputados e do Senado Federal;
Presidente e Membros do Tribunal de Contas da União;
Presidentes e Membros dos Tribunais de Contas Estaduais;
Presidentes e Membros das Assembleias Legislativas Estaduais;
Presidentes das Câmaras Municipais;
Presidente e Membros do Supremo Tribunal Federal;
Presidente e Membros do Superior Tribunal de Justiça;
Presidente e Membros do Superior Tribunal Militar;
Presidente e Membros do Tribunal Superior Eleitoral;
Presidente e Membros do Tribunal Superior do Trabalho;
Presidentes e Membros dos Tribunais de Justiça;
Presidentes e Membros dos Tribunais Regionais Federais;
Presidentes e Membros dos Tribunais Regionais Eleitorais;
Presidentes e Membros dos Tribunais Regionais do Trabalho;
Juízes de Direito, Juízes Federais, Juízes do Trabalho, Juízes Eleitorais, Juízes Militares e Juízes-Auditores Militares;
Procurador-Geral do Estado; Procurador de Estado;
Membros do Ministério Público (Procuradores da República, Procuradores do Trabalho, Procuradores da Justiça Militar, Promotores da Justiça Militar, Procuradores de Justiça; Promotores de Justiça, Promotores de Justiça Adjuntos) e da Defensoria Pública (Defensores Públicos).

Notas

1ª – Relação baseada no *Manual de Redação da Presidência da República*, no Decreto n. 4.118, de 7 de fevereiro de 2002, da Presidência da República, na *Lei Orgânica da Magistratura Nacional*, na *Lei Orgânica do Ministério Público*, na *Lei Orgânica da Defensoria Pública* e na *Constituição do Estado do Rio Grande do Sul (CERS/89)* e em leis esparsas.

2ª – Ao tratamento Vossa Excelência correspondem, no vocativo e no endereçamento, as formas *Excelentíssimo e Digníssimo* (dispensáveis, embora seu emprego não constitua erro).
Vocativo:
Excelentíssimo Senhor Governador:
Endereçamento (na correspondência oficial):
(Ao) Excelentíssimo Senhor Fulano de Tal,
(Digníssimo) Ministro da Justiça
BRASÍLIA (DF)
[...]

b) *Vossa Magnificência*

Aplica-se aos Reitores de Universidade. Corresponde-lhe o termo *Magnífico*. Dada a sua pomposidade, muitos a substituem, atualmente, por *Vossa Excelência* (e *Excelentíssimo*).

c) *Vossa Eminência* (ou *Vossa Eminência Reverendíssima*)

Aplica-se aos Cardeais. Corresponde-lhe a forma *Eminentíssimo* (e *Reverendíssimo*).

Eminentíssimo (e *Reverendíssimo*) *Senhor Cardeal*:

d) *Vossa Excelência Reverendíssima*
Aplica-se aos Arcebispos e Bispos.

e) *Vossa Reverendíssima* (ou *Vossa Senhoria Reverendíssima*)
Aplica-se aos Monsenhores, Cônegos e superiores religiosos.

f) *Vossa Reverência*
Aplica-se aos simples sacerdotes, clérigos e religiosos.

g) *Vossa Senhoria*
Aplica-se às autoridades não contempladas com tratamento específico e aos particulares em geral.

Ao tratamento *Vossa Senhoria* correspondem, no vocativo e no endereçamento, as formas *Ilustríssimo* e *Muito Digno* (dispensáveis, embora seu emprego não constitua erro).

Endereçamento (na correspondência oficial):
(Ao Ilustríssimo) Senhor Fulano de Tal,
(Muito Digno) Diretor do Colégio Estadual Júlio de Castilhos,
Porto Alegre (RS),
[...]

Nota – Quanto à concordância do verbo, dos pronomes pessoais oblíquos e dos pronomes possessivos, confira o capítulo **Concordância Verbal**. Sobre as abreviaturas das formas de tratamento, confira o capítulo **Abreviações – Abreviaturas, Siglas e Símbolos**.

15.3 – OUTROS TRATAMENTOS

a) *Egrégio*
No Poder Judiciário, aplica-se ao tribunal como instituição.

b) *Colendo*
No Poder Judiciário, aplica-se aos chamados órgãos judicantes fracionários: seção, turma, grupo, câmara, etc.

c) *Meritíssimo*
Aplica-se aos magistrados em geral, a par de Excelentíssimo: Meritíssimo Senhor Juiz.

Nota – A matéria sobre o tratamento reservado às autoridades e aos destinatários em geral está exposta e exemplificada nas obras *Redação oficial – normas e modelos* (para o serviço público) e *Correspondência empresarial* (para o meio empresarial), de Adalberto J. Kaspary.

16 – Pronomes possessivos

16.1 – CONCEITO

Pronomes *possessivos* são os que denotam a relação de posse ou de pertinência entre um substantivo e as pessoas gramaticais, esclarecendo, ao mesmo tempo, se há somente um possuidor ou mais de um:

	Singular	Plural
primeira pessoa:	meu(s),	minha(s) nosso(s), nossa(s)
segunda pessoa:	teu(s), tua(s)	vosso(s), vossa(s)
terceira pessoa:	seu(s), sua(s)	seu(s), sua(s)

Nota – Seu (*seus, sua, suas*) pode referir-se também à segunda pessoa (ouvinte, destinatário) no chamado tratamento indireto, expresso pelas formas de tratamento:
Saiba Vossa Excelência que nós o prezamos e aguardamos um próximo retorno **seu** a este Município.

16.2 – EMPREGO ESPECIAIS DOS POSSESSIVOS

Além do sentido geral de posse e referência pessoal, outras ideias secundárias podem ser expressas pelos pronomes possessivos, tais como:

a) parentesco, equipe, associação:
*Quem sai aos **seus** não degenera.* (Provérbio)
*Como têm passado os **seus**?*

b) costume, hábito:
*Todos os dias dou o **meu** passeio pelo parque.*
*À noite, ele nunca deixa de tomar o **seu** copo de vinho.*

c) interesse, empenho:
***Minha** caminhada diária é sagrada.*
*Não estás sentindo falta da **tua** ginástica?*

d) censura áspera, repreensão:
*Quem você pensa que eu sou, **seu** crápula?*
*Deixe meu sobrinho em paz, **sua** oferecida!*

e) ênfase, afetividade, simpatia, deferência, ironia:
***Minhas** senhoras e **meus** senhores!*
*Como vai o **meu** caro amigo?*
*Não vê que eu estou brincando, **seu** bobo?*
*Como está o **nosso** eminente jurista?*

f) aproximação numérica:
*Ele deve ter **seus** quarenta anos.*

g) quantidade indeterminada:
*Para ser franco, eu ainda tenho **minhas** (= algumas) dúvidas.*

h) possuidor indefinido:
*Nessa idade, a pessoa às vezes tem **suas** crises existenciais.*
*A gente às vezes tem as **suas** manias.*

Notas
1ª – Quando em função adjetiva (= acompanhado de substantivo), é facultativa a anteposição do artigo definido ao pronome possessivo:
*Não quiseram ouvir (**as**) minhas ponderações.*
*Parece que (**os**) nossos protestos não sensibilizaram a direção da empresa.*
2ª – Confira, no capítulo **Pronomes Pessoais**, o item **14.4**, **e**, sobre o *uso dos pronomes pessoais pelos possessivos*.

16.3 – SUBSTITUIÇÃO DOS PRONOMES POSSESSIVOS

Nas referências a partes do corpo, peças de vestuários e faculdades do espírito, costuma-se substituir o *pronome possessivo* pelo *artigo definido*:
*Cale **a** boca!*
*Queimei **o** dedo.*
*Ontem cortei **o** cabelo.*
*Vou vestir **o** casaco.*
*Estou com **o** moral baixo.*
*Parece que ele perdeu **a** memória.*

Nota – Havendo necessidade de esclarecer a identificação do possuidor, usa-se o pronome possessivo:
Minha *cabeça já não quer reagir*
Sua *blusa estava manchada de vinho.*

16.4 – FUNÇÃO SUBSTANTIVA

Quando em *função substantiva* (representando o substantivo), é obrigatório o *artigo definido* diante do *pronome possessivo*:
Os *meus caminhos não são os teus.*
As *suas ideias não fecham com as minhas.*
Os *meus pontos de vista, neste assunto, coincidem com os seus.*

Nota – Repare-se na diferença entre *Esta casa é minha* (= propriedade, posse) e *Esta é a minha casa* (identificação).

16.5 – AMBIGUIDADE DOS POSSESSIVOS

É necessário muito cuidado no emprego dos possessivos da terceira pessoa (*seu, suas, seus, suas*), pois, como eles podem referir-se, em princípio, a qualquer substantivo antecedente, deve o contexto ser suficientemente claro para evitar *ambiguidade*.

As seguintes frases, p. ex., são ambíguas:
Priscila foi com Ricardo para o restaurante de seu tio. (restaurante do pai de Priscila ou de Ricardo?)
Sérgio, Gilberto levou o seu casaco. (casaco de Sérgio ou de Gilberto?)

Remedeia-se a ambiguidade pela substituição de *seu* (*sua, seus, suas*) pelas formas dele(s), dela(s), deste(s), desta(s), deste(s) último(s), desta(s) última(s), de você, do senhor, etc., bem como pela alteração da ordem dos termos da frase, de acordo com o sentido que se queira conferir ao texto:

Priscila *foi para o bar de seu* **pai** *com* **Ricardo**.
Priscila foi com Ricardo para o restaurante do pai ***deste*** *(ou* ***deste*** *último).*
Sérgio, *Ricardo levou o casaco* ***dele****.*
Sérgio, **Ricardo** *levou o casaco do senhor.*

16.6 – *TODOS* OU *AMBOS* MAIS PRONOME POSSESSIVO

Na combinação *ambos* ou *todos* mais *pronome possessivo* é obrigatório o uso do artigo definido diante do pronome possessivo:
Ambas **as** *minhas obras.*
Ambos **os** *seus projetos.*
Todos **os** *teus colegas.*
Todas **as** *minhas reservas financeiras.*

Nota – A combinação *ambos* ou *todos* mais *pronome possessivo*, sem a interposição do artigo definido, tem outro significado:
Convidei Laura, Taís e Márcia, **todas** colegas de trabalho.
Você terá a assessoria do Doutor Alcides e do Doutor Aristóteles, **ambos** meus amigos e profundos conhecedores do ramo de negócios imobiliários.

16.7 – OMISSÃO DO PRONOME POSSESSIVO

Diante da palavra *casa*, no sentido de *lar*, dispensa-se o pronome possessivo:
Como estava chovendo, passei o dia em **casa***.*
Faz dois dias que não saio de **casa***.*

Nota – Compreende-se, dessa forma, por que, diante da palavra *casa*, quando significa *lar*, não ocorre o sinal da crase.

16.8 – *SEU RESPECTIVO*

Seu e *respectivo* são aproximadamente sinônimos. Há, todavia, uma diferenciação intensiva entre os dois termos: *seu* dá a ideia geral de posse, atribuição, ao passo que *respectivo* indica o que diz respeito a cada um em particular ou em separado. Dito em outras palavras: *seu* indica a posse, a pertinência geral, indiscriminada; e *respectivo* traduz, estabelece a concernência, a pertinência particular, discriminada. Assim, a frase *Tragam os seus respectivos códigos* contém aproximadamente a ideia de *Tragam os códigos que são de vocês* (não os de outras pessoas), *mas cada um o que particularmente lhe pertence* (e não um de qualquer pessoa).

16.9 – *SEU FULANO*

Em expressões como *Seu Arnaldo, Seu Fernando, seu* não é pronome possessivo, mas, sim, redução fonética de *Senhor*. No feminino, corresponde-lhe a forma *Dona (D.)*:

Mãe, o **Seu** Atanásio e a **Dona** Cordélia mandaram dizer que jantarão conosco hoje.

17 – Pronomes demonstrativos

17.1 – CONCEITO

Pronomes *demonstrativos* são os que exprimem referência à posição (no espaço ou no tempo) ou à identidade de um ser ou ato. Situam também o ser em relação às pessoas gramaticais:

Meu primo e eu estudamos no mesmo colégio. (referência à identidade do ser)
Neste momento todos os bares estão completamente vazios. (Vinicius de Moraes) (referência ao tempo presente)
Naquela época a vida era mais tranquila. (referência ao tempo; no caso, distante)
De quem é aquela bolsa? (referência à posição no espaço – distante do falante e do ouvinte)
De que trata essa obra? (referência à pessoa gramatical; segunda, no caso)

São pronomes demonstrativos: *este, esta, isto; esse, essa, isso; aquele, aquela, aquilo*. Também podem ser pronomes demonstrativos: *o, a* (aquele, aquela, aquilo, isto, isso, tal); *o mesmo, a mesma* (com função identificativa).

17.2 – FUNÇÕES

Com base no conceito e exemplos acima, podemos dizer que são três as funções dos demonstrativos:

a) determinar ou representar um nome, mostrando sua posição no espaço, no tempo e na ordem relativamente às pessoas gramaticais. É a chamada função *deítica* (do grego *deiticós*: que mostra).

b) lembrar ao ouvinte ou leitor o que já se mencionou ou o que se vai mencionar. É a chamada função *anafórica* (do grego *anaforicós*: que traz à memória).

c) identificar um ser em si mesmo, de modo mais ou menos preciso. É a função *identificativa*.

Nota – As três funções acima expostas serão exemplificadas nos itens específicos sobre o emprego dos demonstrativos.

17.3 – CORRELAÇÃO ENTRE AS PESSOAS GRAMATICAIS, OS PRONOMES E OS ADVÉRBIOS (DE LUGAR)

Há uma correlação íntima entre as pessoas gramaticais, os pronomes pessoais, possessivos e demonstrativos, e os advérbios de lugar:

Pessoa gramatical	Pronome pessoal	Pronome possessivo	Pronome demonstrativo	Advérbio de lugar
Falante (1ª)	eu, nós	meu, minha	este, esta, isto	aqui
Ouvinte (2ª)	tu, vós	teu, tua	esse, essa, isso	aí
Assunto (3ª)	ele, eles	seu, sua	aquele, aquela, aquilo	ali, lá

Eu fico com este (meu) *livro aqui.*
Tu ficas com esse (teu) *dicionário aí.*
Você fica com essa (sua) *revista aí.*
Ele fica com aquele (seu) *quadro ali* (lá).

Nota – Você, embora seja pronome aplicado à segunda pessoa gramatical (ouvinte, destinatário), exige o possessivo da terceira pessoa: *seu* – tratamento indireto.

17.4 – EMPREGO DE *ESTE, ESSE* E *AQUELE*

O emprego dos pronomes demonstrativos *este, esse, aquele* e respectivas variações obedece às seguintes normas básicas:

a) Em relação ao espaço (isto é, à proximidade ou afastamento das três pessoas gramaticais):

Este (esta, isto) indica o que está perto da pessoa que fala (o falante – primeira pessoa):

*Queres ler **este** romance que estou folheando?*
***Esta** caneta (que tenho na mão) foi importada da Alemanha.*

Esse (essa, isso) indica o que está perto da pessoa com quem se fala (o ouvinte – segunda pessoa):

*Não gosto **desse** teu jeito de olhar.*

Aquele (aquela, aquilo) indica o que está longe da pessoa que fala e da com quem se fala (o assunto – terceira pessoa):

*Sabes de quem é **aquele** cachorrinho parado lá no fim do corredor?*
*Conheces **aquela** moça sentada na sala de espera?*
*Procure descobrir de quem é **aquele** pacote lá em cima do balcão.*

Nota – Na correspondência, de acordo com as normas acima expostas, *este* indica o que está perto do remetente; *esse* se refere ao que está perto do destinatário; e *aquele* denota o que está longe dos dois (do remetente e do destinatário):

*Comunicamos a Vossa Senhoria que, **neste** Município (= o do remetente), não existe nenhuma empresa com o nome citado em sua carta de 17 de março de 2015.*

*Solicitamos a Vossa Senhoria que nos informe o preço médio das diárias nos hotéis **dessa** cidade (= a do destinatário).*

*Solicitamos a Vossa Senhoria que, na sua próxima visita a Passo Fundo, verifique a possibilidade de instalarmos, **naquele** Município (= longe do remetente e do destinatário), um posto de venda de nossos produtos.*

b) Em relação à posição no tempo:

Este refere-se ao tempo atual, o que está transcorrendo:

*Já estamos em março: **este** ano está passando muito depressa.*

*Durante todo **este** mês, oferecemos um desconto especial de vinte por cento na compra de qualquer exemplar das obras por nós editadas.*

Esse refere-se a um tempo próximo, de preferência passado:

*Há dois meses, passei três semanas na Bahia: **nesses** dias pude comprovar pessoalmente a tão comentada afabilidade dos baianos.*

Aquele refere-se a um tempo anterior mais afastado:

*Acabo de ler um romance em que se descrevem os costumes dos gaúchos no início do século passado. **Naqueles** tempos, um fio de barba valia mais que um documento assinado e registrado em cartório.*

c) Em relação aos termos ou ideias de um contexto, parágrafo, período ou oração:

Esse indica o que já se mencionou (= referido, citado, mencionado, etc.):

***Isso** que eu disse há pouco não deve chegar ao conhecimento de mais ninguém.*

*A partir da próxima semana todos terão de identificar-se na portaria. **Essa** medida visa a impedir que pessoas estranhas e não autorizadas entrem no prédio.*

Este indica uma ideia que se vai mencionar (= o seguinte) ou de que se está tratando:

*Prestem atenção **nisto** que lhes vou dizer em seguida, pois servirá para entenderem melhor o que lhes expliquei há pouco.*

***Estas** providências que lhes estou comunicando e detalhando certamente produzirão bons resultados.*

*No para-choque do caminhão lia-se **esta** (= a seguinte) frase: Se grito resolvesse, porco não morria.*

Nota – Pode-se verificar, na leitura de obras literárias e técnicas, que os autores, enquanto continuam a tratar de determinado assunto, ou de um aspecto particular dele, empregam o pronome *este*, mesmo numa segunda ou terceira referência a algo já apresentado. Para confirmá-lo, basta ler com atenção bons autores. Leia-se, por exemplo, um romance, um conto ou uma crônica de Machado de Assis. Fica, no entanto, esta regra prática, uma espécie de gancho didático: *esse* (*ss*) aponta para o passado (*ss*) – o que já se mencionou; *este* (*t*) indica o presente (*t*) e o futuro (*t*) – o que se está dizendo e o que se vai dizer.

d) Em referência *discriminada* (distinta) a dois termos anteriores, *este* refere-se ao termo mais próximo, isto é, ao nomeado em segundo lugar, e *aquele* indica o mais afastado, isto é, o enunciado em primeiro lugar:

*Dois tipos de pessoas eu admiro particularmente: as crianças e os idosos; **estes**, pela sua experiência; **aquelas**, pela sua naturalidade.*

*Amor e riquezas, que me importam **estas** sem **aquele**?*

*Agradam-me o futuro e o passado; **aquele**, pela expectativa; **este**, pela lembrança.*

Nota – Havendo uma série de três termos, este designa o citado por último; esse refere-se ao penúltimo (o do meio); e aquele indica o primeiro da série:

*O tio Roberto tem três filhos: Sérgio, Eunice e Marcelo: **este** (= Marcelo) seguiu a carreira militar; **essa** (= Eunice) optou pela carreira médica; e **aquele** (= Sérgio) abriu uma loja de artigos esportivos.*

17.5 – O PRONOME DEMONSTRATIVO *O*

O (a, os, as) é pronome demonstrativo quando equivale a *aquele, aquela, aquilo; este, esta, isto; esse, essa, isso*:

O (= aquilo) *que ele diz não é o* (= aquilo) *que costuma fazer.*
Essa proposta é semelhante à (= àquela) *que me apresentaram ontem.*
Não posso concordar com o (= isso) *que você nos está propondo.*
O (= aquele) *que abusa do poder perde-o tarde ou cedo.* (Provérbio)
Essa peça é semelhante à (= àquela) *que assisti há um ano.*
Bem-aventurados os (= aqueles) *que promovem a paz, [...]* (Mateus, 5, 9)

17.6 – O PRONOME DEMONSTRATIVO *MESMO*

O pronome demonstrativo *mesmo* serve para indicar que o nome ao qual se refere designa um ser considerado em si mesmo, e não a um equivalente. Tem, pois, função identificativa e pode ligar-se a um substantivo, a um pronome de outra natureza ou a um outro demonstrativo:

*Esses assaltantes são os **mesmos** que arrombaram nossa loja.*
*Eles **mesmos** são os culpados por essas ocorrências.*
*Foram vocês **mesmos** que propuseram essa medida.*
*Naquela **mesma** noite ele participou de outros dois crimes.*
Mesmo *(= inclusive, até) nas famílias de classe alta ocorrem esses problemas.*

17.7 – EMPREGO IMPRÓPRIO DO PRONOME *MESMO*

É impróprio o emprego do pronome *mesmo* como sinônimo de *este(s), esta(s), isto; esse(s), essa(s), isso; aquele(s), aquela(s), aquilo, o(s), a(s), lhe(s)* e do pronome relativo *que*:

*Leia atentamente o texto e verifique se o **mesmo** não contém erros.*
Certo: *[...] se não contém erros.*
*Caso não tenha interesse na venda dos referidos bens, solicitamos que retire os **mesmos** com a brevidade possível.*
Certo: *[...] que os retire com a brevidade possível.*
*Foi criada mais uma filial do Empório dos Vinhos, e a **mesma** será dirigida por uma das filhas do proprietário.*
Certo: *[...] que será dirigida por uma das filhas do proprietário.*
*O pescador salvou o surfista preso nas redes e ainda ofereceu ao **mesmo** sua cabana.*
Certo: *[...] e ainda lhe ofereceu sua cabana.*

Em muitos casos, o *mesmo* é perfeitamente dispensável:

*Leia atentamente o texto e verifique se o **mesmo** não contém erros.*
Certo: *[...] e verifique se **ele** não contém erros.*
*Não dê carona a pessoas desconhecidas, pois as **mesmas** podem ser assaltantes.*
Certo: *[...] **elas** podem ser assaltantes.*
*O cuidado na alimentação dos animais é importante para que os **mesmos** cresçam saudáveis.*
Certo: *[...] para que **eles** cresçam saudáveis.*

Nota – Mais exemplos, inclusive jurídicos, podem ser encontrados no livro *Habeas verba – português para juristas*, de Adalberto J. Kaspary (Livraria do Advogado Editora).

18 – Pronomes indefinidos

18.1 – CONCEITO

Pronomes *indefinidos* são os que designam, de forma vaga ou imprecisa, um ser ou objeto. Acompanham (pronomes adjetivos) ou substituem (pronomes substantivos) substantivos. São ou podem ser pronomes indefinidos, entre outras, as seguintes palavras ou locuções: *algo, alguém, algum, cada, cada um, certo, mais, menos, muito, nada, nenhum, ninguém, outrem* (= outra pessoa), *outro, pouco, qualquer, tal, todo* (= qualquer), *tudo, um* (*uns*), *vários,* etc. Exemplos:

Alguém bateu à porta.
Serão inúteis **quaisquer** esforços.
Todos se prontificaram a colaborar.
Muitos são os chamados, poucos os escolhidos.
Queremos **menos** conversa e **mais** ação.
Não faças a **outrem** (= a outra pessoa) o que não queres que te façam.
Em casa onde não há pão, **todos** ralham e ninguém tem razão. (Provérbio)
Tudo lhe parecia fácil.
Uns a admiram; **outros** a odeiam.
Quem tudo receia nada teme. (Provérbio)

Nota – O pronome *algum*, anteposto ao substantivo, tem valor positivo; posposto, tem significação negativa: *Alguns* amigos o apoiaram. Em momento *algum* (= em nenhum momento) tive intenção de abandonar o projeto.

18.2 – DISTINÇÃO ENTRE PRONOMES INDEFINIDOS E ADVÉRBIOS

É preciso não confundir os *advérbios* (de intensidade) com os *pronomes indefinidos*. Essa confusão ocorre, principalmente, com as palavras *muito, pouco, mais* e *menos*, que podem pertencer a ambas as classes gramaticais. Para evitá-la, basta ter em mente que os advérbios, além de serem invariáveis, acompanham (= modificam) exclusivamente um verbo, um adjetivo ou um outro advérbio, ao passo que os pronomes indefinidos, além de poderem variar em gênero e número, somente acompanham ou substituem substantivos:

*Os alunos **mais** estudiosos são os que fazem **mais** progressos.*
Mais (estudiosos): advérbio (de intensidade), porque modifica adjetivo.
Mais (progressos): pronome adjetivo indefinido, porque acompanha substantivo.
*Sabes **menos** que o teu colega, porque dedicas ao estudo **menos** esforço.*
Menos (Sabes menos): advérbio (de intensidade), porque modifica verbo.
Menos (esforço): pronome adjetivo indefinido, porque acompanha substantivo.
*Não gosto de ficar **muito** tempo na fazenda, porque lá a vida é **muito** monótona.*
Muito (tempo): pronome adjetivo indefinido, porque acompanha substantivo.
Muito (monótona): advérbio (de intensidade), porque modifica adjetivo.
*Considero esse texto **pouco** claro e **muito** extenso.*
Pouco (claro): advérbio (de intensidade), porque modifica adjetivo.
Muito (extenso): advérbio (de intensidade), porque modifica adjetivo.
*O texto apresenta **pouco** conteúdo e é **muito** confuso.*
Pouco (conteúdo): pronome adjetivo indefinido, porque acompanha substantivo.
Muito (confuso): advérbio (de intensidade), porque modifica adjetivo.

18.3 – *TODO* E *TODO O*

a) No singular, *todo*, sem artigo, é sinônimo de *qualquer*:
Todo *grupo* (= qualquer grupo) *deve ter um líder.*
Toda *pessoa* (= qualquer pessoa) *poderá ser testemunha.* (CPP, art. 202)
A **todo** *trabalho* (= a qualquer trabalho) *de igual valor corresponderá salário igual, sem distinção de sexo.* (CLT, art. 5º)

b) No singular, *todo o*, isto é, com artigo, significa inteiro, completo, em sua totalidade:
Todo o *grupo ficou revoltado com a medida.*
Temos agências em **todo o** *território nacional.*
O empresário gastou **toda a** *fortuna da família no jogo.*

Notas
1ª – No plural, haverá artigo nos dois casos:
Toda criança merece nosso carinho. – Todas as crianças merecem o nosso carinho.
Toda a estrada ficou coberta de lama. – Todas as estradas ficaram cobertas de lama.
2ª – Antes de nome próprio geográfico, o artigo antes de *todo* só aparece quando tal nome o admite:
o Brasil – **todo o** Brasil; *o* Chile – **todo o** Chile; Portugal – **todo** Portugal; Blumenau – **toda** Blumenau.

18.4 – *TODO E QUALQUER*

Embora, aparentemente, a expressão *todo e qualquer* constitua pleonasmo, uma vez que *todo*, sem artigo, significa *qualquer* (e *qualquer* é sinônimo de *todo*), ela tem conotação intensiva, indicando maior abrangência: todos, sem exclusão de ninguém, seja de que nível hierárquico for; tudo, sem exclusão de nada, seja de que categoria for; qualquer tipo ou espécie, sem se admitir distinção, seja de que natureza for.

A expressão, de largo uso em textos literários e não literários, também denominados utilitários (didáticos, técnicos, doutrinários, etc.), é avaliada por autores de reconhecido conhecimento e domínio do idioma pátrio:

> *Vejo por aí que vosmecê* [contração da antiga forma de tratamento Vossa Mercê] *condena* **toda e qualquer** *aplicação de processos modernos.* (Machado de Assis – *Contos*, p. 292)
>
> *[...], sua arte aniquila* **toda e qualquer** *discriminação.* (Otto Lara Resende, FSP, 28-11-92, cad. 1, p. 2)
>
> *É evidente que* **todo e qualquer** *Governo realiza obras dignas de nota.* (Paulo Brossard – *No senado*, p. 371)
>
> *É vedada* **toda e qualquer** *censura de natureza política, ideológica e artística.* (CRFB, art. 220, § 2º)
>
> **Todas e quaisquer** *línguas favorecem o falante, propiciando-lhe plena comunicação.* (Celso Pedro Luft – *Mundo das palavras* – 3.427)
>
> *Saber uma língua é ter competência para fazer ou interpretar* **toda e qualquer** *frase dessa língua.* (Celso Pedro Luft – *Mundo das palavras* – 3.458)
>
> *FRASE* [título, no original, do conceito a seguir:] *É* **todo e qualquer** *enunciado de sentido completo, breve ou longo.* (Luiz Antonio Sacconi – *Nossa gramática*, 8ª ed., p. 248)
>
> *Em sentido amplo chama-se crase* **toda e qualquer** *combinação de duas vozes* [dois sons] *numa só.* (Ernesto Carneiro Ribeiro [professor de Português de Rui Barbosa] – *Serões gramaticais*, p. 41)

18.5 – *TUDO (O)*

Emprega-se o pronome indefinido *tudo* seguido, indiferentemente, de artigo ou não:

> **Tudo o** *que fiz foi para não dizerem que sou omisso.*
>
> *Disse-lhe* **tudo** *que precisava ouvir.*
>
> *Nem* **tudo** *que reluz é ouro.* (Provérbio)
>
> **Tudo o** *que impede a felicidade possui uma fleuma poética e é mais respeitado, pois provoca introspecção, exige o pensar-se.* (Martha Medeiros – *O certo x o certo*. ZH, 5-3-14, p. 2)

Notas – Os pronomes indefinidos *que*, *quem*, *qual* (*quais*) e *quanto(s)* transformam-se em pronomes (indefinidos) interrogativos quando empregados na formulação de perguntas diretas (seguidas de ponto de interrogação) ou indiretas (introduzidas por oração e não seguidas de ponto de interrogação):

> *Que dia é hoje?*
>
> *Coelhinho da Páscoa, que trazes p(a)ra mim?*
>
> *Quem comeu os meus pães de queijo?*
>
> *Qual dos vinhos você prefere?*
>
> *Quanto custou esse quadro?*
>
> *Quantos anos tem seu neto mais novo?*
>
> *Quero saber quem está usando minha toalha de banho.*
>
> *Preciso saber quantos hóspedes teremos em nosso jantar.*

18.6 – *CADA* (EMPREGO CORRETO DE)

O pronome indefinido *cada* só se emprega de forma correta, no padrão culto da linguagem, como pronome adjetivo. Como tal, não pode ser empregado autonomamente, devendo ser seguido de substantivo:

*Cada terra com seu uso, **cada** roca com seu fuso.* (Provérbio)
*Em **cada** andar há quatro apartamentos com frente para o mar.*
Cada louco com sua mania.

Nota – Também são corretas as formas cada um e cada qual:
Todos nós colaborávamos, **cada** qual com alimentos não perecíveis.
Chefes, tenho aturado **cada** um...

19 – Pronomes relativos

19.1 – CONCEITO

Pronomes *relativos* são os que subordinam uma oração, denominada adjetiva (explicativa ou relativa), a um *substantivo* ou *pronome* antecedente. Assim, o pronome relativo cumpre dois papéis: liga a oração (subordinada), por ele introduzida, à anterior (principal) e representa um termo (substantivo ou pronome) desta última.

Sintaticamente, além de servir de conetivo interoracional, o pronome relativo sempre exerce alguma função própria de um substantivo ou pronome: *sujeito, objeto direto, objeto indireto*, etc.

São pronomes relativos os vocábulos: *que, quem, qual, cujo, onde, como, quando* e *quanto*, sempre que preenchem as seguintes condições:

a) têm um substantivo ou pronome substantivo como antecedente;

b) têm um verbo como consequente; não é necessário que o verbo venha imediatamente após o pronome;

c) são substituíveis por uma expressão em que entra o vocábulo *qual* (ou *quais*): *pelo qual, pelos quais, no qual, nas quais*, etc.:

*O livro **que** me deste é interessante.*
Antecedente: o livro (substantivo).
Consequente: deste (verbo).
Substituição: O livro o qual...

*Não entendi nada daquilo **que** ele disse.*
Antecedente: (d)aquilo (pronome demonstrativo).
Consequente: disse (verbo).
Substituição (equivalência): o qual (ele disse).

Outros exemplos de frases com pronome relativo:
*Não conheço a pessoa **que** me remeteu este dinheiro.*
*Hospitalizaram o homem **cuja** casa foi consumida pelo fogo.*
*Sabes o nome do cliente a **quem** vendemos dois televisores coloridos hoje pela manhã?*
Somente valorizamos o (= aquilo) ***que** adquirimos à custa de muito esforço.*
*Não gostei do modo **como** lhe falaste.*
*Eis o lugar **onde** foi encontrada a chave da casa.*
*Traga tudo **quanto** lhe pertence.*

*Aprendi isso na época **quando** me encontrava em São Paulo.*
Quem *(= aquele que) não tem cão caça com gato.* (Provérbio)
*Não há bem **que** sempre dure, nem mal **que** nunca acabe.* (Provérbio)

19.2 – EMPREGO DOS PRONOMES RELATIVOS

a) *Que* – É o pronome relativo mais usual e pode ter por antecedente um substantivo ou um pronome. Somente pode ser precedido de preposições monossilábicas:

*Livra-te de homem que não fala e de cão **que** não ladra.* (Provérbio)
*Cada experiência por **que** passamos é favor da vida.*
*Considero árduas as tarefas de **que** o incumbiram.*
*O segredo melhor guardado é o **que** a ninguém é revelado.*
*A mesa a **que** sentamos ficava na entrada do restaurante.*

b) *Quem* – Só se refere a pessoas ou a coisas personificadas e pode vir preposicionado, de acordo com a função que exerce na frase:

*Dize-me com **quem** andas e dir-te-ei **quem** és.*
Quem *semeia ventos colhe tempestades.*
Quem *nasceu para lagartixa nunca chegará a jacaré.*
*Indique-me um profissional a **quem** possa expor meu problema.*

Nota – Como se observa, o pronome relativo *quem* pode ser empregado sem antecedente explícito.

c) *Cujo* – Tem o duplo valor de relativo e possessivo (de quem, do qual, etc.). Sua função é a de relacionar dois nomes, o segundo dos quais é pessoa ou coisa própria possuída. Jamais pode ser seguido de artigo.

*Está lá fora a pessoa a **cuja** casa (= a casa da pessoa) fomos ontem.*
*O autor de **cujas** opiniões (= as opiniões do autor) discordas é francês.*
*O prefeito, com **cujas** ideias (= as ideias do prefeito) simpatizo muito, é grande amigo de meu pai.*
*Precisamos de um chefe a **cujas** ordens (= as ordens do chefe) todos obedeçam.*

d) *Onde* – O pronome relativo *onde* só aceita por antecedente palavra que designe *lugar*:

*Estou à procura de um terreno **onde** (= no qual) possa instalar uma quadra de basquete.*
*Choupana **onde** (= na qual) se ri vale mais que palácio **onde** (= no qual) se chora.* (Provérbio)

São, pois, incorretas frases como a seguinte, em que o pronome relativo *onde* tem por antecedente palavra designativa de *tempo*:

Iremos reunir-nos na próxima quarta-feira, 'onde' discutiremos a questão do aumento das mensalidades. (*Onde* está substituindo, incorretamente, o pronome *quando*.)

Nota – Como se pode observar, os pronomes relativos são precedidos de preposição quando introduzidos por verbo que a exija:

A esta altura, todos anseiam por férias (anseia-se *por* algo).
Os poucos minutos de que dispunha não os soube aproveitar (dispõe-se *de* algo).
Eram de aventuras os livros de que ele mais gostava (gosta-se *de* algo).
O autor em cuja obra me baseei é alemão (alguém se baseia *em* algo ou em alguém).
O cargo a que aspiro é de nível superior (aspira-se *a* algo, no sentido de desejar).

19.3 – EXERCÍCIO

Complete os espaços em branco com o pronome relativo adequado (que, quem, o qual, onde, cujo, precedendo-o, se necessário de preposição e flexionando, se for o caso, o pronome *cujo* ou *o qual*).

a) A necropsia _____ se procedeu revelou a natureza do crime.

b) O conferencista apresentou ideias _____ discordamos frontalmente.

c) O colega _____ casa fomos ontem deverá ser nomeado para um alto cargo.

d) Atente para o pormenores _____ o desenhista se ateve.

e) O diploma _____ aspiro é difícil de se conseguir.

f) São várias as razões _____ me queixo desse sistema.

g) Pelos equipamentos _____ dispõe, este hospital é considerado um dos melhores do Estado.

h) A cerimônia de posse foi das melhores _____ tenho assistido.

i) Há pessoas _____ nomes nunca nos esquecemos.

j) Os mestres são pessoas a _____ afirmações devemos dar crédito.

20 – Advérbios

20.1 – CONCEITO

Advérbios são os vocábulos invariáveis que modificam o sentido de um *verbo*, de um *adjetivo*, de outro *advérbio* ou de todo um enunciado.

20.2 – CLASSIFICAÇÃO

De acordo com a ideia que encerram, os advérbios podem ser:

a) de *afirmação*:
sim, deveras, efetivamente, certamente, etc.

b) de *negação*:
não, jamais, absolutamente, etc.

c) de *dúvida*:
talvez, quiçá, porventura, acaso, possivelmente, etc.

d) de *intensidade*:
mais, menos, muito, pouco, bastante, tão, tanto, etc.

e) de *lugar*:
abaixo, acima, lá, aqui, aí, ali, perto, longe, etc.

f) de *tempo*:
hoje, amanhã, sempre, nunca, logo, agora, depois, etc.

g) de *modo*:
bem, mal, corretamente, calmamente, assim, etc.

Temos, ainda, os advérbios *interrogativos*, que podem ser:

a) de *lugar*:
onde? aonde? donde (= de onde)?

b) de *tempo*:
quando?

c) de *modo*:
como?

d) de *causa*:
por quê?

Exemplos de frases com advérbios:
Muito me surpreende essa sua atitude.
Amanhã nos reuniremos na sala 24.
Não me diga adeus.
Aqui se trabalha em silêncio.
Onde estão as chaves do arquivo?
Aonde você vai com tanta pressa?
*Não foste, **por quê**?*
***Por que** modificaram o horário das sessões?*
Felizmente, os danos foram menores do que esperávamos.
Dificilmente a oposição conseguirá derrubar o veto presidencial.
*Não há bem que **sempre** dure, nem mal que **nunca** acabe.* (Provérbio)

Notas
1ª – *Onde* indica lugar fixo; *aonde*, movimento (para), direção (para); e *donde* (= de onde), origem, procedência:
Onde você mora? Onde você almoçou hoje?
Aonde iremos no domingo? Já sei aonde eles querem chegar.
Donde provêm todas essas pessoas?
2ª – É incorreto o emprego de *aonde* para indicar lugar fixo. Assim, evitem-se frases como as seguintes: '*Aonde*' você comprou essa bolsa? Correto: *Onde* você comprou essa bolsa? Não consigo descobrir '*aonde*' deixei meus óculos. Correto: Não consigo descobrir *onde* deixei meus óculos.
3ª – *Mais, menos, muito* e *pouco*, quando advérbios, não indicam *quantidade*, mas *intensidade*. Assim, p. ex., na frase *Ele ganha muito pouco* não há pleonasmo, como alguns desavisados pensam (e até ensinam!), pois, no caso, *muito* intensifica o sentido do advérbio *pouco*, tendo o conjunto *muito pouco* significado equivalente a *pouquíssimo*.

20.3 – LOCUÇÕES ADVERBIAIS

Locuções adverbiais são duas ou mais palavras que equivalem a um advérbio:
de cor, à toa, de bom grado, por enquanto, por ora, hoje em dia, tão somente, tão só, com certeza, ao certo, etc.

Pode haver elipse da preposição em locuções adverbiais, como em:
(n)esta semana, (durante) todo o dia, (n)outro dia, etc.

20.4 – ADJETIVOS ADVERBIALIZADOS

Muitos adjetivos podem ser usados adverbialmente, caso em que se conservam invariáveis:
*Falem **baixo**, por favor!*
*A notícia correu **rápido**.*
*Esses privilégios custam **caro**.*
*Vencemos **fácil**.*
*Aquela cerveja desce **redondo**.*
*Falemos **sério**.*

20.5 – SUCESSÃO DE ADVÉRBIOS EM –MENTE

Quando, numa frase, figuram dois ou mais advérbios em –*mente*, é usual juntar o sufixo –*mente* apenas ao último, principalmente quando este vem ligado ao(s) outro(s) por conjunção coordenativa (e, mas):

Vou contar-lhes pura e simplesmente o que aconteceu.
Adverti-o enérgica, mas educadamente.
Fale clara e pausadamente.

Quando se quer dar ênfase à expressão, pode-se empregar o sufixo *mente* com todos os advérbios da série, especialmente quando ligados apenas por vírgula(s):

Procedeu corretamente, lealmente, exemplarmente.

20.6 – *POIS SIM! POIS NÃO!*

a) *Pois sim*, em tom irônico, pode significar negação ou dúvida:
*Vocês pensam que ele está dizendo a verdade? – **Pois sim!***
*Ricardo, posso sair com o seu carro? – **Pois sim!***

b) *Pois não* pode ter valor afirmativo, equivalendo a *como não*:
*Cláudio, você me empresta vinte reais até amanhã? – **Pois não!** (– Como não!).*

20.7 – AS FORMAS OPOSTAS (AS OPOSIÇÕES) *BEM/MAL E BOM/MAU*

a) *Bem* (advérbio) opõe-se a *mal* (advérbio):
bem-aventurado – **mal**-aventurado; **bem**-sucedido – **mal**sucedido; **bem**-estar – **mal**-estar; **bem**-humorado – **mal**-humorado; **bem**-dizente – **mal**dizente.

b) *Bom* (adjetivo) opõe-se a *mau* (adjetivo):
bom tempo – **mau** tempo; bom humor – **mau** humor; bom exemplo – **mau** exemplo; **bom** companheiro – **mau** companheiro.

c) *Boa* (adjetivo) opõe-se a *má* (adjetivo):
boa educação – **má**-educação; **boa**-fé – **má**-fé; **boa** notícia – **má** notícia; **boa** resposta – **má** resposta; **boa** reputação – **má** reputação.

20.8 – EXERCÍCIO SOBRE PRONOMES INDEFINIDOS, PRONOMES RELATIVOS E ADVÉRBIOS

Dê a classe gramatical das palavras em destaque:

a) Ele sempre foi de *pouca* conversa.

pouca: _____

b) Ele soube apontar-nos com segurança o caminho *que* devíamos seguir.

que: _____

c) *Alguns* se contentam com *pouco*.

alguns: _____

pouco: _____

d) Aquilo *que* se deseja somente se alcança com o trabalho.

que: _____

e) *Onde* posso conseguir esses formulários?

onde: _____

f) Essas notícias me deixam *muito* preocupado.

muito: _____

g) Isso sucedeu no período *quando* estagiei no interior do Estado.

quando: _____

h) Está *aí* um homem com *quem* podemos falar *seriamente*.

aí: _____

quem: _____

seriamente: _____

i) Faz *muito* tempo que não o vejo.

muito: _____

j) Vale *tanto* nada saber como saber *mal*.

tanto: _____

mal: _____

k) Eles me pareciam *meio* tristes, talvez porque abatidos pela derrota.

meio: _____

l) Um tinha *menos* possibilidades que o outro.

menos: _____

m) *Como* poderíamos chegar a essa conclusão?

como: _____

n) O modo *como* o assunto foi apresentado dava margem a dúvidas.

como: _____

o) Gasta-se, hoje, *mais* dinheiro do que antigamente.

mais: _____

p) Queriam saber o motivo por *que* não fui à festa.

que: _____

q) *Provavelmente* sua intenção era arrombar o cofre do banco.

Provavelmente: _____

21 – Conjunções – conceito e classificação

21.1 – CONCEITO

Conjunções são conetivos que servem para ligar termos (= elementos da oração), orações, períodos ou parágrafos, estabelecendo relações sintáticas ou semântico-sintáticas entre essas unidades.

Presunção e água benta, cada um toma a que quer. (Provérbio)
O Brasil não precisa de doutores, mas de transformadores. (Herbert de Souza)
É tarde para economia quando a bolsa está vazia. (Provérbio)
Há quem diga que não estamos mais em época de acreditar em bruxas. No entanto, elas ainda existem. (Dias Gomes)

As conjunções muitas vezes se apresentam sob a forma de expressões, denominadas *locuções conjuntivas*: *e sim, no entanto, visto que, ainda que, contanto que, à medida que, para que,* etc. Como se observa, geralmente terminam em *que*.

21.2 – CLASSIFICAÇÃO

As conjunções classificam-se em *coordenativas* e *subordinativas*.

21.2.1 – Conjunções coordenativas

Conjunções *coordenativas* são as que ligam orações da mesma natureza ou termos sintáticos da mesma função.

Podem também ligar dois períodos:

As autoridades estão em luta aberta contra a imoralidade administrativa. Ou se trata de mais uma simples encenação?

Há *cinco* tipos de conjunções coordenativas:

a) *Aditivas* – Exprimem adição, sequência; apenas somam duas orações. Ligam dois pensamentos similares: *e, nem* (= e não), *ademais, também, não só... mas também,* etc.

Li a carta e entreguei-a a Paulo.
Soube do acidente e entrei em contato com os bombeiros.
Nem informou aonde iria nem levou consigo seus documentos.

b) *Adversativas* – Ligam duas orações que estabelecem oposição, contraste ou ressalva: *mas, porém, todavia, contudo, entretanto, no entanto, senão* (após negação), *e* (= mas, todavia), *e sim, e não*, etc.
> Todos afirmam a mesma coisa; eu, **porém**, não o creio.
> Os meninos são inteligentes, **mas** nem todos estudam.
> Não estou aqui para criticar, **senão** (= mas) para colaborar.
> Trabalhou a noite inteira, **e** (= mas) não conseguiu resolver o problema.
> O frete não é por conta do vendedor, **e sim** (= mas) do comprador.

c) *Alternativas* – Ligam elementos que se somam ou que se excluem: Vêm, geralmente, repetidas: *ou... ou, ora... ora, já... já, quer... quer*, etc.
> **Ou** ele me dá uma explicação razoável, **ou** terei de processá-lo.
> Irei pessoalmente, **ou** mandarei um representante.
> **Ou** vocês se decidem a estudar, **ou** estarão pondo em risco sua aprovação.
> **Quer** chova, **quer** faça sol, não deixarei de ir ao parque.

d) *Conclusivas* – Ligam duas orações, servindo a segunda de conclusão à primeira: *logo, portanto, por conseguinte, por isso, pois* (posposta), *então*, etc.
> Ganho pouco, **por conseguinte** devo estudar para melhorar de padrão.
> Tu és meu amigo; conto, **portanto**, com o teu auxílio.
> Penso, **logo** existo. (Descartes)
> A medida atingirá todos os servidores públicos; devemos, **pois**, conformar-nos.

e) *Explicativas* – Introduzem oração que explica ou esclarece o que se disse na primeira. Vêm, com maior frequência, após orações que expressam desejo ou ordem: *pois, que, porque, pois que, já que, visto que*, etc.
> Espere um pouco, **porque** ele não demora.
> Vá andando, **que** eu irei em seguida.
> Deve ter chovido, **pois** o pátio está molhado.
> O prédio parece abandonado, **pois** não há sinal de morador.

Nota – A conjunção *pois*, quando é explicativa, equivalendo a *porque*, vem precedida de vírgula; quando é conclusiva, equivalendo a *portanto*, fica entre vírgulas:
Trabalhai, **pois** (= porque) *o trabalho traz a felicidade.*
Você ouviu a advertência do professor; trate, **pois** (= portanto), *de comportar-se.*

21.2.2 – Conjunções subordinativas

Conjunções *subordinativas* são as que ligam duas orações, das quais uma depende da outra, determinando-a ou complementando-lhe o sentido.

Há *dez* tipos de conjunções subordinativas:

a) *Causais* – Introduzem oração que dá a causa, o motivo, a razão ou a origem da existência ou a ocorrência de algum acontecimento mencionado na oração principal: *porque, já que, dado que, visto que, uma vez que, na medida em que, porquanto, como* (em início de período), etc.
> **Já que** te calas, não insistirei.

Como (= já que) *amanhã é feriado, não haverá aula.*
Saí cedo de casa, **porquanto** *tinha de resolver vários problemas.*
Na **medida em que** (= uma vez que) *não ofereceu provas consistentes de suas alegações, seu pedido foi rejeitado.*

Nota – Eis (que), (de) vez (que), haja vista (que) posto (que) não pertencem ao rol das legítimas conjunções causais. Convém, pois, evitá-las, principalmente na linguagem formal. *Haja vista* traduz a ideia de comprovação de afirmação anterior, sinônimo de *prova disso, veja(m)-se,* etc. *Posto (que)* é conjunção subordinativa concessiva, com o significado de *embora, apesar de que,* etc.

b) *Comparativas* – Introduzem oração que contém ideia de semelhança, igualdade ou desigualdade em relação à principal. Estabelecem, portanto, uma ideia de comparação (de igualdade, superioridade ou inferioridade) com o fato expresso na principal. As conjunções subordinativas comparativas correlacionam-se com um advérbio de intensidade ou outro antecedente, claro ou oculto: *que* ou *do que* (após *mais, menos, maior, menor, pior* e *melhor*), *como* (após *tão* e *tanto* – expressos ou ocultos), *quanto* (após *tão* e *tanto*), *qual* (após *tal*), etc.

Mentes **tanto** *quanto eu.*
Ele ficou em pior situação **que** *nós (ficamos).*
A entrevista transcorreu tal **qual** *todos esperavam.*
O neto é tão alto **como** *o avô.*

c) *Concessivas* – Exprimem ou introduzem na oração subordinada uma posição contrária ou uma restrição relativamente à ação principal, mas incapaz de impedi-la. Dão a garantia de realização do que se disse na principal: *conquanto, embora, mesmo que, ainda que, apesar de que, se bem que, posto que, nem que, por mais que, por menos que, por menor que, por maior que,* etc. O verbo da oração concessiva vem no modo subjuntivo:

Embora *tenha incorrido em erro, ele continua a merecer nossa irrestrita confiança.*
Ainda que *me implorem de joelhos, não mudarei minha posição.*
Posto que *detenha grande fortuna, vive de forma extremamente simples.*
Posto que (= ainda que, embora) *o tempo estivesse chuvoso, um grande público prestigiou a feira de produtos orgânicos.*
Por pouco que *leia* (= embora leia pouco), *sempre aprenderá alguma coisa.*

Notas
1ª – Sempre prevalece a ideia do enunciado livre (= não introduzido por conjunção):
Posto que o trânsito estivesse muito lento, conseguiu chegar à reunião no horário combinado.
2ª – A conjunção *posto que* pode vir desacompanhada do *que*, uso comum entre os escritores:
Notei que ficara sinceramente alegre, **posto** (grifou-se) contivesse a alegria, segundo convinha a um grande filósofo. (Machado de Assis)

d) *Conformativas* – Expressam a conformidade do pensamento da subordinada com o da principal: *como, conforme, segundo, consoante, que* (= conforme), etc.

Disse a verdade, **conforme** *lhe recomendamos.*
Segundo *dizem os entendidos, o cigarro faz mal à saúde.*
Que *eu saiba, essas normas continuam vigendo.*
Como *já lhes disse antes, desisti de concorrer à presidência do clube.*

e) *Consecutivas* – Introduzem oração que indica a consequência do fato enunciado na principal: *que* (após os termos intensivos *tão, tal, tamanho, tanto*), *de (tal) maneira/modo/forma/jeito/sorte que*, etc.

*Choveu **tanto**, **que** as ruas ficaram alagadas.*
*Fez-nos **tantos elogios**, **que** até ficamos desconfiados.*
*Esses candidatos **mentem** (**tanto**), **que** é uma vergonha.*
*Portou-se de maneira **tão** inconveniente, **que** tiveram de retirá-lo do recinto.*

f) *Finais* – Introduzem oração que expressa a finalidade da principal: *para que, a fim de que, que* (= para que), etc.

*Procederemos a um rigoroso inquérito, **a fim de que** sejam apuradas todas as responsabilidades.*
*Estou aqui, **para que** não desconfiem do meu apoio à causa.*
*Fiz-lhe sinal **que** (= para que) desligasse o microfone.*

g) *Integrantes* – Introduzem oração que completa o sentido da principal: *que, se, como*, etc.

*Peço-lhe **que** diga a verdade.*
*Digam-me **se** gostaram da minha solução.*

Nota – Nas interrogações indiretas (= introduzidas por uma oração), os pronomes e advérbios interrogativos *como, qual, quando, quanto, quem, onde*, etc. assumem valor de conjunção subordinativa integrante:
*Quero saber **quem** será responsável pela expedição dos convites.*
*Alguém dos senhores sabe **como** se desliga este aparelho?*
*Gostaria de saber **como** ele conseguiu enriquecer tão depressa.*

h) *Proporcionais* – Introduzem oração que indica a proporção em que a ideia da principal se realiza: *à proporção que, à medida que, ao passo que, conforme* (= à medida que), etc.

*À **proporção que** a chuva aumentava, o calor diminuía.*
*À **medida que** nos aproximávamos do lugar, mais intenso era o barulho.*
***Conforme** avançamos em idade, ficamos mais cautelosos.*

i) *Temporais* – Introduzem oração que indica o tempo em que se realiza a principal: *quando, enquanto, assim que, mal, desde que, logo que, depois que, antes que, até que, sempre que*, etc.

***Logo que** eles saíram, o ambiente melhorou.*
***Mal** acabou de entrar em casa, ouviu um estrondo na cozinha.*
*É tarde para economia, **quando** a bolsa está vazia. (Provérbio)*
***Enquanto** disser a verdade, todos o respeitarão.*
***Quando** as leis cessam de proteger nossos adversários, virtualmente [= potencialmente, possivelmente, provavelmente] cessam de proteger-nos. (Rui Barbosa)*

j) *Condicionais* – Introduzem oração que estabelece uma condição necessária para o fato expresso na oração principal: *se, caso, contanto que, desde que, a menos que, sem que* (= se não), *a não ser que, a menos que, dado que, uma vez que*, etc.

***Se** disseres a verdade, serás tratado com maior complacência.*
*Aceitarei a incumbência, **desde que** possa contar com o apoio de todos.*
***Caso** nenhum dos candidatos alcance a nota mínima exigida, será aberto novo concurso em dois meses.*

21.2.3 – Conjunções polissêmicas

Muitas conjunções, como se pode verificar pelos exemplos dados nos itens anteriores, podem pertencer a mais de uma classe delas. Podem, inclusive, não ser conjunções, integrando *outras classes gramaticais*. Isso exige do usuário do idioma muita atenção ao contexto em que determinada palavra ou expressão se encontra, para, só assim, poder captar seu significado preciso e fazer sua correta classificação:

Até (= preposição) *O tempo permanecerá instável **até** o próximo domingo.*
Até (= advérbio) *Tome **até** (= no máximo) quatro comprimidos por dia.*
Desde que (= locução conjuntiva condicional) *se mantenham em silêncio, poderão assistir à palestra.*
Desde que (= locução conjuntiva temporal) *moro neste prédio, nunca assisti a tal espetáculo de má-educação.*
Agora (= advérbio) *somente no resta esperar que não volte a chover nos próximos dias.*
*Podem falar mal de mim; **agora** (= conjunção adversativa – mas), calúnias eu não admito!*
*Trabalhou durante toda a noite, **e** (= conjunção adversativa – mas) não conseguiu resolver o problema.*

21.3 – EXERCÍCIO SOBRE AS CONJUNÇÕES

Classifique as conjunções e locuções conjuntivas destacadas.

a) Direi toda a verdade, *ainda que* isso desagrade a alguns dos presentes.

ainda que: _____

b) Minha mão tremia tanto, *que* mal conseguia escrever.

que: _____

c) Pensemos bastante, *para que* encontremos uma solução realmente satisfatória.

para que: _____

d) O dia está agradável, *por isso* devemos aproveitá-lo.

por isso: _____

e) Tudo acabou bem; eram, *portanto*, infundados nossos receios.

portanto: _____

f) *À medida que* envelheço, vou-me desfazendo dos adjetivos. (Carlos Drummond de Andrade)

à medida que: _____

g) *Como* houve poucas inscrições, o curso foi cancelado.

como: _____

h) Não devemos julgar o homem por uma só ação, *senão* por muitas. (Ernesto Carneiro Pereira. *Serões gramaticais*, p. 482)

senão: _____

i) *Conquanto* tenha o apoio de todo o partido, recusa-se a concorrer a deputado.

conquanto: _____

j) Acabou-se o tempo das ressurreições; continua, *no entanto*, o das insurreições.

No entanto: _____

k) Admiras os bons; segue-lhes, *pois*, os exemplos.

pois: _____

l) Tal foi o impacto do choque, *que* os dois carros ficaram inteiramente destroçados.

que: _____

m) Procure saber *se* ainda há ingressos para o jogo de domingo.

se: _____

n) Nenhum homem é tão bom *como* seu partido o apregoa, nem tão mau como o contrário o representa.

como: _____

22 – Preposições

22.1 – CONCEITO

Preposições são as palavras invariáveis que ligam dois termos entre si, subordinando o segundo (consequente, regido) ao primeiro (antecedente, regente):

Os rios correm (termo antecedente, regente) ***para*** *o mar* (termo consequente, regido).
Compareceu (termo antecedente, regente) *espontaneamente* ***perante*** *o juiz* (consequente, regido).
Vive preso (termo antecedente, regente) *a sonhos* ***irrealizáveis*** (termo consequente, regido).

22.2 – CLASSIFICAÇÃO

As preposições dividem-se em *essenciais* e *acidentais*.

a) Preposições *essenciais* são as que sempre funcionam como preposições: *a, ante, após, até, com, contra, de, desde, em, entre, para, perante, por, sem, sob, sobre, trás*.

Ante a insistência do público, o artista voltou ao palco.
Mostrou-se disposto **a** confessar tudo.
Não deve haver segredos **entre** mim e vocês.
Sem o apoio dos amigos, não teria superado a crise que o acometera.

Nota – As preposições essenciais exigem a forma oblíqua tônica do pronome pessoal:
Perante **mim**, negou tudo.
Sem **ti**, tudo seria mais difícil para mim.
Egoísta, ele só pensa em **si**.

b) Preposições *acidentais* são palavras de outras classes gramaticais que, eventualmente, funcionam como preposições: *(a)fora, conforme, consoante, durante, exceto, malgrado, mediante, menos, não obstante, salvo, segundo, tirante,* etc.

Durante a cerimônia, houve vários incidentes.
Comuniquei-lhe a decisão **mediante** correspondência registrada.
Não obstante minhas objeções, resolveu candidatar-se a deputado federal.

Nota – As preposições acidentais não exigem a forma oblíqua tônica do pronome pessoal:
Todos foram dispensados, menos **eu**.
Exceto meu irmão e **eu***, todos terão de prestar novos exames.*
Não tome nenhuma decisão sem **eu** *estar a par.*

22.3 – LOCUÇÕES PREPOSITIVAS

São duas ou mais palavras que funcionam como preposições: *acerca de, a despeito de, apesar de, a título de, através de, a troco de, devido a, diante de, em face de, em virtude de, face a, sem embargo de,* etc. Como se vê, as locuções prepositivas sempre terminam por preposição:

Diante de *tantas calúnias, tive de manifestar-me.*
Na sentença, o juiz não se pronunciou **acerca de** *juros.*
Através de *várias gerações, vem-se mantendo esse costume.*
Face ao *exposto, opino pelo indeferimento do pedido.*

Notas
1ª – É incorreto o emprego das locuções *através de* e *face a* sem as respectivas preposições (de, a): '*através*' estudos feitos... (por *através de* estudos feitos...). '*face o*' *congelamento dos preços...* (por *face ao* ou *em face do congelamento dos preços...*). Também vale lembrar que, em bom português, *através de* tem os significados de *no decurso de, de lado a lado*:
Através dos anos, tenho notado que as pessoas estão ficando mais ansiosas.
O tiro passou **através da** *porta de vidro.*

2ª – É impróprio, pois, o uso de *através de* na indicação de *meio, instrumento* ou *(inter)mediação*: '*através de*' ofício (por *mediante ofício*); '*através do*' correio (em lugar de *pelo* correio); '*através de*' advogado (em lugar de *por intermédio de* advogado).

22.4 – *ATÉ* E *ATÉ A*

Até pode ser preposição ou partícula de inclusão.

a) Como partícula de inclusão, tem o sentido de *inclusive* e não exige a forma oblíqua tônica do pronome pessoal:
Vendeu tudo, **até** (= inclusive) *os móveis da casa.*
Até (= inclusive) *tu pretendes abandonar-me?*

b) Como preposição, indica *a relação de um certo termo ou ponto em que paramos e não queremos ultrapassar* (Ernesto Carneiro Ribeiro – *Serões gramaticais*, p. 474). Pode formar locução com a preposição *a* diante do artigo definido *o* (*a, os, as*) e do pronome demonstrativo *aquele* (*aquela, aqueles, aquelas, aquilo*), e exige a forma oblíqua tônica do pronome pessoal:
Desceu **até (a)o** *lugar mais fundo da gruta.*
Fico aqui **até as / às** *duas horas.*
Até aquela / àquela *data, eu nunca falara com ele.*
Assustado, veio **até** *mim.*

22.5 – *PARA COM*

Emprega-se esta locução prepositiva com os substantivos e adjetivos que exprimem boa ou má disposição de ânimo relativamente a uma pessoa ou coisa, tais como: *amor, brutalidade, caridade, caridoso, gentileza, afabilidade, afável, atencioso, dever, gentil, gentileza, (in)delicado, (in)delicadeza, indulgência, indulgente, (des)respeito*, etc.:

Considero isso um desrespeito **para com** os contribuintes.
Impressiona-me a brutalidade dessas pessoas **para com** os animais.
É fundamental que os empregados das lojas sejam atenciosos **para com** os clientes.
O que impressionava naquele professor era sua indulgência **para com** os erros dos alunos.

23 – A oração e seus termos

23.1 – CONCEITO DE ORAÇÃO

Oração é a frase de estrutura sintática que apresenta, normalmente, sujeito e predicado; excepcionalmente, só predicado:
 O trabalho dignifica o homem.
 Ele interveio arbitrariamente no caso.
 Ontem fez trinta e sete graus à sombra.
 Na reunião de pais só havia mães.
 Em casa de ferreiro, espeto de pau. (Provérbio)

Nota – Frase é qualquer enunciado com sentido próprio:
Fogo!
Muito obrigado!
Até logo!
Cada louco com sua mania.
O avião decolou com duas horas de atraso.
Chegamos à conclusão de que a proposta era irrecusável.

23.2 – TERMOS DA ORAÇÃO

A oração é a soma de que figuram, como parcelas, termos *essenciais*, *integrantes* e *acessórios*.

23.2.1 – Termos essenciais

Essenciais são os termos indispensáveis à existência da oração. São o *sujeito* e o *predicado*. Pode haver, todavia, como visto acima, orações sem sujeito, constituídas, portanto, apenas de predicado.

23.2.1.1 – Sujeito

Sujeito é o ser de quem se diz algo. Em outras palavras, é o termo a que se refere o predicado:
 Cinquenta pessoas *assistiram ao espetáculo.*
 Professores e alunos *apoiaram a medida.*
 A **noite** *é boa conselheira.* (Provérbio)

Classificação do sujeito

a) *Simples* – quando constituído de um só núcleo (= parte central do termo):
   O **crescimento** exige uma renúncia temporária à segurança.
   Os **livros** são mestres silenciosos.

b) *Composto* – quando constituído de dois ou mais núcleos:
   Os **fiscais** e os **assessores** trabalham no vigésimo andar.
   O **jogo** e a **bebida** destroem muitos lares.

c) *Indeterminado* – quando não se especifica ou individualiza o ser a quem se refere a ação expressa pelo verbo. Há um sujeito, mas não vem determinado, ou porque se ignora quem seja, ou porque não há interesse em determiná-lo:
   Bateram de leve à porta.
   Amanhã se **procederá** a novos testes.

d) *Inexistente* – situação a que a Nomenclatura Gramatical Brasileira (NGB) dá o nome de *oração sem sujeito*. Aparece com os verbos *impessoais*:
   Havia duzentos candidatos para vinte vagas.
   No inverno, **amanhece** tarde e **anoitece** cedo.
   Ontem **fez** muito calor em Torres.
   Eram oito horas da manhã.
   Nevou na serra.

23.2.1.2 – Predicado

Predicado é aquilo que se diz do sujeito. Nas orações sem sujeito, é o simples enunciado de um fato:
   A secretária **organizou a recepção**.
   A violência **é último refúgio dos incompetentes**.
   Havia poucos condôminos na reunião (oração sem sujeito).

Classificação do predicado

a) *Verbal* – quando tem por núcleo um verbo (transitivo ou intransitivo):
   A plateia **aplaudiu** demoradamente o espetáculo.
   Os motoristas prudentes **obedecem** aos sinais de trânsito.
   A parte lateral do prédio **ruiu**.

b) *Nominal* – quando tem por núcleo um nome (palavra ou expressão que indica uma qualidade ou estado do sujeito), que se denomina *predicativo*. Aparece com os *verbos de ligação* (ser, estar, parecer, ficar, andar, continuar, permanecer, etc.):
   O relatório está **pronto** (predicativo).
   A sala é **espaçosa** (predicativo).
   O custo de vida continua **elevado** (predicativo).
   Durante todo o dia, o tempo permaneceu **instável** (predicativo).

c) *Verbo-nominal* – quando tem por núcleo um verbo (transitivo ou intransitivo) e um nome (com verbo de ligação subentendido). A parte nominal do predicado verbo-nominal também recebe o nome de *predicativo*, que pode ser do sujeito ou do objeto:

Os funcionários saem da repartição (e estão) **cansados** *(predicativo do sujeito).*
Os empregados consideraram a medida (e ela era) **arbitrária** *(predicativo do objeto).*
O professor entrou na sala (e estava) **contente** *(predicativo do sujeito).*
Os examinadores julgaram o rapaz (e ele era, parecia) **apto** *(predicativo do objeto) para o cargo.*

23.2.2 – Termos integrantes

Termos integrantes são aqueles que integram, isto é, completam o sentido de um outro termo a que se referem e com ele formam um todo sintático. São termos integrantes o *objeto direto*, o *objeto indireto*, o *complemento nominal* e o *agente da passiva*.

23.2.2.1 – Objeto direto

Objeto direto é o termo integrante que completa o sentido de um verbo transitivo direto. Aparece (normalmente) *sem preposição*:

Já resolvemos **seu problema.**
Chame **o elevador**, *por obséquio.*

Há dois tipos especiais de objeto direto: o *preposicionado* e o *pleonástico*.

a) O objeto direto *preposicionado* vem introduzido por preposição que não é necessária ao regime do verbo. Sua presença obedece a critérios de estilo (realce, clareza, eufonia, etc.):

A **nós** *ninguém engana (engana-se alguém).*
Conheço **a todos** *(conhece-se alguém).*
Na dúvida, convidei **a ambos** *(convida-se alguém).*
Amarás *a Deus sobre todas as coisas (ama-se alguém).*
Respeita-o como **a um pai** *(respeita-se alguém).*
Não como **desse pão** *nem bebo* **dessa água** *(come-se algo; bebe-se algo).*
Cumpri **com o meu dever** *(cumpre-se algo).*

b) O objeto direto *pleonástico* é aquele repetido com intenção enfática, geralmente sob a forma de pronome pessoal oblíquo átono:

*Palavras, leva-***as** *o vento.*
Meus defeitos, não **os** *escondo.*
*A Laura, admiro-***a** *desde os tempos da faculdade.*
*Todas essas justificativas, considero-***as** *ridículas.*

23.2.2.2 – Objeto indireto

Objeto indireto é o termo integrante que completa o sentido de um verbo transitivo indireto. Ou vem antecedido de preposição, ou é represen-

tado pelos pronomes pessoais oblíquos *me, te, lhe, se, nos, vos, lhes*, sempre completando verbo transitivo indireto ou transitivo direto e indireto:
*Todos os homens aspiram **à felicidade**.*
*Já procedemos **ao conserto** da torneira.*
*Ele é seu pai; obedeça-**lhe** (objeto indireto), pois.*
*Atribuíram-**me** (objeto indireto) toda a culpa (objeto direto).*

Nota – O objeto indireto, à semelhança do objeto direto, também pode ser *pleonástico*: A mim não me enganam duas vezes. São clássicos estes exemplos do escritor português Rodrigues Lobo:
Ao avarento não **lhe** peço nada [...] Ao pobre não **lhe** devo. Ao rico não **lhe** peço.

23.2.2.3 – Complemento nominal

Complemento nominal é o termo que completa, *sempre com auxílio de preposição*, o sentido de um *substantivo*, de um adjetivo ou de um advérbio:
*Não fez nenhuma referência ao **assunto**.*
*Fez um discurso alusivo **à data**.*
*O juiz procedeu favoravelmente **ao réu**.*
*Sugeri a distribuição **dos alimentos aos pobres** (dois complementos nominais).*

Nota – Normalmente, os substantivos, adjetivos e advérbios que pedem complemento nominal têm parentesco com verbos transitivos (diretos, indiretos ou diretos e indiretos: referência – referir-se *a*; alusão – aludir *a*; desistência – desistir *de*; pagamento – pagar *algo*; anulação – anular *algo*; favoravelmente – favorecer *alguém* ou *algo*; comunicar – comunicar *algo* a *alguém*; devolução – devolver *algo* a *alguém*. Como se observa, o complemento nominal também representa, na maioria das vezes, o objeto, o paciente, o resultado, o alvo da ação expressa pelo nome: a discussão *do projeto* – *o projeto* é o alvo da discussão, ele recebe, sofre a ação expressa pelo nome (discussão).

23.2.2.4 – Agente da passiva

Agente da passiva é o termo que revela, na voz passiva analítica, o ser que pratica a ação expressa pelo verbo. Corresponde ao sujeito da voz ativa. Sempre vem precedido de preposição (normalmente *por* e suas variantes: *pelo, pela, pelos, pelas*; excepcionalmente *de* ou *a*):
*O documento deve ser assinado **pelo procurador**.*
*A mercadoria foi examinada **pelos fiscais**.*
*O autor da façanha foi cercado **de curiosos**.*
*O carro era puxado **a cavalos**.*

23.2.3 – Termos acessórios

Termos acessórios são os que acrescentam uma ideia secundária (não indispensável) a um *substantivo*, a um *adjetivo*, a um *verbo* ou a um *advérbio*. São termos acessórios o *adjunto adnominal*, o *adjunto adverbial* e o *aposto*.

23.2.3.1 – Adjunto adnominal

Adjunto adnominal é um termo acessório que acrescenta uma ideia secundária ao *substantivo*, determinando-o, qualificando-o ou explicando-o:

Não gosto de discursos **compridos**.
Carta **sem assinatura** não merece resposta.
Homem **de bem** tem palavra **de rei**. (Provérbio)
Esta sala é confortável.
Em casa **de ferreiro**, espeto **de pau**. (Provérbio)

23.2.3.2 – Adjunto adverbial

Adjunto adverbial é um termo que modifica um *verbo*, um *adjetivo*, um *advérbio* ou *todo um enunciado*. Aparece, mais comumente, para indicar uma circunstância referente ao verbo:

Ele procedeu **mal**.
Você falou **muito** bem.
Este livro é **muito** prático.
Concluiremos a tarefa **na próxima semana**.
Abra a porta **com cautela**.
Felizmente o tanque do automóvel não explodiu.

23.2.3.3 – Aposto

Aposto é o termo acessório que esclarece, caracteriza, explica melhor o sentido de um *substantivo* ou de um *pronome* Apresenta uma característica que desejamos pôr em relevo. Vem geralmente entre vírgulas, podendo aparecer também após dois-pontos, entre travessões ou entre parênteses:

Mário, **o porteiro**, está doente.
Brasília, **capital do Brasil**, atrai muitos turistas.
Nossa cidade erguerá um monumento a Anchieta, **Apóstolo do Brasil**.
Recomendei-lhe somente isto: **muita cautela**.
Alexandre Fleming – **médico inglês** – foi um dos descobridores da penicilina.

23.2.4 – Vocativo

Vocativo é o termo mediante o qual chamamos, interpelamos ou pomos em evidência o ser, real ou fictício, a que nos dirigimos. Não pertence, propriamente, à estrutura da oração e vem no começo, no meio ou no fim dela. Pode vir precedido da partícula ó e é sempre virgulado:

A ordem, **meus amigos**, é a base do governo.
Ó rapaz, você está muito irrequieto hoje!
Alegria de pobre dura pouco, **meu amigo**.
Afasta-te de mim, **Satanás**!
Ó jardineira, por que estás tão triste?

Notas

1ª – Na correspondência, o vocativo designa o título funcional, o cargo ou qualquer outro atributo do destinatário. Vem seguido de *dois-pontos* (:), já que se continua com novo parágrafo e inicial maiúscula:
Senhor Diretor:

Excelentíssimo Senhor Governador:
Senhor Superintendente:
Eminentíssimo Senhor Cardeal:
Senhores Acionistas:
Prezado Cliente:

2ª – Recebe o nome especial de *apóstrofe* a figura de estilo que consiste na interpelação a pessoas ou coisas reais ou fictícias, presentes ou ausentes. Exemplos do poeta Castro Alves (do poema *Navio Negreiro*):

Andrada! arranca esse pendão dos ares! Colombo! fecha a porta dos teus mares! Por que foges assim, barco ligeiro? Desce do espaço imenso, ó águia do oceano!

3ª – Não se deve confundir *apóstrofe* com *apóstrofo* – sinal gráfico (') que, na escrita, assinala supressão de letra ou letras: *olho-d'água*, *'tá* (= está) *quente*, *minh'alma*, *vista-d'olhos* (= vista de olhos).

23.3 – EXERCÍCIO

1. Dê a função sintática dos termos em destaque:

a) Existem, atualmente, *ótimas condições de trabalho*.

ótimas condições de trabalho: _____

b) O dinheiro é bom criado e *mau* amo.

mau: _____

c) O diploma estava *anexo* ao processo.

anexo: _____

d) Se não houver *prêmios*, não haverá concorrentes.

prêmios: _____

e) A leitura é *a base* da arte de redigir.

a base: _____

f) Se fosses atencioso para com os fregueses, serias elogiado *pelo patrão*.

pelo patrão: _____

g) Minha adesão *aos novos* não implica o abandono dos velhos.

aos novos: _____

h) Trabalhou e, em *pouco* tempo, ficou rico.

pouco: _____

i) Menos valem *as honras* que o caráter.

as honras: _____

j) Esta criança é cheia *de vontades*.

de vontades: _____

k) Ornamentaram-se *todas as ruas do bairro*.

todas as ruas do bairro: _____

l) Não lhe faltam *meios* para sustentar a família.

meios: _____

m) Ele foi traído *pela inexperiência*.

pela inexperiência: _____

n) É obrigatória a assistência *às aulas*.

às aulas: _____

o) Assistíamos *imóveis* e estupefatos àquele imponente espetáculo.

imóveis: _____

p) Não nos cabe discutir *esses assuntos*.

Esses assuntos: _____

q) Suspendeu-se, nesta data, *o fornecimento de credenciais*.

o fornecimento de credenciais: _____

r) O fato ocorreu alguns minutos antes de *o professor* entrar na sala.

o professor: _____

s) Não tome qualquer medida sem *eu* estar presente.

eu: _____

t) Ao locatário não convém *essa alteração contratual*.

essa alteração contratual: _____

2. Indique a função sintática dos pronomes relativos em destaque:

a) Identificaram o a senhora *que* foi atropelada por um táxi.

que: _____

b) Este é um cargo *a que* todo cidadão aspira.

a que: _____

c) Você não ouviu a pergunta *que* lhe fiz?

que: _____

d) O advogado *por quem* fui aconselhado é um excelente profissional.

por quem: _____

e) As informações *de que* disponho são fidedignas.

de que: _____

f) Livra-te do homem que não fala e do cão *que* não ladra.

que: _____

24 – Estrutura do período – processos sintáticos – classificação das orações

24.1 – ESTRUTURA DO PERÍODO

O período pode ser *simples* ou *composto*.

a) O período é *simples* quando se compõe de apenas uma oração, denominada *oração absoluta*:

A saudade é a memória do coração. (Coelho Neto)
O fim justifica os meios. (Provérbio)
Amanhã não haverá expediente nos bancos.
A desordem na fábrica dava péssima impressão ao visitante.

b) O período é *composto* quando contém duas ou mais orações.

Pai não tiveste, mãe não temeste, diabo te fizeste. (Provérbio)
Quando falar, cuide para que as suas palavras sejam melhores que o seu silêncio. (Provérbio indiano)

24.2 – OS PROCESSOS SINTÁTICOS

No período composto, as orações interligam-se ou encadeiam-se mediante dois processos: a *coordenação* e a *subordinação*.

24.2.1 – Coordenação

Na *coordenação*, as orações denominam-se *coordenadas*, são da mesma natureza e interligam-se por intermédio das conjunções coordenativas (às vezes substituídas por vírgula, ponto e vírgula ou dois-pontos). A coordenação é *um paralelismo de funções ou valores sintáticos idênticos* (Othon M. Garcia – *Comunicação em prosa moderna*, 27ª ed., p. 42).

As orações *coordenadas* podem ser *sindéticas* ou *assindéticas*.

24.2.1.1 – Orações coordenadas sindéticas

São as que começam por conjunção coordenativa expressa. Recebem o nome das conjunções que as iniciam, havendo, portanto, *cinco tipos* de *orações coordenadas sindéticas*:

a) *Aditivas*:
O funcionário era homem culto **e falava diversas línguas**.

b) *Adversativas*:
Tens razão, **contudo não te exaltes**.

c) *Alternativas*:
Daremos um passeio **ou jogaremos uma partida de xadrez**.

d) *Conclusivas*:
Não estive lá, **portanto nada lhe posso dizer**.

e) *Explicativas*:
O trem deve estar atrasado, **pois só chegou agora**.

24.2.1.2 – Orações coordenadas assindéticas

Orações coordenadas assindéticas são as que não apresentam conetivo (conjunção) entre si, o qual vem substituído por *vírgula, ponto e vírgula* ou *dois-pontos*:

Uns vivem, outros vegetam.
A religião sem a ciência estaria cega; a ciência sem a religião estaria coxa. (Albert Einstein)
Matamos o tempo; o tempo nos mata. (Machado de Assis)
A verdade é indestrutível; a mentira, passageira. (Adão Myszak)
Não pude comparecer à posse do novo Procurador-Geral: passei-lhe um telegrama.

24.3 – SUBORDINAÇÃO

Na *subordinação*, as orações denominam-se *subordinadas* e são dependentes de uma outra, chamada *oração principal*. Conclui-se, portanto, que não pode haver oração principal num período em que não haja também, pelo menos, uma subordinada.

As orações subordinadas não subsistem por si, pois fazem parte de uma outra, na qual exercem uma função. Enquanto na coordenação há um encadeamento de ideias, na subordinação há uma verdadeira hierarquização, sendo as orações sempre dependentes de uma outra – a principal –, quer quanto ao sentido, quer quanto à ligação sintática.

Há *três tipos* de orações subordinadas: *adverbiais, substantivas* e *adjetivas*.

24.3.1 – Orações subordinadas adverbiais

São as introduzidas pelas conjunções subordinativas, *menos as integrantes*. Exercem a função de adjunto adverbial da oração subordinante (principal) e subdividem-se em nove tipos (Veja o **capítulo 21** sobre as **conjunções**):

a) *Causais*:
Como está muito ocupado, **não quero tomar seu o tempo**.

*A memória dos velhos é menos pronta, **porque o seu arquivo é mais extenso***.

b) *Comparativas*:
*A luz é mais veloz **que o som** (é)*.

c) *Concessivas*:
***Embora diga a verdade**, ninguém lhe dá crédito*.

d) *Condicionais*:
***Se seguirem à risca os meus conselhos**, terão sucesso em seus negócios*.

e) *Conformativas*:
*Fiz o trabalho **como o professor determinou***.

f) *Consecutivas*:
*Disse tantas verdades, **que muitos ficaram constrangidos***.

g) *Finais*:
*Seja claro, **a fim de que todos o entendam***.

h) *Proporcionais*:
***À proporção que se vive**, mais se aprende*.

i) *Temporais*:
***Quando a cabeça não pensa**, o corpo padece*.
*Há muitos homens que parecem dignos de grandes empregos, **enquanto não os ocupam***.
***Assim que ouviram a voz do chefe**, todos se calaram*.

24.3.2 – Orações subordinadas substantivas

Orações subordinadas substantivas são as introduzidas por conjunção subordinativa *integrante*. Denominam-se substantivas porque exercem funções próprias de substantivo. Subdividem-se em *cinco tipos*:

a) *Subjetivas* – quando servem de *sujeito* ao verbo da oração principal:
*Convém **que se reabram as inscrições***.

b) *Predicativas* – quando servem de *predicativo* ao sujeito da oração principal. Na principal haverá sempre um verbo de ligação:
*O fato é **que estamos atrasados***.
*A verdade é **que fomos vítimas de um espertalhão***.

c) *Objetivas diretas* – quando servem de *objeto direto* ao verbo da oração principal. Não podem vir precedidas de preposição:
*Perguntaram-me **se eu estava satisfeito com o emprego***.
*Os jornais afirmam **que a paz não será duradoura***.
*Pergunte-lhe **quando nos entregarão os exemplares faltantes***.

d) *Objetivas indiretas* – quando servem de *objeto indireto* ao verbo da oração principal. Vêm precedidas de preposição:
*Aconselhei-o **a que não reagisse às provocações***.
*Insistiremos **em que todos participem do treinamento***.
*Convenci-me **de que estávamos empregando a tática errada***.

e) *Completivas nominais* – quando servem de *complemento nominal* a um substantivo, adjetivo ou advérbio da oração principal. Sempre vêm precedidas de preposição:

*Espalhou-se a notícia **de que seriam suspensas as aulas**.*
*Sou favorável **a que libertem o rapaz**.*
*Agiremos independentemente **de que eles nos solicitem**.*

f) *Apositivas* – quando servem de *aposto* a um substantivo ou pronome substantivo da oração principal. Vêm após dois-pontos (:), entre vírgulas ou entre travessões (raramente):

*Sua redação tem um defeito capital: **é prolixa**.*
*Imponho-lhes uma condição: **que voltem cedo**.*
*Um fato – **que mais de uma dezena de pessoas estão envolvidas na fraude** – ficou plenamente comprovado.*

Nota – As orações subordinadas substantivas também podem ser introduzidas por pronomes ou advérbios interrogativos (*como, onde, quando*, etc. (advérbios); *quanto, quem, qual, que*, etc. (pronomes):

Gostaria de saber **quem lhes passou essa informação absurda**. (oração subordinada substantiva objetiva direta).
Pergunte ao marceneiro **quando o móvel ficará pronto**. (oração subordinada substantiva objetiva direta).
Ainda não sabemos **com quem deveremos tratar da reconstrução da ponte**. (oração subordinada substantiva objetiva indireta)
Responda-me **por que ainda não me encaminhou uma cópia do contrato**, conforme havia prometido. (oração subordinada substantiva objetiva direta)

24.3.3 – Orações subordinadas adjetivas

São as introduzidas pelos pronomes relativos. Modificam um substantivo ou pronome substantivo, têm valor de adjetivo e subdividem-se em dois tipos:

a) *Restritivas* – quando encerram uma qualidade acidental, não essencial ao substantivo ou pronome substantivo antecedente. Encerram uma qualidade que o antecedente pode ter, como não ter (= qualidade acidental). Não podem vir precedidas de vírgula. Podem, todavia, vir seguidas de vírgula, principalmente se muito extensas ou quando ocorre a justaposição de dois verbos (o da principal e o da subordinada):

*O papel **em que escrevo** é muito áspero.*
*A pessoa **que trabalha** (,) merece seu salário.*
*Está aqui a pessoa **de que lhe falei**.*
*Criticou os **que propagam** tais métodos.*
*Dê preferência aos **que concluíram algum curso de nível superior**.*
*Não acordes o gato **que dorme**.* (Provérbio)
*Cão **que late** não morde.* (Provérbio) (*Cão não morde*: oração principal; *que late*: oração subordinada adjetiva restritiva).

b) *Explicativas* – quando encerram uma qualidade essencial ao substantivo ou pronome substantivo antecedente. Destinam-se a enfatizar uma qualidade ou estado do antecedente. Sempre vêm entre vírgulas:

*A Terra, **que é um planeta**, gira no espaço.*
*O gelo, **que é frio**, é incolor.*
*O rio Amazonas, **que deságua no Atlântico**, é o primeiro do mundo em volume de águas.*
*Raul Pompeia, **autor de O Ateneu**, suicidou-se com um tiro no coração.*

24.4 – ORAÇÕES REDUZIDAS

Orações reduzidas são as que têm o verbo numa das formas nominais: *infinitivo, gerúndio* ou *particípio*. Opõem-se, assim, às desenvolvidas, que apresentam o verbo numa das formas finitas (= conjugadas) e são normalmente introduzidas por conetivo. Classificam-se como as desenvolvidas correspondentes:

***Prevendo** uma resposta indelicada, não o interroguei.*
***Prevendo** uma resposta indelicada* (= Como previsse uma resposta indelicada): oração subordinada adverbial causal, reduzida de gerúndio.
*Não **havendo** quórum, a reunião será cancelada.*
*Não **havendo** quórum* (= se não houver quórum): oração subordinada adverbial condicional, reduzida de gerúndio.
***Concluídos** os estudos, voltei para a minha terra.*
***Concluídos** os estudos* (= Depois que concluí os estudos): oração subordinada adverbial temporal, reduzida de particípio.
***Acabada** sessão, os oposicionistas comemoraram a importante vitória.*
***Acabada** a sessão* (= depois que, assim que, logo que acabou a sessão): oração subordinada adverbial temporal reduzida de particípio.
*É necessário **teres** paciência.*
***Teres** paciência* (= que tenhas paciência): oração subordinada substantiva subjetiva, reduzida de infinitivo.
***Independentemente** de me convidarem, estarei presente à cerimônia.*
***Independentemente** de me convidarem* (= Independentemente de que me convidem): oração subordinada substantiva completiva nominal, reduzida de infinitivo.

24.5 – ORAÇÕES SUBORDINADAS COORDENADAS

As orações *que viva, que se case* e *que me esqueça* são subordinadas substantivas objetivas diretas em relação à principal (Peça-lhe) e são, ao mesmo tempo, coordenadas entre si (= são da mesma natureza):

Peça-lhe que viva, que se case e que me esqueça. (Camilo Castelo Branco)
Quero agradecer aos colegas que foram sensíveis ao meu apelo e compareceram a esta reunião.
Se voltar e me pedir perdão, poderá continuar morando comigo.

Notas
1ª – As orações *que foram sensíveis ao meu apelo* e *(que) compareceram a esta reunião* (estão com o conetivo – o pronome relativo *que* – subentendido), a par de serem subordinadas adjetivas restritivas em relação à principal (*Quero agradecer aos colegas*), são também coordenadas entre si.

2ª – As orações *se voltar* e *(se) me pedir perdão* (estão com o conetivo – a conjunção subordinativa condicional *se* – subentendido) são subordinadas adverbiais condicionais em relação à principal (*poderá continuar morando comigo*), sendo também coordenadas entre si.

24.6 – EXERCÍCIO

Classifique as orações iniciadas pelos conetivos destacados:

a) Eram esses os motivos *por que* te ouvíamos.

b) Ninguém é tão pobre, *que* não possa fazer algum bem.

c) O prédio parece abandonado, *pois* não há sinal de morador.

d) *Como* estivesse meio adoentado, não saí de casa.

e) As nossas necessidades nos unem, *mas* as nossas opiniões nos separam.

f) *Posto que* nos apressássemos, não o alcançamos mais.

g) Perguntaram-me *se* me candidataria à presidência do clube.

h) Essas teorias são belas, *todavia* ninguém as segue.

i) O presente é a bigorna *onde* se forja o futuro.

j) Contei-lhe esses fatos, *a fim de que* soubesse a verdade inteira.

k) Não me opus *a que* ele entrasse no recinto.

l) *À medida que* se vive, mais se aprende.

m) A ignorância pasma *ou* se espanta, mas não admira.

n) Aprenderá facilmente, *desde que* estude com atenção.

o) Digam o que quiserem, *contanto que* não apelem a ofensas.

p) Pediu-nos somente isto: *que* nos mantivéssemos unidos.
_____

q) *Conquanto* seja uma pessoa esforçada, falta-lhe experiência.
_____

r) Foi desligado do clube *porquanto* havia dois anos que não pagava as mensalidades.
_____

25 – Concordância verbal

25.1 – REGRA GERAL

O verbo concorda em número e pessoa com o sujeito da oração:
O governo e o povo **lutam** *pelos mesmos ideais.*
Mário e Eduardo **são** *os sócios mais antigos.*
Restam *apenas cinco exemplares.*
Existem *muitos pontos dúbios no programa.*

25.2 – CASOS ESPECIAIS

25.2.1 – Voz passiva sintética

Estando o verbo apassivado pelo pronome *se* (*voz passiva sintética*), concorda em número e pessoa com o sujeito (= o paciente da ação verbal):
Alugam-se *chalés.*
Pedem-se *referências.*
Não ***se apanham*** *moscas com vinagre.*
Propuseram-se *várias emendas ao projeto.*
Ouvem-se *murmúrios na multidão.*
Revogam-se *as disposições em contrário.*
Não ***se devem*** *infringir as leis.*
Estão-se *realizando vistorias semanais no prédio.*
Intimem-se *as partes.*

Nota – Quando o verbo acompanhado do pronome *se* é transitivo indireto (exige complemento com preposição, isto é, objeto indireto), fica no *singular*, pois não se trata de voz passiva:
Precisa-se de balconistas.
Necessita-se de maiores recursos.
Convém que **se proceda** a novas buscas.
Assiste-se a cenas deprimentes.
Trata-se de questões complexas.
Oficie-se a todos os cartórios eleitorais do Estado.

25.2.2 – Sujeitos de pessoas gramaticais diferentes

Concorrendo *sujeitos de pessoas gramaticais diferentes*, antepostos ao verbo, este irá para a pessoa que tiver primazia, de acordo com a seguinte regra: a primeira pessoa tem primazia sobre a segunda e a terceira (eu + tu + ele = nós); e a segunda, sobre a terceira (tu + ele = vós):

*Tu, Clóvis e **eu fomos** convocados.*
*Ricardo e **eu seremos** dispensados.*
***Tu** e Paulo **devereis** prestar novos exames.*
***Tu**, Antônio e Roberto **sois** os sócios mais antigos.*

> Nota – Modernamente, de modo especial na fala, está-se generalizando o uso da terceira pessoa do plural nos casos em que ocorre um sujeito da segunda pessoa e outro da terceira. Justifica-se tal concordância considerando-se como sujeito da oração o pronome de tratamento *você* (tu + ele = *vocês*):
> ***Tu** e **teu** irmão* (= vocês) ***foram** considerados aptos.*
> ***Tu** e **Manuel*** (= vocês) ***irão** comigo.*

25.2.3 – Sujeitos ligados por *ou*

Quando o sujeito é formado por substantivos no singular ligados pela conjunção *ou*, é necessário ver se há ideia de *exclusão*, de *sinonímia* (equivalência, identidade) ou de *soma*. No primeiro e no segundo casos, o verbo fica no singular; no terceiro, vai ao plural:

Pedro ou Paulo (= um dos dois) ***será** eleito presidente.*
O Internacional ou o Grêmio (= um dos dois) ***vencerá** o campeonato gaúcho.*
Crime ou delito (= termos sinônimos) *é o facto* [grafia de Portugal] *voluntário **declarado** punível pela lei penal.* (CPp, art. 1º)
O calor forte ou o frio excessivo (= os dois) ***prejudicam** a saúde.*
A chuva ou o sol (= os dois) *não **atrapalharão** nossos planos.*
A ignorância ou a errada compreensão da lei (= ambas) *não **eximem** de pena.* (CP, art. 16)

25.2.4 – Sujeito constituído de coletivo partitivo

Quando o sujeito é constituído de um *coletivo partitivo* (a maioria, grande quantidade, a maior parte) seguido de um substantivo preposicionado no plural, o verbo pode, indiferentemente, ficar no singular (realce do conjunto) ou ir ao plural (realce das partes):

*Grande número de candidatos não **compareceu/compareceram**.*
*Grande quantidade de processos **foi** extraviada/**foram** extraviados.*
*A maior parte dos funcionários **optou/optaram** pelo expediente vespertino.*
*A maioria dos servidores **trabalha(m)** bem e **ganha(m)** pouco.*
*Um bando de corvos **pairava(m)** sobre o cadáver.*

25.2.5 – Sujeitos complexos

O sujeito é *complexo* quando acompanhado de adjunto(s) e/ou complemento(s). Não se trata de nomenclatura oficial, mas apenas doutrinária, de cunho didático.

É preciso muito cuidado quando um sujeito no singular é seguido de adjunto(s) e/ou complemento(s) no plural. Muitas pessoas, nesses casos, tendem a fazer a concordância *com a periferia*, isto é, com os adjuntos e/ou complementos no plural, o que, evidentemente, constitui erro. É fundamental, pois, ter presente esta regra: o verbo concorda em número e pessoa com o *núcleo* (= o elemento central da função) do sujeito. Assim, estando este no singular, também o verbo ficará no singular:

A **notícia** de tantos assaltos e arrombamentos **assustou** a população.

O **perfeito conhecimento** das palavras da lei *dá ao intérprete a base sobre a qual* **trabalhará**. (Maury R. de Macedo)

O **valor** das perdas e danos *será apurado em liquidação*.

A **ação** dos vândalos e dos pichadores **vem causando** sérios prejuízos ao patrimônio público.

O **emprego** dessas construções *denota* **sólidos conhecimentos** *do idioma pátrio*.

Nota – Confira o item **25.2.4 – Sujeito constituído de coletivo partitivo**.

25.2.6 – Verbos *bater, soar* e *dar*

Os verbos *bater, soar* e *dar*, quando usados em relação a horas, concordam com o número de horas:

Bateram *onze horas no relógio da sala*.

Iam soar *quatro horas*.

Quando entrei em casa, **davam** *(as) nove horas no relógio da Catedral*.

25.2.7 – Pronomes (formas) de tratamento

Os pronomes de tratamento compostos (Vossa Excelência, Vossa Senhoria, etc.) exigem o verbo e os pronomes a eles referentes na *terceira pessoa*:

Pronome de tratamento	Verbo	Pronome pessoal	Pronome possessivo
Vossa Senhoria, Vossa Excelência, etc.	terceira pessoa	o(s) a(s) lhe(s) se	seu(s) sua(s)

Espero que Vossa Senhoria **se lembre** *do prometido*.

Estamos certos de que Vossa Senhoria **continuará** *a nos distinguir com a* **sua** *preferência*.

Queiram *Vossas Senhorias considerar as grandes vantagens que* **lhes** *estamos oferecendo*.

O jornalista **deseja** *falar a Vossa Excelência, Senhor Presidente, a fim de* **o** *entrevistar*.

Gostaríamos de que Vossa Excelência nos **honrasse** *com* **sua** *presença*.

Nota – Devemos empregar *Vossa* Senhoria (Excelência, etc.) com referência à pessoa *a quem* nos dirigimos; e *Sua* Senhoria (Excelência, etc.), em relação à pessoa *em quem* falamos:

Sua Excelência não dará entrevistas hoje.

Solicitamos a **Vossa** *Senhoria que nos devolva, devidamente preenchidos, os formulários anexos.*

Vossa *Excelência, nobre Colega, sabe muito bem que* **Sua** *Excelência o Senhor Presidente não teve conhecimento desses fatos.*

25.2.8 – Sujeito posposto

Mesmo que o sujeito venha posposto ao verbo, este concorda com aquele em número e pessoa. Assim, por exemplo, os verbos *acontecer, bastar, caber(a), competir(a), convir(a), existir, faltar, incumbir(a), interessar(a), ocorrer, restar, sobrar, sobrevir e surgir,* entre outros, normalmente antepostos ao sujeito, concordam com este em número e pessoa. Em outras palavras, eles concordam em número e pessoa com aquilo que *acontece, basta, cabe, compete, convém, existe, falta, incumbe, interessa, ocorre, resta, sobra, sobrevém* ou *surge,* isto é, com o sujeito da oração:

*Faltam **poucos dias** (= sujeito) para os exames.*
*Restam **poucas vagas** (= sujeito).*
*Bastam **trinta minutos de estudo** (= sujeito) por dia.*
*Existem **graves irregularidades** (= sujeito) na seção.*
*Como é possível terem ocorrido **erros tão absurdos** (= sujeito)?*
*Ao aluno não interessam **essas mudanças** (= sujeito).*
*Tinham surgido **alguns problemas** (= sujeito).*

25.2.9 – Verbos impessoais

a) O verbo *fazer*, quando indica tempo transcorrido ou fenômeno meteorológico, é impessoal, ficando, por isso, na terceira pessoa do *singular*. Acompanhado de auxiliar, este assume a forma impessoal:

*Hoje **fez** duas semanas que estou de férias.*
*Já **faz** dois meses que não assisto às reuniões mensais.*
*No próximo mês **fará** dois anos que dirijo este setor.*
***Fazia** seis meses que ele não nos mandava notícias.*
***Fez** uns dias agradáveis na primeira quinzena de março.*
*Às vezes **fazia** trinta e oito graus à sombra.*
*Já **deve fazer** três semanas que ele partiu.*
*Hoje **está fazendo** cinco anos que trabalho aqui.*
*No próximo ano **estará fazendo** dois séculos que esta obra foi escrita.*

b) O verbo *haver* é impessoal (ficando na terceira pessoa do singular) quando significa *existir, acontecer, ocorrer* ou *realizar-se* e quando indica *tempo transcorrido*. Acompanhado de auxiliar, este se impessoaliza:

***Há** oitenta candidatos em cada sala.*
*Não **há** ausentes sem culpas, nem presentes sem desculpas. (Provérbio)*
***Haverá** doces e salgados.*
***Havia** algumas questões difíceis.*
***Haverá** eleições sindicais no próximo mês.*
*As aulas tiveram início **há** (= faz) duas semanas.*
*Se não **houver** prêmios, não haverá concorrentes.*
***Deve haver** leis e penalidades.*
*Ainda **poderá haver** surpresas.*
*Ele esteve aqui **há** (= faz) poucos minutos.*

Nota – Na linguagem culta formal, não se deve empregar o verbo *ter* em lugar de *haver* impessoal (= existir):
Há pessoas que acreditam em bruxas e assombrações.
(Errado: Tem pessoas que...)
Ontem não **houve** aula.
(Errado: Ontem não teve...)
Na sua prova **há** vários erros graves.
(Errado: Na sua prova tem...)
Ontem não **havia** carne no açougue.
(Errado: Ontem não tinha...)
Como há pessoas que falam errado!
(Errado: Como tem pessoas...)

25.2.10 – Sujeito representado por *quem*

Quando o sujeito é representado pelo pronome relativo *quem*, o verbo fica na terceira pessoa do singular. É a construção preferida no português moderno:

Sou eu quem (= aquele que) **manda** *aqui.*
Hoje sou eu quem **paga.**
Foste *tu quem o avisou.*
Serei eu quem **distribuirá** *os cartões.*
Foram vocês quem o **ensinou** *a roubar.*
Certamente não serão eles quem **pagará** *a conta.*

25.2.11 – Sujeito representado por *que*

Quando o sujeito é representado pelo pronome relativo *que*, o verbo concorda em número e pessoa com o pronome pessoal antecedente:

Sou eu que **mando** *aqui.*
Não seremos nós que o **sustentaremos.**
És tu que **escreves** *naquela revista de modas?*
Foste tu que o **avisaste.**
Fomos nós que **propusemos** *essa solução.*

25.2.12 – Sujeitos ligados por *nem*

Estando os sujeitos ligados pela conjunção *nem*, o verbo pode ficar no singular ou ir ao plural.

A preferência por uma ou outra construção – singular ou plural – parece atender mais a razões subjetivas, como a de realçar cada sujeito isolada ou sucessivamente (singular), ou a pluralidade destes. Na literatura contemporânea brasileira, segundo constatou Luiz Carlos Lessa (*O modernismo brasileiro e a língua portuguesa*, p. 323), há preferência pelo plural:

Nem ele nem eu **estaremos** *na cidade.*

*Nem o estatuto social nem a assembleia geral **podem** privar o acionista de participar dos lucros sociais.*
*Nem o pai nem a filha **confessavam** a pessoa alguma o motivo daquela separação.* (José Lins do Rêgo, *apud* Luiz Carlos Lessa, ob. cit.)
*Nem Deus nem o mundo lhes **dará** a mínima recompensa.* (Alexandre Herculano)

25.2.13 – *Nem um nem outro*

Quando o sujeito é formado pela expressão *nem um nem outro*, seguida, ou não, de substantivo – que sempre estará no singular –, o verbo pode, indiferentemente, ficar no singular ou ir ao plural:

*Nem um nem outro **compareceu** à audiência.*
*Nem um nem outro **dormiram** nessa noite.* (Machado de Assis)
*Nem um nem outro **falam** 'errado': apenas **falam** diferente.* (Celso Pedro Luft)
*Nem uma nem outra diligência **pôde** ser realizada naquele dia.*

25.2.14 – *Um ou outro*

Quando o sujeito é representado pela expressão *um ou outro*, seguida, ou não, de substantivo – que sempre estará no singular –, o verbo fica normalmente no singular:

*Um ou outro acidente **ocorria** no local.*
*Uma ou outra pessoa **aparecia** por lá de vez em quando.*
*Um ou outro rapaz **virava** a cabeça para nos olhar.* (Raquel de Queirós)
*Um ou outro branco, levado pela necessidade de sair, **atravessava** a rua, [...]* (Aluísio Azevedo)

Nota – Sobre a concordância com a expressão *um ou outro*, poder-se-ia formular a seguinte regra:
a) se *um ou outro* equivale a *um que outro* (quantidade reduzida) ou a *ou um ou outro* (ideia de exclusão, alternativa), o verbo fica no singular;
b) se, na expressão *um ou outro*, o *ou* tem o valor secundário de *e* (um e outro, tanto um como outro, ambos), o verbo vai ao plural:
Um ou outro (= um que outro) *vagalume tornava mais vasta a escuridão.* (Clarice Lispector)
Um ou outro (= ou um, ou outro) *terá a preferência do eleitorado.*
Um ou outro (= os dois) *não me prejudicarão.*
Um ou outro (= os dois, ambos, tanto um como outro) *terão a justa recompensa.*

25.2.15 – *Um e outro*

Quando o sujeito é formado pela expressão *um e outro*, seguida, ou não, de substantivo – que sempre estará no singular –, o verbo pode, indiferentemente, ficar no singular ou ir ao plural:

*Uma e outra coisa lhe **desagrada**.* (Manuel Bernardes)
*Um e outro perigo **era** inevitável.* (Antônio Vieira)
*Um e outro **descendiam** de velhas famílias do Norte.* (Machado de Assis)
*Um e outro país **viveram** momentos de euforia.* (Sérgio da Costa Franco)

*Entretanto, uma e outra corrente **prestaram** às letras jurídicas inestimáveis serviços.* (Carlos Maximiliano – *Hermenêutica e aplicação do direito*, p. 114).

*O domicílio do casal será escolhido por ambos os cônjuges, mas um e outro **podem** ausentar-se do domicílio conjugal para atender a encargos públicos, [...]* (CC/2002, art. 1.569)

Notas

1ª – Será, no entanto, obrigatória a concordância do verbo no plural:
a) se houver ideia de reciprocidade; b) se a oração for irredutível (= encerra dois sentidos indissolúveis, não podendo, por isso, ser desmembrada).
Caso a:
Uma e outra **espreitavam-se** desconfiadas e medrosas.
Uma e outra **mediam-se**, **estudavam-se**, **começavam** a **compreender-se**. (Machado de Assis)
Caso b:
Um e outro **são** gêmeos.
Um e outro **são** irmãos.

2ª – Said Ali (*Gramática secundária da língua portuguesa*, p. 112) observa: É preferível o plural quando os seres a que se refere 'um e outro' se nos representam no espírito como indivíduos ou entidades distintas.

25.2.16 – *Um dos que*

Com a expressão *um dos que*, o verbo vai normalmente ao plural, embora também se admita o singular, pela atração do *um*, ou a predominância do indivíduo ou da coisa singular:

*Ricardo foi um dos que mais **questionaram** a medida* (= Ricardo figura entre os que mais relevo tiveram.).
*Álvaro foi um dos que mais **criticou** a atuação dos jogadores* (= No grupo dos que criticaram a atuação dos jogadores, Álvaro teve especial destaque.).
*Penélope é uma das que mais **reclamam**, mas uma das que menos colaboram.*
*A baronesa era uma das pessoas que mais **desconfiavam** de nós.* (Machado de Assis)

Nota – Há casos em que, por imposição da lógica, se faz necessário o plural:
*O Brasil é um dos países que **constituem** o mundo democrático* (= O Brasil não constitui, sozinho, o mundo democrático.).
*A Argentina foi um dos países que **formaram** a Tríplice Aliança* (= A Argentina não formou, ela só, a Tríplice Aliança.).
*Olavo Bilac é um dos poetas que **formam** a Trindade Parnasiana* (= Olavo Bilac não constitui, sozinho, a Trindade Parnasiana.).

25.2.17 – *Mais de um*

Com a expressão *mais de um*, seguida, ou não, de substantivo, é preferível o emprego do verbo no singular, construção nitidamente majoritária entre os escritores, quer antigos, quer atuais:

*Mais de um cavalheiro **pretende** a mão dela.* (Machado de Assis)
*Mais de um antepassado **ilustrou** o nome da família.* (Ciro dos Anjos)
*Mais de um jurista **considerou** absurda a decisão.*

Nota – É, todavia, obrigatório o plural quando há ideia de reciprocidade ou se a expressão *mais de um* vem repetida:
*Mais de um deputado **abraçaram-se** efusivamente após o resultado da votação.*
*Mais de um oficial, mais de um general **pereceram** nesta batalha.* (Ernesto Carneiro Ribeiro)

25.2.18 – Sujeitos ligados *por tanto... quanto/como, não só/somente... mas também/mas ainda/senão também, quer... quer*

Estando os sujeitos ligados por *tanto... quanto/como, não só/somente... mas também/mas ainda/senão também, quer...quer...*, o verbo pode ficar no singular ou ir ao plural. O plural sempre foi a construção preferida dos escritores e é hoje, praticamente, a única empregada:

Tanto os produtores quanto os comerciantes **queixam-se** *da tributação excessiva.*
Não só a classe humilde mas também as pessoas abastadas **sentem** *os efeitos corrosivos da inflação.*
Quer o juiz quer o Ministério Publico podem **solicitar** *a execução dos mandados de captura às autoridades policiais.*

Nota – Quando *tanto como*, *tanto quanto*, *assim como* ou simplesmente *como* aparecem apenas após o segundo elemento, fica em relevo o primeiro, e com ele concorda o verbo:
O eminente jurista, **assim como** *seu assistente, trouxe subsídios valiosos para o aperfeiçoamento do texto.*

25.2.19 – A expressão *haja vista*

A expressão *haja vista* admite diversas construções. A maioria dos gramáticos considera-a como equivalente a *note(-se)*, *veja(-se)*, *por exemplo*, *tenha(-se) em vista*, *sirva de exemplo*, etc., recomendando deixá-la invariável. Ela expressa a comprovação de uma afirmação anterior, podendo ser substituída por *prova disso*. O verbo *haja* pode concordar em número com o substantivo que segue. *Vista*, no entanto, não pode variar nesta expressão, sendo completamente errado dizer ou escrever *haja visto*:

Haja(m) vista *os recentes pronunciamentos das autoridades fazendárias.*
Haja vista *o que ocorreu no fim do ano passado.*
Haja(m) vista *as declarações dos colaboradores mais diretos do Presidente da República.*
Haja vista *o problema surgido com as últimas chuvas.*
A prova foi muito difícil; **haja vista** *(= prova disso é) o número reduzido de aprovados.*

Notas:
1ª – A expressão *haja vista* não tem valor causal. Assim, é incorreto seu emprego em frases como esta:
Haja vista *que (= uma vez que) não se identificou, não lhe entreguei os documentos.*
2ª – A forma *haja visto* é constituída pelo verbo auxiliar *haver* mais a forma participial do verbo *ver*:
Talvez você **haja visto** *(= tenha visto) o que os jornais publicaram ontem.*

25.2.20 – Sujeito constituído de nome próprio no plural

Quando o *sujeito é constituído de nome próprio no plural* e vem antecedido de artigo, o verbo toma o número do artigo. Se não houver artigo, o verbo ficará no singular:

Os Estados Unidos não **pretendem** *intervir no conflito.*
Estados Unidos é uma nação democrática.
Buenos Aires é uma grande capital.

*Campinas **possui** clima ameno.*
Santos é um grande porto marítimo.

Notas

1ª – Tratando-se de títulos de obras, o verbo *pode* ficar no singular mesmo que haja artigo no plural, quando este está incrustado no título, isto e, participa dele. No caso, toma-se a obra como uma unidade singular:

Os Lusíadas celebra(m) a glória do povo português.
Os Sertões apresenta(m) interessantes observações sobre a vida sertaneja.

2ª – No caso de *Estados Unidos (da América)*, mesmo quando ausente o artigo *os*, cabe também a colocação do verbo no plural, embora o singular seja mais usual. Isso porque está implícito na locução um plural lógico:

O agrupamento de cinquenta Estados (unidos, confederados): *Estados Unidos teve/tiveram participação decisiva nas duas guerras mundiais do século vinte.*

25.2.21 – Sujeito formado por expressão fracionária

Quando o *sujeito é formado por expressão fracionária*, o verbo fica no singular sempre que o número inteiro é inferior a duas unidades:

*Um e meio (1 e 1/2) já **era** aceitável.*
*Um e nove décimos (1 e 9/10) **é** menos do que dois.*
É uma hora e quarenta e cinco minutos.
*Daqui ao colégio **é** um quilômetro e meio.*
*Sabe-se que 1,5 milhão de contribuintes **deixou** de entregar o formulário.*
*Dificilmente **será** repassado 1,19 trilhão para a safra.*

25.2.22 – Expressões indicativas de percentagem

Com as *expressões que indicam percentagem*, o verbo pode ficar no singular ou ir ao plural, indiferentemente. A rigor, quando o numeral e o substantivo estão no plural, o verbo também deveria ser pluralizado. Assim, a melhor solução (não a única, entretanto) parece ser esta: fazer a concordância com o substantivo que vem após a expressão numérica. A construção com o verbo no singular, mesmo estando o substantivo no plural, enfatiza a *unidade* contida na expressão porcentual:

*Noventa por cento (90%) da imprensa **defende(m)** a medida.*
*Cinquenta por cento (50%) dos candidatos (= de cada cem, cinquenta candidatos) **considerou/consideraram** a prova difícil.*
*Trinta por cento da produção **será** exportada/**serão** exportados.*

Nota – No caso de *um por cento*, o verbo fica no singular:
Apenas um por cento dos entrevistados (= de cada cem, um entrevistado) ***sabia*** *o nome completo do Presidente da República.*

25.2.23 – Sujeitos ligados por *com*

Quando os sujeitos vêm ligados pela preposição *com*, põe-se o verbo no singular se o primeiro sujeito está no singular e se deseja realçá-lo; ou no plural (mais usual), se os sujeitos são considerados em pé de igualdade, caso em que a preposição *com* tem valor equivalente ao da conjunção *e*, e o advérbio *conjuntamente*, dispensável, tem conotação de ênfase:

*O emissário, com o resto da família, **passara** o dia no sítio de um amigo.*

*O eminente jurista, juntamente com outras personalidades do meio cultural, **mobilizou** a sociedade contra a implantação desse sistema.*

*Esta iniciativa(,) juntamente com outras de relevante interesse social(,) **reacenderam** no povo a confiança nas autoridades.*

*Sobre a mesa do magistrado estavam alguns papéis soltos, parte dos quais já o corregedor com o escrivão **tinham** examinado.* (Camilo Castelo Branco)

Nota – No primeiro caso (verbo no singular), o sujeito, na realidade, é o primeiro termo, e o segundo funciona como adjunto adverbial de companhia. No segundo (verbo no plural), trata-se de oração com sujeito composto, o que, rigorosamente, impede o emprego de vírgulas. Todavia, escritores de primeira linha – entre eles Machado de Assis – empregaram o plural e puseram o segundo termo entre vírgulas. Ocorre que alguém pode ser excelente escritor sem entender muito de pontuação. Aliás, os autores clássicos, em sua generalidade, não entendiam muito de vírgulas. Observe-se a diferença de sentido entre as duas orações seguintes, uma com o verbo no singular; e outra, no plural:

*O vendedor, juntamente com sua namorada, **ateou** fogo no depósito.*
*O vendedor(,) juntamente com sua namorada(,) **atearam** fogo no depósito.*

No primeiro caso, a namorada é mera coadjuvante; no segundo, ela é coautora, em pé de igualdade com o vendedor, ambos sujeitos, agentes efetivos do ato criminoso.

25.2.24 – Sujeito oracional

Quando o sujeito é uma oração infinitiva (sujeito oracional), o verbo fica na terceira pessoa do singular:

***Foi** necessário remover muitos obstáculos (sujeito).*
*Somente me **resta** lamentar esses incidentes (sujeito).*
*Não **compete** ao síndico resolver essas questões (sujeito).*

Compare estes exemplos:

Faltam-me dois relatórios. (O que me falta são *dois relatórios*, sujeito da oração.)

Falta-me digitar dois relatórios. (O que me falta é *digitar dois relatórios*, sujeito da oração.)

São assuntos que não me interessam. (O que, no caso, não me interessa são *os assuntos*, termo representado, na segunda oração, pelo pronome relativo *que*, na função de sujeito.)

São assuntos que não me interessa discutir. (Aqui, o que não me interessa é *discutir os assuntos*, estando o termo *assuntos* representado, na segunda oração, pelo pronome relativo *que*, na função de objeto direto do verbo *discutir*, núcleo do sujeito da oração.)

Nota – Se o sujeito é constituído de dois ou mais infinitivos, são possíveis diversas concordâncias:

a) O verbo fica no singular se o predicado é formado pelo verbo ser + adjetivo: *Comer, andar e dormir* (sujeito) é proveitoso à saúde. *Perdoar e esquecer* é raro, mas não (é) impossível.

b) Quando o verbo *ser* é seguido de substantivo, concorda com o número deste: *Construir e destruir* (sujeito) são atos bem distintos.

c) O verbo vai ao plural quando é outro que não *ser*: *Rir e chorar* (sujeito) alternam-se constantemente em nossas vidas.

25.2.25 – *Parecer* + infinitivo

a) Com o verbo *parecer* seguido de infinitivo, são possíveis dois tipos de concordância: ou se flexiona o verbo *parecer*, ou o infinitivo. A última construção era a preferida dos clássicos, ao passo que a primeira é, praticamente, a única empregada pelos escritores atuais:

Construção clássica:
*As estrelas **parecia** caminharem no céu.*
*As mulas **parecia** dobrarem-se ao peso da carga.*
*As montanhas **parece** tocarem o céu.*

b) Trata-se, aqui, de períodos compostos de duas orações, segundo este modelo:
*Os dois políticos **parecia** aspirarem à mesma pasta.*
Oração principal: *parecia.*
Oração subordinada substantiva subjetiva: *os dois políticos aspirarem à mesma pasta.*

Construção atual:
*Os dois políticos **pareciam** aspirar à mesma pasta.*
*As estrelas **pareciam** caminhar no céu.*
*As mulas **pareciam** dobrar-se ao peso da carga.*
*As montanhas **pareciam** tocar no céu.*

Tem-se, aqui, somente uma oração, denominada *oração absoluta*.

Nota – Concordâncias semelhantes são possíveis com os verbos *ver-se*, *ouvir-se* e *sentir-se*, como estas:
Via-se *políticos e sindicalistas entrarem no prédio* (construção clássica).
Viam-se *políticos e sindicalistas entrar no prédio* (construção atual).
Ouvia-se *soarem vozes lúgubres na escuridão* (construção clássica).
Ouviam-se *soar vozes lúgubres na escuridão* (construção atual).

25.2.26 – Locução verbal de auxiliar + infinitivo

Nas *locuções verbais* (= dois verbos com sujeito idêntico) *de auxiliar mais infinitivo*, flexiona-se o auxiliar, e não o infinitivo. Este fica invariável, ainda que o auxiliar esteja no gerúndio:
*Os candidatos devem **estar** no prédio às 13 horas.*
*As provas terão início às 14 horas, devendo os candidatos **estar** no prédio às 13 horas.*
*Não deveriam os moradores dos bairros **exigir** tratamento idêntico?*
*A prova terá caráter prático, podendo os candidatos **consultar** legislação não comentada.*
*Os dois países estão para **assinar** novos acordos comerciais.*

25.2.27 – Concordância do verbo *ser*

a) Quando usado em relação a horas, datas e distâncias, o verbo *ser* concorda com a expressão numérica:
***São** 10 horas e 45 minutos.*

Eram 15 minutos depois do meio-dia.
Da rodoviária à repartição **são** 800 metros.
Hoje **são** 11 de fevereiro.
Eram 7 de setembro de 1822.
Eram cinco da tarde. (Aluísio Azevedo)

Nota – Em relação a datas, estando expressa a palavra *dia*, com ela concorda o verbo *ser*. Hoje é dia 25 de julho. A tendência, hoje, mesmo nas classes de maior nível cultural, é deixar o verbo *ser* no singular, ainda que não esteja expressa a palavra *dia*, considerando esta *subentendida*:
Como o tempo passa depressa: já **é** vinte de maio.

b) Nas expressões *é muito, é pouco, é mais de, é menos de* e outras semelhantes, o verbo *ser* fica no singular:
Seis anos de namoro *é* muito.
Vinte minutos *é* mais do que eu preciso.
Quinhentos reais *é* muito pelo serviço.
Dez dias *é* mais do que o suficiente para eu elaborar o projeto.
Vinte anos de cadeia, no caso, *é* pouco.

c) Quando o sujeito é representado pelos pronomes *tudo, o, isto, isso, aquilo, quem*, ou uma expressão de sentido coletivo (*o mais, o resto*), o verbo *ser* concorda, normalmente, com o predicativo:
O que me atrapalha **são** os nervos.
Tudo *eram* festas na cidade.
Aquilo não **são** atitudes de um servidor público.
Isso **são** despesas inúteis, Ricardo.
Aquilo, sim, *eram* mulheres. (José Lins do Rego)
As cinco primeiras linhas contém o que interessa; o resto são frases ocas e **sem** nexo.

d) Quando o sujeito é nome de *coisa* no singular, e o predicativo um *substantivo* no plural, o verbo *ser* concorda com este último:
A porta da alma **são** os olhos.
O grande problema **são** os telefonemas anônimos.
O motivo principal da medida **foram** os abusos dos servidores.

e) Quando o sujeito é uma palavra ou expressão de sentido coletivo, o verbo *ser* concorda com o predicativo:
A maioria **são** pessoas que provêm do interior.
A maior parte *eram* pessoas de classe média.

f) Quando o predicativo é um pronome pessoal, o verbo *ser* concorda com ele:
O Brasil, meus jovens, **são** vocês.
O responsável **és** tu.
Que rei **sou** eu?
O povo **somos** todos nós.

g) Quando o sujeito é pessoa, o verbo *ser* concorda com ele:
O homem *é* cinzas.
Elisa *é* minhas alegrias.
Madalena *é* meus pecados.

h) Na locução expletiva (= dispensável, meramente enfática) *é que*, o verbo fica no singular:
Nós é que somos os maiores prejudicados.
Vocês é que terão de justificar-se.

i) Quando corresponde a *haver impessoal*, o verbo *ser* fica no singular:
Era uma vez duas princesas muito lindas.
Era uma vez dois políticos irrepreensivelmente honestos.

j) Na locução conjuntiva *ou seja*, equivalente a *isto é*, o verbo *ser* fica invariável:
*Ocupamos dois hectares, ou **seja**, vinte mil metros quadrados.*

k) Com a expressão *a não ser*, especialmente entre os escritores clássicos, encontram-se exemplos de flexão do verbo *ser* (*a não serem*). O uso atual, todavia, é não flexionar o verbo *ser*, considerando-se a expressão toda como uma partícula de exclusão, equivalente a *salvo, exceto*.

Exemplos das duas formas (variável, clássica, e invariável, moderna):
*A não **serem** aquelas palavras que ela me disse, e que ainda me doem lá dentro, eu podia ter esperanças. (Machado de Assis – Contos)*
*Nada restou do automóvel, a não **ser** ferros retorcidos.*

25.2.28 – Silepse – concordância ideológica

Silepse é a concordância que se opera, não com a forma da palavra expressa, mas com a ideia nela contida. Daí por que também recebe o nome de *concordância ideológica* (ou *figurada, semiótica, latente, irregular*). A silepse, também chamada sínese, é uma figura de sintaxe (= de construção) e contrapõe-se à concordância literal, gramatical, lógica, morfológica.

A fim de proporcionar uma visão conjunta, abrangente da matéria, vamos apresentá-la do ponto de vista das duas concordâncias: *verbal* e *nominal*.

Tipos de silepse:

a) *Silepse de pessoa* ocorre quando o verbo concorda com o sujeito implícito, subentendido, e não com o aposto expresso, claro:
*Os abaixo assinados requeremos a Vossa Excelência (que) determine (que) nos **sejam** abonadas as faltas referentes aos dias 21, 22, 23 e 24 de julho de 2015.*

Sujeito (implícito): nós; aposto (expresso): os abaixo assinados.
Os professores resolvemos entrar em greve.

Sujeito (implícito): nós; aposto (expresso): os professores.
O Presidente da República. Faço saber que o Congresso Nacional decreta e eu sanciono a seguinte Lei: (fórmula de sanção de leis)

Sujeito (implícito): eu; aposto (expresso): O Presidente da República.

b) *Silepse de número* ocorre quando a concordância não se estabelece com o número do termo expresso ou indicado pelo verbo, e sim com o termo subentendido ou subjacente:

Antes sejamos (nós = eu) *breve que prolixo.* (João de Barros)
A maioria concordava nos pontos essenciais, mas divergiam (= pluralidade de pessoas) *nos pormenores.* (Celso Pedro Luft)

c) Ocorre silepse de gênero quando a concordância não se opera com o gênero da palavra expressa, mas com o da palavra subentendida ou subjacente:

Gramado (cidade) *é linda nas quatro estações do ano.*
Vossa Excelência (ser masculino, no caso) *é justo e generoso.*
Roberval (ser masculino) *é um maria vai com as outras.*
O Razão (livro contábil) *contém o resumo das contas lançadas no diário.*
A gente (ser masculino, no caso) *não é obrigado a concordar com tudo.*

Notas

1ª – Pode haver combinações de silepse: *O Amazonas é caudaloso* (silepse de *gênero* e *número*: Amazonas é forma feminina plural, mas se subentende o substantivo rio, masculino singular). *A gente não vai decidir agora: estamos meio confusos ainda* (silepse de *gênero*, *número* e *pessoa*: gente – gênero feminino; estamos: primeira pessoa do plural). *A gente fez tudo certo, mas parece que nos interpretaram mal* (silepse de *número* e *pessoa*: nós – primeira pessoa do plural).

2ª – Quando se preenchem formulários com dados pessoais, ocorre silepse de gênero nos itens *estado civil* e *nacionalidade*. Assim, o homem deve escrever, no primeiro item: casado, solteiro, divorciado, etc.; no segundo: brasileiro, uruguaio, italiano, etc. A mulher, respectivamente: casada, solteira, divorciada, etc.; brasileira, uruguaia, italiana, etc. Quanto ao estado civil, o homem é casado, etc.; a mulher é casada, etc. Quanto à *nacionalidade*, o homem é brasileiro, etc.; a mulher é brasileira, etc.

25.2.29 – Plural de *modéstia* e de *majestade*

a) Plural de *modéstia*

Pode-se usar o verbo no plural, embora se trate de uma só pessoa, quando, por modéstia, se quer fugir do *eu*, de conotação individualista, egocêntrica. No caso, o(s) substantivo(s) e/ou adjetivo(s) que acompanha(m) o verbo pode(m) ficar no singular ou ir ao plural.

O singular, no caso, é mais lógico, e o plural é, além do mais, passível de ambiguidade (ideia de referência a mais de uma pessoa):

Somos *advogado e professor.*
Somos *partidário de uma ampla reforma constitucional.*
Fomos *eleito pelo voto consciente da classe trabalhadora.*
Ficamos *grata* (mulher) *a todos vocês.*
Em outubro de 1992, como pecuarista que **somos**, *participamos de um simpósio sobre o combate ao carrapato, em Uruguaiana.*

b) Plural de *majestade*

Com as mesmas características do plural de modéstia, existe o *plural de majestade*, empregado por reis, imperadores, altas autoridades em geral, papas, etc., como demonstração de grandeza, comando ou poder:

Fazemos *saber que...*
Imploramos *as bênçãos do Alto sobre os nossos diletos Filhos.*
Observamos *com profunda preocupação as perseguições de que são vítimas nossos fiéis em diversas partes do mundo.*

Nota – O plural de modéstia ocorre com bastante frequência em português. O professor, o orador, o escritor que desejam evitar se creia que pretendem impor sua opinião aos outros, fundem-se gramaticalmente, por meio desse recurso, com os seus ouvintes ou leitores, exprimindo-se como fossem porta-voz do pensamento coletivo.

25.2.30 – Infinitivo flexionado e não flexionado

O *infinitivo flexionado* constitui uso quase que exclusivo do português. Documentam-se casos no galego e em alguns idiomas antigos.

Embora se trate de uma das questões mais complexas de nossa sintaxe, algumas regras básicas podem ser formuladas sobre o emprego do infinitivo flexionado ou não flexionado.

Nos demais casos, está-se na presença de liberdade de estilo (com efeitos mais ou menos perceptíveis), que escapam à normatização gramatical. Isso quando não traduzem insuficiência de estudo e de leitura de bons modelos.

Regras básicas, observações e recomendações:

a) O infinitivo, como qualquer outra forma verbal, deve concordar com o seu sujeito:

*Era impossível caberem na sala **tantas pessoas** (sujeito de caberem).*
*Antes de entrarem **os jurados** (sujeito de entrarem), entrou o juiz.*
*O fato de ocorrerem **tantas fraudes** (sujeito de ocorrerem) está preocupando as autoridades.*
*Para **eles** (sujeito de chegarem) chegarem a este ponto, deve ter ocorrido algo muito grave.*
*Declaro serem verdadeiras **as informações** (núcleo do sujeito de serem) por mim prestadas.*

b) Quando o infinitivo regido de preposição vier *antes* do verbo principal, é *preferível* o emprego da forma flexionada:

*Para não **cometerem** injustiças, examinaram detidamente cada caso.*
*Na certeza de **estarmos** do lado da lei, recusamo-nos a cumprir a ordem.*

c) Quando o infinitivo está na voz passiva, reflexiva ou recíproca, é uso corrente flexioná-lo:

*O policial viu dois vultos **moverem-se** sob as árvores.*
*Espero **esgotarem-se** todos os prazos.*
*A testemunha viu **esbofetearem-se** os réus.*

Nota – Na última, frase, pode haver ambiguidade. Assim, dependendo do sentido que se lhe quiser atribuir, convém usar outras construções, como estas:
A testemunha viu os réus serem esbofeteados.
A testemunha viu os réus esbofetearem-se mutuamente.

d) Emprega-se o infinitivo *não flexionado* quando tem por sujeito um pronome oblíquo, com o qual constitui objeto dos verbos *deixar, fazer, mandar, ouvir, sentir* e *ver*:

Faça-os entrar.
***Mande-os** entrar.*
*Não **nos deixeis** cair em tentação.*
***Ouvi-as** gritar diante do portão do prédio.*
*Por favor, **deixe-nos** falar com o dono da loja.*

Nota – Se o sujeito do infinitivo é um *substantivo*, é facultativa a flexão com os verbos ativos e recomendável com os verbos reflexivos:

A professora deixou as crianças **sair/saírem**.
Viu **desfilar(em)**, *uma a uma, todas as candidatas*.
O pacato servidor via os anos **passar(em)** *inalteráveis*.
Sentia os torrões **se esfarelarem** *sob a sola dos sapatos*.
Deixe as crianças **brincar(em)** *na praça*.

e) O infinitivo *sem flexão* revela que nossa atenção está voltada predominantemente para a *ação verbal*; a flexão denota a intenção de enfatizar o *agente* (o sujeito):

Estudamos para vencer (ênfase na ação de *vencer*).
Estudamos para vencermos na vida (ênfase na pessoa do *agente/sujeito*: nós).

Comparem-se estes exemplos:

Convido os presentes para cantar o Hino Nacional (ênfase na ação de *cantar*).
Convido os presentes para cantarmos o Hino Nacional (ênfase nos agentes pretendidos: *nós*).
Convido os presentes para cantarem o Hino Nacional (ênfase nos agentes pretendidos: *os presentes*).
Convém agir com calma (impessoal – qualquer pessoa). Convém agires (tu) *com calma*.
Convém agirmos (nós) *com calma*.
Convém agirem (vocês, eles) *com calma*.

f) Uma sugestão prática: flexione o infinitivo quando ele tiver sujeito próprio. Nos demais casos, se for invariável, ou não errará, ou, ao menos, não cometerá um erro muito flagrante.

25.3 – EXERCÍCIO

Complete os espaços em branco com a forma verbal, expressão ou palavra solicitada:

a) Parece que _____ graves desentendimentos entre o Diretor e seus subordinados. (existir, pretérito imperfeito do indicativo)

b) Já _____ dois meses que não recebo cartas de São Paulo. (fazer, presente do indicativo)

c) Compramos duas arrobas, ou _____, trinta quilos de feno. (seja ou sejam)

d) Se não _____ tantas formalidades, não _____ tantas pessoas descontentes. (existir, pretérito imperfeito do subjuntivo; haver, futuro do pretérito)

e) Não _____ haver rasuras nos documentos. (poder, presente do indicativo)

f) _____ uma hora e 37 minutos. (ser, pretérito imperfeito do indicativo)

g) _____ as casas onde _____ mais operários pobres. (construir-se, futuro do presente; haver, futuro do subjuntivo)

h) Não _____ haver desavenças entre os sócios. (dever, presente do indicativo)

i) Assim que for possível, enviaremos a Vossa Senhoria, devidamente preenchido, ___ _____ cartão de sócio. (vosso ou seu)

j) Para o exercício dessa função, _____ -se qualidades excepcionais. (requerer, presente do indicativo)

k) Quero dizer a Vossa Excelência que sempre procurei honrar _____ confiança. (vossa ou sua)

l) Mal se _____, através da cerração, os carros que vinham em sentido contrário. (distinguir, pretérito imperfeito do indicativo)

m) _____ poucos segundos para que se possa notar o efeito do veneno. (bastar, presente do indicativo)

n) Ao Estado somente _____ funcionários realmente capazes. (convir, presente do indicativo)

o) A aula tem início quando _____ oito horas. (bater, presente do indicativo)

p) Quando se _____ dos colegas, o trabalho não é tão árido. (gostar, presente do indicativo)

q) _____ -se evitar todas as referências à condição social do réu. (dever, presente do indicativo)

r) Veja se _____ mais água no tanque. (tem ou há)

s) _____ três meses que ele não recebia seus vencimentos. (fazer, pretérito imperfeito do indicativo)

t) As provas terão caráter prático, podendo os candidatos _____ legislação não comentada. (consultar ou consultarem)

u) _____ ao locador todas as reparações de que o prédio necessitar. (incumbe ou incumbem)

v) Em que _____ as críticas dos empresários, a medida é inatacável. (pese ou pesem)

w) Sugiro que se _____ a novas buscas. (proceda ou procedam)

x) Serão apuradas as responsabilidades, sejam elas de quem _____. (for ou forem)

26 – Concordância nominal

26.1 – REGRA GERAL

O artigo, o adjetivo, o pronome adjetivo e o numeral concordam em gênero e número com o substantivo a que se referem:
Cumprimos **as condições estabelecidas**.
Não se permitem **telefonemas interurbanos**.
Não posso aceitar **essas condições**.
Dadas as circunstâncias, considero o acordo inviável.
Tenho **presentes suas recomendações**.
Considero bem **claras as cláusulas** do contrato.
Ao diretor não passaram **despercebidas essas ausências**.
É preciso tornar **prioritários os setores** da saúde e da segurança.
Este anel contém **vinte e dois gramas** de ouro.

26.2 – CASOS ESPECIAIS

26.2.1 – Substantivo em função adjetiva

Fica invariável o *substantivo em função adjetiva*, o que ocorre quando se subentende a expressão *da cor de*:
Comprei dois ternos **cinza** e duas gravatas **laranja**.
Ela gosta de vestidos **rosa**.

26.2.2 – Adjetivos compostos ligados por hífen

Nos *adjetivos compostos ligados por hífen*, somente o último deles concorda com o substantivo a que se refere:
As questões da prova eram **teórico-práticas**.
Compramos obras **técnico-científicas**.
Em toda a cidade tremulavam as bandeiras **rubro-negras**.
O espetáculo foi abrilhantado por uma banda **luso-nipo-chino-afro-franco-brasileira**.
Lembro-me somente de que ela tinha olhos **verde-escuros**.
Aos poucos, a cultura **anglo-saxã** substituiu as tradições locais das regiões orientais da ilha.

26.2.3 – Dois ou mais adjetivos e um substantivo

Quando *dois ou mais adjetivos* modificam *o mesmo substantivo* determinado pelo artigo, há duas possibilidades de construção:

Especializou-se **nas áreas** contábil e administrativa, ou:
Especializou-se **na área** contábil e **na** administrativa.
O problema tem-se verificado **nos âmbitos** estadual e municipal; ou:
O problema tem-se verificado **no âmbito** estadual e **no** municipal.

Nota – Não se recomendam construções como: *Conversei com o Governador baiano e mineiro*, por criarem ambiguidade (pode-se entender que o Governador é baiano e mineiro). Adotem-se os modelos acima exemplificados.

26.2.4 – Um adjetivo e dois substantivos de gêneros diferentes

Se o adjetivo se refere a mais de um substantivo de gênero e número diferentes, são possíveis duas concordâncias:

a) Quando posposto ao substantivo, o adjetivo vai ao masculino plural ou concorda com o substantivo mais próximo:

*Trata-se, aqui, de amizade e amor **verdadeiros**.*
*São deveres de ambos os cônjuges: [...]; V – respeito e consideração **mútuos**.* (CC/2002, art. 1.566, V).

Nota – Esta concordância é a mais aconselhável, uma vez que assinala claramente a referência da qualidade expressa pelo adjetivo aos dois (ou mais) substantivos anteriores.

b) Quando anteposto aos substantivos, é usual a concordância do adjetivo com o substantivo mais próximo, até, muitas vezes, por questão de eufonia (= som agradável):

*Escolheram **mau** lugar e hora para a realização do protesto.*
*Seu gesto é merecedor de **eterna** admiração e exemplo.*

26.2.5 – *Menos*

A palavra *menos*, mesmo em função adjetiva (pronome adjetivo indefinido), é invariável:

*Havia **menos** pessoas do que esperávamos.*
*Queremos **menos** conversa e mais ação.*
*No baile havia **menos** moças do que rapazes.*

26.2.6 – *Meio*

Meio, quando modifica adjetivo e equivale a *um tanto*, fica invariável; quando se refere a um substantivo (claro ou subentendido), concorda com ele em gênero e número:

*Os alunos estavam **meio** nervosos.*
*Os rapazes são **meio** ariscos; e as moças, meio acanhadas.*
*Sempre usava de **meias** palavras.*

*Não nos contentamos com **meias** medidas.*
*É **meio**-dia e **meia** (= meia hora).*

26.2.7 – Expressão fracionária

O substantivo que vem após a *expressão fracionária* fica no singular se o número inteiro é inferior a duas unidades:

*Consumiram **1,8 quilo** de carne de javali.*
*Em apenas um ano, a autarquia liberou R$ **1,2 trilhão** em licitações para o transporte de grãos.*
*Dificilmente será repassado **1,7 bilhão** para a safra de soja.*
*Os automóveis custaram **1,6 milhão** e foram comprados com recursos do Estado.*

26.2.8 – Numerais ordinais

a) Quando *numerais ordinais no singular*, precedidos de artigo, modificam um mesmo substantivo, este fica no singular ou vai ao plural, indiferentemente:

*O elevador não está parando no segundo e no terceiro **andar(es)**.*
*A 3ª e a 4ª **Câmara Cível** (ou **Câmaras Cíveis**) formam o 2º Grupo Cível do TJRGS.*

b) Quando *não se repete o artigo diante dos numerais ordinais*, o substantivo ficará no plural:

*A primeira e segunda **séries** têm aulas, respectivamente, nas salas 23 e 24.*
*A 3ª e 4ª **Câmaras Criminais** estão com grande volume de processos.*

26.2.9 – *Anexo, incluso* e *apenso*

Os adjetivos *anexo, incluso* e *apenso* concordam em gênero e número com o substantivo a que se referem, isto é, com aquilo que vai (está, etc.) anexo, incluso ou apenso:

*Remeto-lhe inclusa a **fatura**.*
*Vai anexa a **certidão** requerida.*
*Vão anexos os **formulários** solicitados.*
*Anexas seguem **várias fichas** de inscrição.*
*Anexa remetemos a Vossa Senhoria a **relação** dos documentos necessários para a inscrição.*

Notas

1ª – A expressão *em anexo* é invariável:
Remetemos-lhe, em anexo, as fotocópias solicitadas.
Em anexo, remetemos a Vossa Senhoria a relação dos documentos necessários para a inscrição.

2ª – Quanto à legitimidade gramatical das locuções *em anexo* e *em apenso*, consulte, de Adalberto J. Kaspary, *Habeas verba: português para juristas*, 10. ed. Porto Alegre: Livraria do Advogado Editora, 2014, no índice, com remissão aos verbetes respectivos.

26.2.10 – Numerais cardinais com função de ordinais

Os *numerais cardinais*, quando usados em lugar dos ordinais, ficam invariáveis:

*Moro na casa **trezentos e quarenta e dois**.*
*Esta regra está na página **vinte e um** (= vigésima primeira).*
*Veja o que o autor diz na **página dois**.*
*Conforme consta na fl. **trinta e dois** dos autos, o réu é viúvo.*
*Segundo consta nas fls. **um** e **dois** dos autos, o reclamante foi despedido por justa causa.*

26.2.11 – Quite

Quite concorda em número com o substantivo ou pronome substantivo a que se refere:
*Já estou **quite** com as minhas obrigações militares.*
*Você está **quite** com a Justiça Eleitoral?*
*Vocês já estão **quites** com a tesouraria?*

26.2.12 – Mesmo, próprio

Os pronomes adjetivos *mesmo* e *próprio* concordam em gênero e número com o substantivo ou pronome a que se referem:
*Elas **mesmas** reconheceram a fragilidade de seus argumentos.*
*Elas **próprias** foram ao local.*
*As senhoras **mesmas** deveriam tratar disso.*
*Os proprietários deveriam, eles **próprios**, zelar pela limpeza do prédio.*

26.2.13 – Só

a) *Só*, quando adjetivo, equivalendo a *sozinho, desamparado*, concorda em número com o substantivo ou pronome a que se refere:
*Enfim **sós**, minha flor!*
*Os órfãos ficaram **sós** (= desamparados).*

b) *Só*, quando advérbio, equivalendo a *somente*, é invariável:
*Não escolha a profissão **só** pelas eventuais vantagens econômicas.*
***Só** algumas pessoas privilegiadas podem fazer essas viagens.*

Nota – Há casos em que é possível dupla construção, com diferença de sentido:
*Não estamos **sós** (= sozinhos) nesta campanha.*
*Não estamos **só** (= somente, apenas) nesta campanha.*

26.2.14 – Por si só

Na expressão *por si só*, *só* é adjetivo e, como tal, concorda com o substantivo a que se refere:
*Há fatos que se provam **por si sós**.*
*Elas decidiram resolver a questão **por si sós**.*
*Esses argumentos nos convencem, **por si sós**, da necessidade de medidas mais drásticas.*

26.2.15 – *Alerta*

a) *Alerta*, como advérbio é invariável:
*Os soldados ficaram **alerta** durante os acontecimentos.*
*Fiquem **alerta**, meus amigos.*

b) *Alerta*, como adjetivo, concorda em número com o substantivo:
*Homens (ouvidos, etc.) **alertas**.*

26.2.16 – *Caro, barato*

a) *Caro* e *barato*, quando adjetivos, concordam em gênero e número com o substantivo a que se referem (diretamente ou mediante verbo de ligação):
*São muito **caras** essas consultas.*
*Os livros andam **caros**.*
*A vitória saiu-lhes **cara**.*
*Dispenso suas ironias **baratas**.*

b) *Caro* e *barato*, empregados como advérbios, isto é, quando modificam verbo, ficam invariáveis. A construção ocorre, principalmente, com os verbos *comprar*, *vender*, *custar* e semelhantes:
*Comprou **caro** a amizade do ministro.*
*Muito humanitário, ele cobra **barato** as consultas.*
*Esses terrenos andam custando **caro**.*

26.2.17 – *Muito obrigado*(!) *Obrigado*(!)

Obrigado, ou *muito obrigado*, é expressão abreviada (simplificada) de agradecimento, querendo significar que o falante se considera (muito) obrigado a quem lhe fez um favor. Esse obrigado, à semelhança de agradecido e grato, é adjetivo e, como tal, deve adequar-se ao gênero (sexo) e ao número do falante:
***Muito obrigada**, desculpe, disse ela, sorrindo.* (Machado de Assis)
***Obrigada**! disse a moça beijando a mão do padre.* (Machado de Assis)
*De qualquer modo, **obrigada** pelo esforço que fez. Sei que é verdade e agradeço.* (Jorge Amado)
*Nos, mulheres, ficamos-lhe **muito obrigadas** pela sua presença.*
***Muito obrigado**, minhas senhoras, por mais esse gesto de apoio.*

26.2.18 – *Dado*

Dado, como particípio do verbo *dar*, tem valor de adjetivo e, como tal, deve concordar em gênero e número com o substantivo a que se refere:
***Dados** (= considerados) os entendimentos havidos, foi fácil chegar a um acordo.*
***Dadas** (= consideradas) as circunstâncias, era a única conduta viável.*
***Dado** (= considerado) o exposto, julgo procedente o pedido.*
*[...], mas, **dada** a incerteza da cura, era melhor casar logo.* (Machado de Assis)

26.2.19 – *Extra*

Extra (melhor pronúncia: *êxtra*), como redução de *extraordinário*, concorda em número com o substantivo a que se refere:

Mediante ganhos **extras** (= extraordinários), *conseguiu melhorar seu padrão de vida.*
As horas **extras** (= extraordinárias) *habitualmente prestadas computam-se no cálculo do repouso remunerado.*

26.2.20 – É bom, é proibido, é necessário, etc.

Nas expressões *é bom, é proibido, é necessário*, etc., o adjetivo em função predicativa fica invariável (= no masculino singular) quando o sujeito da oração é constituído por um substantivo usado de forma indeterminada:

*É **preciso** cautela com semelhantes doutrinas.*
*É **proibido** entrada.*
*É **necessário** paciência.*
*Cerveja é **bom** para acalmar a sede.*

Nota – Quando, porém, o substantivo (= sujeito) vem acompanhado de palavra que o determina, o predicativo passa a concordar com ele:
*É **proibida** a entrada.*
*É **necessária** a paciência de um sábio.*
*A cerveja **é boa** para acalmar a sede.*

26.2.21 – *Bastante*

Bastante varia em número quando acompanha substantivo:

*Apresentou razões **bastantes** (= suficientes).*
*Já o disse **bastantes** (= suficientes) vezes.*
*Havia pessoas **bastantes** (= suficientes) para a execução da manobra.*

Nota – Convém evitar o uso de *bastante* como sinônimo de *muito, em grande quantidade*, aplicando-o somente na acepção de *suficiente*.

26.2.22 – Formas de tratamento

Nas *formas de tratamento*, faz-se a concordância com o sexo da pessoa a que elas se referem:

*Vossa Excelência é muito **estimado** (homem) nesta região.*
*Vossa Senhoria será **avisado** (homem) oportunamente.*
*Vossa Senhoria, com razão, anda bastante **revoltada** (mulher).*

26.2.23 – *Todo*

a) *Todo*, quando no singular, pode ter dois sentidos diferentes: usado *sem* artigo, significa *qualquer*; *com* artigo, significa *inteiro*:

Toda (= qualquer) *nação tem seus usos próprios.*

Todo (= qualquer) *funcionário que infringe o regulamento é severamente punido.*
Toda a cidade (= a cidade inteira) *ficou alarmada.*
*Dormiu **todo** o dia* (= o dia inteiro).

b) *Todo*, quando no plural (*todos, todas*), sempre deve ter o artigo diante de substantivo:
Todas *as pessoas são iguais perante a lei.*
Todos *os aposentados têm de recadastrar-se anualmente.*

Nota – Não haverá artigo após *todos* e *todas* quando esses pronomes puderem ser seguidos dos pronomes pessoais *eles* ou *elas*:
Falei com várias enfermeiras, **todas** (elas) *pessoas de inquestionável responsabilidade.*
Foram aprovados onze candidatos, **todos** (eles) *estudantes da UFRGS.*

26.2.24 – Adjetivo em função adverbial

Quando empregado em *função adverbial*, o adjetivo fica invariável:
*Por favor, falem **claro*** (= claramente)!
*Creio que vocês procederam **errado*** (= erradamente).
*Ajam **rápido*** (= rapidamente), *pois dispomos de pouco tempo.*
*As autoridades pretendem agir **duro** com os especuladores.*
*Em matéria de intuição, as mulheres ganham dos homens **disparado**.*

26.2.25 – Particípios

a) Quando integra locução verbal na voz ativa ou na voz passiva sintética (= com o pronome *se*), o particípio fica invariável:
*A classe média tem **enfrentado** sérias dificuldades ultimamente.*
*Têm-se **conseguido** excelentes resultados com o novo método.*

b) Nas orações reduzidas, na função de predicativo do objeto e na voz passiva analítica, o particípio concorda em gênero e número com o substantivo a que se refere:

Orações reduzidas:
Concluídas as *reformas, o prédio passará a servir de depósito de medicamentos.*
Divulgados os *resultados, houve manifestações de alegria e de frustração.*

Predicativo do objeto:
*Supúnhamos **pagas** todas essas contas.*
*Os infratores terão **cassadas** suas carteiras de habilitação.*
*O Estado teve **diminuídos** seus gastos com transporte e energia.*

Voz passiva analítica:
*Todas essas irregularidades **foram levadas** ao conhecimento do Governador.*
*Estão **sendo notificados** todos os proprietários de terras.*

Observe a diferença entre as duas construções:
*Ambos **tinham ferido*** (= locução verbal na voz ativa) *as mãos* (= Ambos feriram as mãos.).
*Ambos **tinham feridas*** (= predicativo do objeto – *as mãos*) *as mãos* (= Ambos estavam com as mãos feridas.).

26.2.26 – Melhor

a) *Melhor*, como adjetivo, concorda em gênero e número com o substantivo a que se refere.

Somente queremos os **melhores** profissionais em cada especialidade.
Somente os **melhores** candidatos vencem as barreiras dos concursos públicos.
As **melhores** opções de compra encontram-se nos grandes centros comerciais.

Nota – Melhor, como adjetivo, tem sentido equivalente a *mais bom*, como se pode observar pelos exemplos.

b) *Melhor*, como advérbio, fica invariável:

Os candidatos **melhor** classificados serão contemplados com bolsas de estudo.
Os profissionais **melhor** preparados têm mais possibilidades de uma rápida ascensão profissional.

Nota – Melhor, como advérbio, qualifica adjetivo ou particípio e tem sentido equivalente a *mais bem*, como se observa nos exemplos acima.

26.3 – EXERCÍCIO

Complete os espaços em branco com as palavras ou expressões solicitadas:

a) São cada vez _____ as pessoas que falam e escrevem corretamente. (menos)

b) Segundo alguns, pimenta é _____ para estimular o fígado. (bom)

c) São elas _____ as responsáveis pela antipatia geral. (próprio)

d) Havia, naquele magazine, um grande sortimento de gravatas _____. (laranja)

e) Acho essa afirmação _____ ousada. (meio)

f) Na reunião foram debatidos problemas de política _____. (econômico-financeiro)

g) _____ jovem é, por natureza, impulsivo. (todo o ou todo)

h) Já tenho argumentos _____ para conseguir a absolvição do réu. (bastante)

i) Os vigias responsáveis sempre se encontram _____ durante o serviço. (alerta)

j) _____ as condições, julgo o negócio irrealizável. (dado)

k) _____ encaminhamos a Vossa Senhoria dois exemplares da citada publicação. (anexo)

l) Você acha que saia _____ combina com sandálias _____? (azul-claro, gelo)

m) Este vestido combina com sapatos _____. (areia)

n) Essas brincadeiras lhes custarão _____. (caro)

o) Este anel contém _____ gramas de ouro. (dois ou duas)

p) Meu amigo, lembre-se de que, numa situação dessas, antes de mais nada, é _____ _____ cautela. (necessário)

q) Falam-se, na Suíça, as línguas _____ , _____ e _____ .
(francês, italiano, alemão)

r) Choveu durante _____ madrugada. (toda ou toda a)

s) Penso que esses rapazes não conseguirão, por si _____ , resolver o problema. (só)

t) Por _____ que sejam os resultados, não temos outra alternativa possível.
(pior)

27 – Regência verbal

27.1 – OBSERVAÇÕES PRELIMINARES

Quanto à predicação, ou regência, o verbo pode ser:

a) *Intransitivo* – É o que não necessita de complemento; exprime uma ideia completa: Os inimigos *avançam*, e as sentinelas *dormem*.

b) *Transitivo* – É o que necessita de complemento que lhe complete o sentido. Pode ser *direto*, se pede complemento sem preposição (objeto direto); *indireto*, se pede complemento com preposição (objeto indireto); ou *direto e indireto*, se pede um complemento sem preposição e outro com ela. Exemplos:

Direto: *Ainda não **obtivemos** o resultado da perícia.*
Indireto: *Amanhã se **procederá** à abertura das propostas.*
Direto e indireto: ***Cientifique** os candidatos do horário das provas.*

c) *De ligação* – É o que liga o sujeito ao predicativo (= termo que expressa uma qualidade ou um estado do sujeito). Os verbos de ligação mais comuns são: ser, parecer, estar, permanecer, ficar, andar, continuar:

*Todos **são** iguais perante a lei.*
*As negociações com os grevistas **continuam** difíceis.*
*A noite **é** boa conselheira.* (Provérbio)

Em princípio, somente os verbos transitivos diretos (os que exigem complemento sem preposição – objeto direto) podem ter voz passiva, pois o objeto direto da ativa será o sujeito da passiva:

*Os candidatos preencheram os **formulários** (objeto direto).*
*Os **formulários** (sujeito) foram preenchidos pelos candidatos.*

O pronome pessoal *o* (*a, os, as*), da terceira pessoa, serve de objeto direto, ao passo que *lhe* (*lhes*), também da terceira pessoa, funciona como objeto indireto:

*Conheço-**o** há pouco tempo.*
*Faz tempo que não **o** vejo.*
*Felicito-**o** pelo êxito alcançado.*
*Não gostava dele, mas obedecia-**lhe** cegamente.*

27.2 – REGÊNCIA DE VERBOS DA LINGUAGEM USUAL

27.2.1 – *Aceder* (= aquiescer, anuir, aceitar)

Pede objeto indireto (aceder *a* + substantivo ou *em* + oração infinitiva):

*Não posso **aceder ao** convite.*
*Por insistência de amigos, **acedi em** colaborar com a associação.*

27.2.2 – *Agradar*

a) No sentido de *ser agradável a, satisfazer*, pede objeto indireto (agradar *a*):

*A greve dos operários não **agradou à** direção da empresa.*
*As declarações do Ministro não **agradaram aos** pecuaristas.*
*É difícil **agradar a** gregos e troianos* (= agir de acordo com o desejo ou interesse de partes contrárias).

Nota – Quando há mais de um objeto indireto, basta empregar a preposição antes do primeiro deles (como no exemplo acima). *Gosto de vinho e cerveja. Eles pensam somente em dinheiro e diversões.*

b) No sentido de *acarinhar, amimar*, pede objeto direto:

*A avó passava o dia **agradando os** netinhos.*

27.2.3 – *Aguardar*

Constrói-se com objeto direto ou com a preposição *por*:

Aguardamos *sua breve resposta.*
*Estamos **aguardando** a confirmação do embarque.*
Aguardávamos *ansiosamente pelo regresso dos campeões.*
*O tempo não **aguarda** por ninguém.*

27.2.4 – *Aconselhar*

Aconselha-se *algo* (objeto direto de coisa) *a alguém* (objeto indireto de pessoa) ou *alguém* (objeto direto de pessoa) *a algo* (objeto indireto de coisa):

Aconselhei-lhe *ter prudência.*
Aconselhei-o a *ter prudência.*
Aconselho ao *senhor que não volte.*
Aconselho o *senhor a não voltar.*
Aconselhamos um *tratamento psiquiátrico ao jogador.*

27.2.5 – *Adentrar*

No sentido de *entrar em, penetrar em*, constrói-se com objeto direto ou indireto, este com a preposição *em*:

*Não permita que essas pessoas **adentrem as** portas de seu lar.*
*A sentença não **adentrou o/no** mérito da causa.*
*Ao **adentrar no** gramado, o árbitro foi recebido com uma estrondosa vaia.*

27.2.6 – *Advertir*

Com o sentido de *acautelar, avisar, chamar a atenção para, fazer saber, precaver, prevenir*, constrói-se com objeto direto, ou direto e indireto, sob as formas *advertir alguém de algo* (mais usual) ou *advertir algo a alguém*:

*A professora **advertiu as** crianças.*
***Adverti os** colegas do perigo dessas manifestações.*
*O gerente **advertiu aos** empregados que não tolerava atrasos.*

Também são corretas as construções advertir alguém *sobre* ou *contra algo*:

*Gostaria de **adverti-los** (= preveni-los) contra vendedores de ilusões.*
***Adverti** (= acautelei) **os** comerciantes sobre o risco dos empréstimos bancários.*

27.2.7 – *Agradecer*

No sentido de *manifestar, mostrar gratidão*, aparece sob as construções *agradecer algo* (objeto direto), *agradecer algo a alguém* (objeto direto e indireto) ou *agradecer a alguém* (objeto indireto) *por algo* (objeto indireto – o motivo do agradecimento):

*Após encerrar sua exposição, o palestrante **agradeceu a** presença de todos.*
*Desejo **agradecer às** senhoras e aos senhores a generosa acolhida.*
*Faço questão de, em público, **agradecer ao** doutor Roberto **pela** cessão gratuita da sala.*
***Agradeço-lhe** pela ajuda providencial que me prestou.*

27.2.8 – *Alertar*

No sentido de *avisar, chamar a atenção, pôr de sobreaviso*, constrói-se com objeto direto (alertar *alguém*) ou objeto direto e indireto, *este com as preposições de, contra, para* ou *sobre*:

*Esses avisos servem para **alertar a** população.*
***Alertei os** colegas **da** inconveniência da atitude que pretendiam tomar.*
*Os salva-vidas **alertam os** banhistas dos (ou sobre os) perigos do mar.*
*Os meteorologistas **alertaram a** população **para** possíveis temporais no final da tarde de hoje.*

27.2.9 – *Alugar*

a) No sentido ativo de *dar em aluguel, ceder em locação mediante pagamento*, constrói-se com objeto direto ou objeto direto e indireto, este com a preposição *a*:

***Alugamos** casas por semana ou por temporada.*
***Aluguei** parte do prédio **a** um grupo de arquitetos.*

b) No sentido passivo de *tomar de aluguel, tomar em locação*, constrói-se com objeto direto e indireto, este com a preposição *de*:

Aluguei esta casa de um ex-colega de faculdade.

Para evitar dissabores no veraneio, procure **alugar** *casa ou apartamento de uma imobiliária confiável.*

Nota – Como esta construção, em alguns casos, pode gerar ambiguidade, alguns preferem substituí-la por expressões de sentido equivalente: *tomar emprestado de, alugar em* (por intermédio de, etc.) *imobiliária.*

27.2.10 – *Ansiar*

No sentido de *desejar ardentemente*, a construção mais usual é com objeto indireto introduzido pela preposição *por*:

Todos os brasileiros **anseiam por** *melhores condições de vida.*

A população **anseia por** *se ver livre desses alagamentos.*

Nota – Também é possível, embora menos frequente, a construção com objeto direto de pessoa ou de oração:

Todos **ansiamos o** *seu pronto retorno ao nosso convívio.*

Ansiamos que *os filhos e netos passem conosco o Natal.*

27.2.11 – *Anteceder*

Nas acepções de *existir ou ocorrer antes, estar em lugar precedente, estar adiante de, antecipar, vir antes* ou *na frente de*, constrói-se com objeto direto ou indireto, este com a preposição *a*:

Nos dias que **antecedem ao** *casamento, as noivas geralmente ficam nervosas.*

Fogos de artifício e gritos dos presentes **antecederam o** *discurso do Presidente.*

No desfile, crianças em trajes festivos **antecediam aos** *atletas.*

O renomado médico, já como estudante, **antecedia aos** *seus colegas pela visão profilática da Medicina.*

Em razão do frio e da chuva, **antecedemos** *nosso retorno a Porto Alegre.*

Relâmpagos e trovões **antecederam ao** *forte temporal da madrugada.*

27.2.12 – *Aspirar*

a) No sentido de *almejar, ambicionar, desejar ardentemente, pretender*, pede objeto indireto (aspirar a). Recusa a forma *lhe*, que se substitui por *a ele, a ela*:

Aspiro a um cargo de chefia.

Todos **aspiramos à** *felicidade*

Aspirava a uma posição mais destacada na empresa.

Aspiro a ser economista.

Ela **aspirava à** *carreira médica.*

É um cargo que traz prestígio; por isso tantos **aspiram a** *ele.*

b) No sentido de *sorver, tragar, haurir, inalar, cheirar*, pede objeto direto:

Aspirávamos o *aroma das flores.*

Aspiramos a *brisa da manhã.*

As bombas não conseguiam **aspirar a** *água do depósito.*

27.2.13 – Assistir

a) No sentido de *estar presente, presenciar*, pede objeto indireto (assistir *a*), recusando, nesta acepção, a forma pronominal *lhe*, que deve ser substituída por *a ele*:

Pretendo assistir à inauguração da nova sede.
Os empregados devem assistir às reuniões semanais.
Houve jogo, mas não pude assistir a ele.

b) No sentido de *ajudar, auxiliar, prestar assistência, confortar, proteger*, constrói-se, indiferentemente, com objeto direto ou indireto. Por questão de clareza, é preferível o emprego do regime direto:

As enfermeiras assistem os/aos doentes.
Os colegas mais experientes assistem os/aos novatos.
O Banco do Brasil assiste os pequenos agricultores.

c) No sentido de *caber, pertencer* (direito, razão, etc.), pede objeto indireto de pessoa (algo assiste a alguém):

Não lhe assiste o direito de nos oprimir.
Assiste ao *técnico o direito de advertir os jogadores displicentes.*
Assiste aos *contribuintes o direito de fiscalizar o uso do dinheiro público.*

27.2.14 – Atender

a) No sentido de *escutar e responder*, envolvendo a ideia de *chamada, chamado*, constrói-se com objeto direto ou indireto:

Espere um momento, pois vou atender o/ao telefone.
Não atendemos pedidos por telefone.
Ninguém atendeu aos apelos da vítima.

b) No sentido de *acolher alguém com atenção, cortesia, ouvir, responder ou ouvir a quem se dirige a nós, receber em audiência*, constrói-se com objeto direto (preferencial modernamente) ou indireto:

Atendo-o/-lhe já.
Devo atender a outros consulentes.
Cada balconista atendia duas pessoas ao mesmo tempo.
O Senhor Prefeito não quis atender os vendedores ambulantes.

c) No sentido de *deferir*, pede objeto direto (preferencial) ou indireto:

Não atenderam o nosso pedido, por falta de amparo legal.
O Senhor Diretor atendeu a solicitação do grupo de alunos.
A Comissão Examinadora atendeu o/ao requerimento dos candidatos.

d) No sentido de *levar em consideração, ter em vista*, constrói-se com objeto indireto:

Em suas decisões, o juiz atenderá aos fins sociais da lei.
Os políticos, muitas vezes, não atendem ao bem público.
Na fixação da pena de multa, o juiz deve atender à situação econômica do réu.

*O Procurador-Geral de Justiça, **atendendo ao** disposto no art. 108, § 3º, da Constituição do Estado, comparecerá amanhã à Assembleia Legislativa.*

e) No sentido de *satisfazer* (exigências, necessidades, etc.), *preencher* (requisitos, condições, etc.), constrói-se com objeto indireto (construção que, atualmente, prepondera:

*Foi aberto crédito para **atender a** despesas inadiáveis.*
*Seu pedido não **atende às** exigências do edital do concurso.*
*O comércio de fogos de artifício deve **atender a** normas rígidas de segurança.*

Nota – Como se observa, a regência do verbo atender é bastante maleável, não comportando posições muito rígidas da parte de gramáticos e professores.

27.2.15 – *Autorizar*

Constrói-se com objeto direto de coisa (autorizar algo) ou direto de pessoa e indireto da coisa autorizada (autorizar alguém *a*):

*O Prefeito Municipal **autorizou o** reajuste dos preços dos lotações.*
***Autorizei-o a** sair.*
***Autorizei o** banco a dispensar os juros.*
*Defeitos no prédio **autorizam o** locatário a exigir desconto no aluguel.*

27.2.16 – *Avisar*

No sentido de *fazer saber, tornar ciente, informar*, avisa-se alguém de alguma coisa ou avisa-se alguma coisa a alguém:

***Avise o** gerente **de que** os fiscais estão aqui.*
***Avise ao** gerente **que** os fiscais estão aqui.*
***Avise os** clientes **de que** as vendas a crédito estão suspensas.*
***Avise aos** clientes **que** as vendas a crédito estão suspensas.*
*Eu havia **avisado o** piloto das más condições atmosféricas.*

Nota – Têm a mesma dupla regência de avisar, entre outros, os seguintes verbos:

a) *Certificar*

***Certifico-o** de que serei nomeado.*
***Certifico-lhe** que serei nomeado.*
***Certifiquei o** rapaz da sua nomeação para gerente da filial de Curitiba.*
***Certifiquei ao** rapaz a sua nomeação para gerente da filial de Curitiba.*

Nota – Na forma pronominal, tem a construção certificar-se de algo:
Procure **certificar-se da** autenticidade dos documentos.

b) *Impedir*

***Impediram-no** de entrar.*
***Impediram-lhe a** entrada.*
***Impediram o** fiscal de examinar os registros contábeis.*
***Impediram ao** fiscal o exame dos registros contábeis.*

c) *Informar*

***Informamos** Vossa Senhoria de que sua inscrição foi aceita.*

Informamos a Vossa Senhoria que sua inscrição foi aceita.
Informei a diretora da decisão.
Informei-o dos nossos planos.
Informei-lhe nossos planos.

Nota – Na forma pronominal, tem a construção *informar-se de algo*:
Informe-se do preço das diárias nos principais hotéis de Brasília.

d) *Lembrar*
Lembrei-o de que deveria apresentar-se às autoridades.
Lembrei-lhe que deveria apresentar-se às autoridades.
Lembre os funcionários de que amanhã não haverá expediente.
Lembre aos alunos que não há abono de faltas.

e) *Proibir*
Proibiram-no de entrar.
Proibiram-lhe a entrada.
Proibiram o rapaz de falar com a namorada.
Proibiram aos visitantes a entrada no recinto.

f) *Incumbir* (= encarregar)
Incumbirei você da fiscalização.
Incumbirei a você a fiscalização.
Incumbi-o de encaminhar meus papéis.
Incumbiram-lhe a conferência dos cartões.

g) *Notificar*
Notifique os candidatos do regulamento do concurso.
Notifique aos candidatos o regulamento do concurso.
Notificaremos aos associados quaisquer alterações no programa estabelecido.

27.2.17 – Chegar

Quando indica direção *para onde*, isto é, no sentido de *atingir* (*o lugar para onde se estava a caminho*), *deslocar-se a determinado lugar*, exige a preposição *a* (nunca *em*):

Chegamos cedo **à** repartição.
Chegaremos a Curitiba ao meio-dia.
Afinal, **aonde** vocês pretendem **chegar**?
Quando **cheguei à** janela, vi que estava nevando.

27.2.18 – Cientificar

Cientifica-se alguém de alguma coisa:
Cientificaram a direção **do** ocorrido.
Cientifique os interessados **das** deliberações tomadas.
Cabe-me **cientificá-lo de** que sua matrícula foi cancelada.

Nota – Também é possível a construção *cientificar alguém sobre algo*:
Cientifique os candidatos **sobre as** alterações introduzidas no edital.

A regência *cientificar algo a alguém* contraria a própria natureza semântico-estrutural do verbo *cientificar*: *fazer/tornar* (alguém) *ciente* (de algo), razão por que é ignorada pela maioria dos gramáticos ou, então, desaconselhada.

27.2.19 – *Coligir*

No sentido de *juntar, reunir, acumular, reunir em coleção*, constrói-se com objeto direto ou objeto direto e indireto, este com a preposição *com*:

No livro, o autor **coligiu** crônicas que publicara em jornais.
Já **coligi os** dados para o meu trabalho.
Na antologia, os autores **coligiram** composições poéticas **com** textos em prosa.

27.2.20 – *Comparecer*

Constrói-se habitualmente com as preposições *em* ou *a*. Prefere a preposição *em* quando se trata de lugares (substantivos concretos), e a preposição *a* nas demais circunstâncias (substantivos abstratos):

Compareceu na seção para reclamar.
Você deve **comparecer na** secretaria para atualizar seus dados.
Não pude **comparecer à** conferência de ontem.
Os jurados **compareceram à** hora marcada.
Não gosto de **comparecer a** cerimônias de formatura.

Nota – Com termos indicativos de autoridade (judiciária, legislativa ou executiva), é usual a construção *comparecer (per)ante*:
*O Ministro foi convidado a comparecer **perante** a Câmara dos Deputados.*
*As testemunhas foram intimadas a comparecer **(per)ante** a autoridade judicial.*

27.2.21 – *Comunicar*

No sentido de *fazer saber, participar*, comunica-se alguma coisa a alguém:

Comunicamos a Vossa Senhoria *que* a reunião de amanhã foi cancelada.
Comunicamos-lhe *que* seu requerimento foi deferido.
Os fiscais **comunicaram as** irregularidades **ao** diretor da empresa.
As irregularidades foram **comunicadas ao** diretor da empresa pelos fiscais.

Notas
1ª – A construção *comunicar alguém de algo* é ignorada pela maioria dos gramáticos ou por eles desaconselhada, uma vez que contradiz a própria natureza semântico-estrutural da expressão que dá suporte ao verbo: *tornar* (algo) *comum* (a alguém).

2ª – No sentido de *ter ligação com outro espaço*, constrói-se com a preposição *com*:
*A sala de refeições **comunica com** a adega e a cozinha do restaurante.*

27.2.22 – *Congratular*

Aparece sob as seguintes construções e significados:

a) No sentido de *dirigir felicitações ou parabéns a alguém, felicitar, congratular alguém* ou *congratular-se por algo*:
   Congratulo-a por sua aprovação no vestibular.
   Congratulei-os por terem descoberto o autor do crime.

b) Na acepção de *sentir regozijo ou alegria com o sucesso pessoal ou de outra pessoa*, constrói-se pronominalmente – *congratular-se com alguém por algo*:
   Congratulo-me por não ter desistido do projeto.
   Os dois advogados **congratularam-se por** terem obtido a absolvição unânime do réu que defendiam.

27.2.23 – *Constar*

a) Nas acepções de *ser composto de, ser formado de, deduzir-se de*, constrói-se com a preposição *de*:
   Esta obra **consta de** dois volumes.
   O processo **consta de** cento e cinquenta e seis folhas.
   Sua inocência **consta** (= deduz-se) **dos** autos.

b) No sentido de *estar escrito, registrado ou mencionado*, constrói-se, atualmente, com a preposição *em* ou *de* (comum em textos técnicos: forenses, etc.). As duas construções têm apoio consistente nas lições dos gramáticos:
   Na ficha deve **constar um** resumo da obra.
   Esses artigos não **constam em** nossos catálogos.
   Essa informação **consta na/da** fl. 57 dos autos.
   Consta dos autos que o réu é viúvo.

27.2.24 – *Convidar*

Convida-se *alguém a* ou *para alguma coisa*:
   Convidei-o a entrar.
   Convidamos Vossa Senhoria **a** visitar nossas novas instalações.
   Temos a honra de **convidar** Vossa Excelência **para** ser nosso paraninfo.
   Convidei os vizinhos **para** um churrasco no meu apartamento.

27.2.25 – *Custar*

a) No sentido de *ser custoso ou difícil*, pede objeto indireto de pessoa e fica sempre na terceira pessoa do singular, tendo por sujeito uma oração reduzida de infinitivo, a qual *pode* vir precedida da preposição *a* (alguma coisa custa a alguém). A preposição *a* diante do infinitivo é inteiramente dispensável, já que este exerce a função de sujeito:
   Custa-me (a) crer que a conheço há tão pouco tempo.
   Custa aos alunos entender a regência de certos verbos.
   Custou ao funcionário encontrar minha ficha.
   Custa-me a crer no amor. (Machado de Assis)

Nota – O termo indicativo da pessoa para a qual algo é custoso ou difícil é *objeto indireto*. Em razão disso, são erradas frases como esta: *Os técnicos custaram a corrigir o defeito da máquina*. Os técnicos não custaram nada. O que custou foi *corrigir o defeito da máquina* (sujeito da frase), e *os técnicos* é objeto indireto: **Custou** aos técnicos (objeto indireto) *corrigir o defeito da máquina* (sujeito do verbo *custar*).

b) No sentido de *tardar, demorar*, tem a construção *algo custa a + infinitivo*:

Quando se está doente, o tempo **custa a** passar.
As notícias **custam a** chegar àqueles lugarejos.

27.2.26 – *Deparar*

No sentido de *encontrar, defrontar-se com, topar* constrói-se com objeto direto ou com a preposição *com*:

Deparei dois erros graves na sua carta.
Jamais **deparei com** alunos tão atentos.
Ao **deparar** (= topar) **com** aquela multidão enfurecida, fiquei tomado de pavor.
Não foram poucas as dificuldades **com que deparamos** durante o trabalho.

Nota – O verbo *deparar* tem, às vezes, o mesmo sentido de *apresentar*, casos em que adota a mesma regência deste:
O curso **depara-nos** (= apresenta-nos) *excelentes oportunidades*.
Durante as buscas, **depararam-se-nos** *situações estranhas*.
Problemas de toda ordem se **nos depararam** (= apresentaram) *durante a longa viagem*.

27.2.27 – *Ganhar*

No sentido de *vencer* (em jogo), constrói-se como intransitivo ou com objeto direto ou com objeto indireto com a preposição *de*:

A equipe do Atlético Mineiro **ganhou** nos minutos finais do jogo.
O Grêmio estava há um bom tempo sem **ganhar do** Internacional.
O Fluminense **ganhou do** Botafogo.

Expressões usuais:

Quando os colorados **ganham dos** gremistas, as ruas se tingem de vermelho. Já quando os gremistas ganham **dos colorados**, o azul das camisas se confunde com o azul do firmamento.

27.2.28 – *Implicar*

a) Nos sentidos de *ter como resultado, acarretar, dar a entender, fazer supor, tornar indispensável*, pede objeto direto (recusando, portanto, a preposição *em*):

Tal procedimento **implica** contrariedades futuras.
Esta medida **implicará** a redução dos custos operacionais.
Omitir-se **implica** tolerar a baderna.
Isto **implica** a perda da cidadania brasileira.
Essas palavras **implicam** uma censura.
A aquisição desses conhecimentos **implica** grande esforço.
O não cumprimento de uma das cláusulas **implicará** a rescisão do contrato.

b) No sentido de *antipatizar, não concordar, demonstrar impaciência*, constrói-se com a preposição *com*:
   Ele costuma **implicar com** os colegas de serviço.
   Eu **implico com** esse teu jeito de falar.
   Os passageiros **implicavam com** a impaciência do motorista.

c) No sentido de *comprometer, envolver*, constrói-se com objeto direto e a preposição *em*:
   Implicaram-no em tráfico de entorpecentes.
   Implicou-se em desvio de materiais.
   Implicaram o rapaz **na** falsificação de documentos.

27.2.29 – *Importar*

No sentido de *causar, resultar, acarretar, produzir*, constrói-se com objeto direto ou indireto, este com a preposição *em*:
   A rasura **importa** a nulidade do documento.
   Esta providência **importará em** maior rendimento.
   Essas medidas **importarão** alguns sacrifícios para o cidadão.

27.2.30 – *Incentivar*

No sentido de *estimular, incitar*, constrói-se com objeto direto, ou com objeto direto e indireto, este representado por oração, desenvolvida ou infinitiva, introduzida pela preposição *a*:
   A empresa **incentiva os** jovens talentos de seu quadro funcional.
   Os nutricionistas **incentivam o** consumo de alimentos integrais.
   Incentivei os alunos **a** que redigissem contos e crônicas.
   O calor do verão **incentiva as** pessoas **a** praticarem exercícios físicos.

27.2.31 – *Ir*

Por se tratar de verbo de movimento, constrói-se com a preposição *a* ou *para*. A preposição *a*, no caso, denota a simples direção, ou envolve a ideia de retorno (após rápida permanência); a preposição *para*, ao contrário, traz, geralmente, a ideia de transferência definitiva ou demorada para um lugar (*ir a* = ida passageira; *ir para* = ida demorada ou definitiva):
   Pretendo **ir à** praia no próximo domingo.
   Foi a Blumenau, a negócios.
   Aonde vocês pretendem ir no carnaval?
   Recomendei-lhe que **fosse ao** médico imediatamente.
   Como estava desgostoso daqui, **foi para** a Amazônia.
   A felicidade não é uma estação **aonde** chegamos, mas uma maneira de viajar. (Margaret Lee Rimbennk)

Nota – Em frases como *fui jantar no clube, irei procurá-lo na loja, assim vocês irão parar na cadeia*, a preposição *em*, na realidade, não está sob a regência do verbo de movimento *ir*, mas, sim, do infinitivo que lhe segue: *jantar no* clube, *procurá-lo na* loja, *parar na* cadeia. (Observação baseada em Luiz Carlos Lessa – *O modernismo brasileiro e a língua portuguesa*, p. 261.)

27.2.32 – *Morar, residir, estabelecer-se, situar-se*

Por se tratar de *verbos de quietação* (= indicam lugar fixo), constroem-se com a preposição *em*, o que vale também para os adjetivos derivados: morador, residente, estabelecido, situado:

O gerente **mora na** Rua Demétrio Ribeiro, 862 – ap. 70.
Residíamos na Avenida João Pessoa, 437 – ap. 601.
A casa **situa-se na** Avenida Júlio de Castilhos, 768.
Comprei uma loja **sita na** Rua Lobo da Costa, 649.

27.2.33 – *Obedecer* e *desobedecer*

Constroem-se com objeto indireto (*obedecer* e *desobedecer a*):

Os corpos **obedecem à** lei da gravidade.
Obedeça aos sinais de trânsito.
É a primeira vez que lhe **desobedeço**.
Nossas atividades **obedecem a** um programa previamente estabelecido.

27.2.34 – *Ombrear*

No sentido de *ficar ombro a ombro, igualar-se, equiparar-se, ter o mesmo grau de qualidade, de intensidade, de qualidade*, constrói-se sob a forma *ombrear com*:

Machado de Assis **ombreia com** os maiores escritores da literatura mundial.
Esse jogador **ombreia com** os grandes astros internacionais.
A audácia desses criminosos **ombreia com** a sua frieza.
Já cedo, o discípulo **ombreava com** o mestre.

Nota – Com raras exceções, os gramáticos condenam o emprego da forma pronominal deste verbo (*ombrear-se*).

27.2.35 – *Pagar*

As construções usuais são: *pagar algo* (objeto direto de coisa), *pagar a alguém* (objeto indireto de pessoa) e *pagar algo a alguém* (objeto direto de coisa e indireto de pessoa – pagar algo a alguém ou pagar-lhe algo):

Amanhã **pagarei a** taxa do condomínio e a mensalidade do colégio.
Nem sempre aquele que dança é o que **paga a** música. (Provérbio)
Ele deve várias prestações à loja, mas não tem dinheiro para **pagá-las**.
Preciso reservar algum dinheiro para **pagar aos** pintores.
Amanhã mesmo **lhe pagarei os** aluguéis atrasados.

Notas

1ª – Embora alguns gramáticos a condenem, atualmente é usual a construção *pagar alguém* (objeto direto de pessoa), mesmo em textos literários:
Guarde algum dinheiro para **pagar a** costureira.
Quis **pagar o** médico, mas ele havia viajado.
Já estamos na metade do mês, e a empresa ainda não **pagou os** vigilantes.

2ª – Também existem as construções *pagar com algo* e *pagar por algo*:
Ele pagou **com** a vida os excessos que cometeu.
O mendigo pagou a esmola **com** um sorriso.
Agora somente lhe resta pagar **pelos** crimes que cometeu.
Você pode pagar **com** cheque ou com cartão.
Quanto você pagou **pela** hospedagem?
Paguei vinte reais **pelos** dois ingressos.

27.2.36 – Participar

a) No sentido de *informar, comunicar, fazer saber*, constrói-se com objeto direto e indireto, este com a preposição *a*:

Participou sua decisão **aos** amigos mais íntimos.
Participo-lhes que não assinarei esse documento.

b) No sentido de *tomar parte, compartilhar, estar presente* e *intervir; arcar, assumir parte das despesas, dos encargos; ser beneficiário de, ser dono ou sócio de*, constrói-se com objeto indireto introduzido pela preposição *em* ou *de*:

Os moradores da vizinhança **participaram nas** despesas da reconstrução do prédio atingido por um incêndio.
Cada vez mais os maridos **participam nas** tarefas domésticas.
A maioria dos condôminos não **participa das** reuniões convocadas pelo síndico.
Quando jovem, gostava de **participar em** torneios de futebol e basquete.
Os professores e os alunos querem **participar na** administração da escola.

Nota – Na construção *participar de* prevalece a ideia de *comungar ideias, opiniões, sentimentos, estados de espírito*:
Participei intensamente **das** alegrias dos jovens pais pelo nascimento do primogênito.
Lamento informar-lhe que não participo **de** seu ponto de vista.
Era impossível não participar **da** tristeza que se abateu sobre os parentes do jovem tragicamente falecido num acidente de carro.

27.2.37 – Pedir

Pede-se alguma *coisa a alguém*:

Peço aos colegas um pouco de paciência.
Pediu calma **aos** ouvintes.
Peço-lhes que não se manifestem.
Pediu-me que o representasse na cerimônia.

Nota – Quando o objeto direto (= aquilo que se pede) é uma oração, esta deve ser introduzida pela conjunção integrante *que*, e não pela preposição *para*, somente admissível quando estiver subentendida a palavra *licença* ou *permissão*:
O professor pediu **que** trouxéssemos nossos dicionários.
O aluno pediu (licença) **para** sair mais cedo da aula.
Peço-lhe (permissão) **para** responder em seu nome.

27.2.38 – Perder

No sentido de *ser vencido*, *ser derrotado* (pelo jogador ou jogadores contra quem se joga), constrói-se intransitivamente ou com a preposição *de* ou *para* (na indicação *de* ou *para quem* se perde) e novamente com a preposição *de* ou *por* (na indicação do escore, do placar):

*A equipe do Juventude não **perde** há oito jogos.*
*O Brasil **perdeu da** França de/por 2 a 1.*
*É vergonhoso um campeão do mundo **perder de/por** 2 a 0 de um time sem expressão.*
*Os veteranos **perderam dos** calouros **de** (ou **por**) 7 a 3.*
*Meu time **perdeu para** o Juventude.*
*O Brasil **perdeu de** 7 a 1 para a Alemanha.*
*O time africano **perdeu de** 1 a 0 para o México e **de** 4 a 0 para a Croácia.* (ZH, Jornal da Copa, 21-6-14, p. 9)

Nota – Embora um ou outro autor de livros didáticos ou paradidáticos faça reservas à construção *perder para alguém*, ela é referendada e exemplificada por respeitáveis autores desse gênero de obras, entre eles Cegalla, Borba e Aurélio (identificados, adiante, na bibliografia).

27.2.39 – Perdoar

Perdoa-se *algo* (objeto direto de *coisa*), perdoa-se *a alguém* (objeto indireto de *pessoa*) ou perdoa-se *algo a alguém* (objeto direto de coisa e indireto de pessoa):

*Não é fácil **perdoar as** ofensas.*
*Desta vez **perdoo seu** atrevimento.*
*Pai, **perdoa-lhes**: eles não sabem o que fazem.* (Lucas, 23, 34)
***Perdoei-lhe** sinceramente.*
*Jamais **perdoou aos** que o delataram.*
*Jamais **perdoou essa** traição aos colegas de partido.*

Notas
1ª – Modernamente, quando o objeto direto de *coisa* não vem expresso, é frequente a transformação do objeto indireto de *pessoa* em objeto direto:
*A vida não **perdoa os** indecisos.*
*Ele sabia que desta vez a mulher não **o perdoaria**.*

2ª – O objeto direto de pessoa é usual quando *perdoar* tem a significação de *desculpar*.
*Cada vez que o jogador erra um passe, os torcedores não **o perdoam**.*
*A plateia não **perdoou** nem **o maior astro** do conjunto.*

27.2.40 – Preferir

Prefere-se *uma coisa a outra*.

Constitui erro fazer este verbo acompanhar-se dos advérbios *mais* e *antes* (uma vez que *preferir* já tem o significado de *querer antes*). Também é errado trocar a preposição *a* pela conjunção (subordinativa comparativa) *(do) que*:

Nós **preferimos** andar nuas **a** usar peles. (frase de campanha publicitária)
Prefiro perder jogando bem **a** ganhar jogando mal. (Telê Santana)
Prefiro um inimigo declarado **a** um amigo falso.
O prisioneiro **preferiu** a morte **à** escravidão.
Prefiro chá **a** café.
Prefiro perder um minuto na vida **a** perder a vida num minuto.
Prefiro Português **a** Matemática. (Mas: Prefiro o Português à Matemática.)

27.2.41 – Presidir

Constrói-se com objeto direto ou indireto (*presidir alguma coisa* ou *a alguma coisa*):
Presidirei *a/à* sessão inaugural.
Presidiu *o/ao* encerramento das festividades.
O catedrático **presidiu** *os/aos* exames finais.
O juiz se recusou a **presidir** *ao* casamento.

27.2.42 – Proceder

No sentido de *efetuar, realizar*, pede objeto indireto (*proceder a*):
Mandou **proceder ao** recolhimento dos títulos.
Amanhã **procederemos à** apuração final do concurso.
Creio que se deverá **proceder a** um rigoroso inquérito.
Proceda-se aos descontos previdenciários, na forma da lei.

Nota – Por se tratar de galicismo (= construção afrancesada), é desaconselhado o emprego da expressão ter *lugar* no sentido de *realizar-se*; é, todavia, legítimo seu uso nas acepções de *ser admissível, ter cabimento, ser oportuno*:
Aqui não **têm lugar** discursos inflamados.

27.2.43 – Responder

Pede objeto direto *daquilo que se responde* (= conteúdo da resposta) e objeto indireto *daquilo a que* ou *daquele a quem* se responde:
Respondeu que não viria.
Respondi que isso não era de minha conta.
Não **lhe respondi** nunca.
Respondi-lhe que cumpria ordens.

Nota – O objeto indireto de pessoa se representa com o pronome *lhe*, mas o de coisa com *a ele* (*a ela*):
Mário escreveu-me ontem, e eu **lhe** respondi hoje.
A carta chegou há alguns dias, mas ainda não pude responder **a ela**.

27.2.44 – Querer

a) No sentido de *estimar*, pede objeto indireto (*querer a alguém*):
Queremos muito **ao** nosso chefe.
Queria-lhe como **a** um irmão.

b) No sentido de *desejar*, pede objeto direto (*querer algo* ou *alguém*):
Quero *uma fatia de melão.*
Quero-a *para minha secretária particular.*
Saiba, meu amigo, que todos o **querem** *de volta a esta casa.*

Nota – Também se constrói com objeto direto de pessoa no sentido de *desejar sentimental ou sexualmente*:
Simone, os anos passam, você me maltrata, e eu **a quero** cada vez mais.

27.2.45 – *Solicitar*

Constrói-se com objeto direto, ou com objeto direto e indireto, este introduzido pela preposição *a* (construção mais usual) ou *de*:
Assim que foi aberta a sessão, o deputado **solicitou a** *palavra.*
Solicito-lhe a *fineza de atender-me ainda hoje.*
Solicitei aos *colegas que me ajudassem.*
Solicitamos de *você que nos apoie.*
A mãe **solicitou do** *juiz que lhe conferisse a guarda exclusiva da filha.*

27.2.46 – *Suceder*

Constrói-se com objeto indireto (*suceder a* = ocupar o cargo, o lugar deixado por outra pessoa):
Ela **sucedeu ao** *pai.*
Sucedeu ao *tio na direção da empresa.*
Sucedeu-lhe na *chefia.*

Nota – Também é possível, embora não muito usual, a construção com objeto direto:
O filho mais velho disse que pretende **suceder o** pai na direção da empresa.

27.2.47 – *Visar*

a) Nas acepções de *apontar a arma contra* e *pôr o visto em*, requer objeto direto:
Visei o *alvo.*
O caçador **visava a** *cabeça do animal.*
O banco **visou o** *cheque.*
Pedi que **visassem meu** *passaporte.*
O inspetor **visou os** *diplomas.*

b) No sentido de *ter em vista, pretender, objetivar, desejar*, pede objeto indireto (*visar a*):
Jamais **visei a** *tal emprego.*
O ensino **visa ao** *progresso social.*
Visamos ao *aprimoramento da redação técnica.*
Devemos **visar**, *acima de tudo,* **ao** *bem da comunidade.*
As discussões bilaterais **visam à** *reaproximação entre os dois países.*
Com essas medidas **visamos a** *diminuir os gastos com luz e energia.*

Nota – Em textos oficiais (documentos normativos, por exemplo), é expressivamente majoritária a construção do verbo *visar* com objeto indireto (visar *a*), no sentido *b*, acima, ainda quando constituído por oração infinitiva. Embora o Aurélio (5. ed., 2010) diga que não se pode condenar o regime direto do verbo *visar* no sentido de *ter em vista*, o autor do dicionário preferiu empregar o regime indireto no verbete *surrealismo*:

Visava [o surrealismo], *em última instância,* **à** (grifou-se) *renovação total dos valores artísticos, morais, políticos e filosóficos.*

27.3 – CASOS ESPECIAIS

27.3.1 – Combinação de preposição com sujeito

Não se pode combinar *preposição com sujeito* ou com termo que a ele se refira:

Chegamos ao aeroporto na hora de **o avião** (= sujeito da segunda oração) *partir.*
Chegou o momento de **ele** *mostrar sua coragem.*
Os alunos se fiavam em **o professor** *enxergar pouco.*
O método consiste em **a pessoa** *caminhar três quilômetros por dia.*
Apesar de **as chuvas** *terem parado, os rios continuam a subir.*

27.3.2 – Verbos de regência diversa

Quando dois verbos possuem *regência diversa*, cumpre dar a cada um complemento próprio:

Assisti *ao espetáculo e* **aplaudi-o** *demoradamente.*
(*Errado*: Assisti e aplaudi demoradamente o espetáculo.)
Li *suas poesias e* **gostei** *delas.*
(*Errado*: Li e gostei de suas poesias.)

27.3.3 – *Ter de* e *ter que*

a) *Ter de* indica necessidade, obrigatoriedade:
Tenho de *chegar ao centro antes do meio-dia.*
Teremos de *ter muito cuidado.*

b) *Ter que* indica faculdade (preferentemente) ou obrigatoriedade:
Sempre **tenho que** *fazer* (= sempre tenho algo com que me ocupar, se quiser).
O dia já vai raiando, meu bem, eu **tenho que** *ir embora.*

Nota – Verso da conhecida canção *Cielito Lindo*. Na linguagem culta formal, a melhor construção da parte final seria: [...], *eu* **tenho de** *ir embora*. Mas, a canção, de qualquer forma, é linda!

27.3.4 – Relação de verbos transitivos diretos

Os seguintes verbos, entre outros, são *transitivos diretos*, não admitindo, assim, por objeto (direto), a forma pronominal *lhe(s)*, que deve ser substituída por *o* (*a, os, as*):

Abençoar, aborrecer, aclamar, acompanhar, admitir, adorar, afastar, agarrar, agredir, aguardar, aguentar, alcançar, alertar, amaldiçoar, ameaçar, amedrontar, apanhar, apavorar, aplaudir, arruinar, atemorizar, atrair, atrapalhar, atrasar, atropelar, aturar, auxiliar, beijar, buscar, caluniar, carregar, condenar, conduzir, confortar, conhecer, considerar, consultar, contradizer, contrariar, contratar, convencer, convidar, convocar, criticar, culpar, cumprimentar, curar, defender, demitir, demover, derrotar, desafiar, desapontar, desconsiderar, desconhecer, desculpar, desenganar, despedir, despertar, destituir, divertir, eleger, elogiar, eliminar, embriagar, enforcar, enfraquecer, enganar, escutar, esperar, estimar, excluir, exonerar, explorar, felicitar, humilhar, iludir, importunar, incluir, incomodar, inquietar, interromper, intimidar, invejar, lograr, machucar, maltratar, matar, molestar, multar, nomear, obrigar, odiar, orientar, ouvir, perseguir, perturbar, prejudicar, perder, prezar, processar, proteger, provocar, rebaixar, receber, recompensar, reconduzir, reconhecer, reprovar, respeitar, responsabilizar, saudar, seguir, segurar, sequestrar, situar, socorrer, soltar, sondar, substituir, superar, suportar, suspender, sustentar, trair, tranquilizar, transferir, tratar, trocar, vencer, ver, visitar.

27.4 – EXERCÍCIOS

1. Complete os espaços em branco com *o* (e suas variações: *a, os, as, lo, la, los, las,* etc.) ou *lhe(s)*:

a) Se não _____ conhecesse, meu amigo, não acreditaria no que me está dizendo.

b) Não _____ quero enganar, Laís, mas sua situação não é boa.

c) Se você quer que _____ respeite, trate de respeitar-me também.

d) Você deve perdoar _____, pois, se ele _____ ofendeu, foi sem intenção.

e) Cientifique _____ de que deverão prestar novos exames.

f) Ficou contrariado, pois não _____ avisaram da decisão tomada na reunião.

g) Ficou irritado porque _____ impediram a entrada no salão.

h) Avise _____ de que sua carteira já está pronta.

i) Tenho a impressão, Cláudia, de que já _____ conheço de algum outro lugar.

j) Não _____ cumprimentei porque não _____ vi.

2. Complete os espaços, se necessário, com a preposição adequada. Faça as contrações ou combinações porventura devidas:

a) Se aspiras _____ uma vida mais sossegada, deves, agora, dedicar-te aos estudos.

b) Vamos proceder _____ um rigoroso reexame da matéria.

c) A cidade _____ que iremos, possui ótimo clima.

3. Transcreva as frases, substituindo a expressão ou o verbo destacado pelo verbo que se encontra entre parênteses:

a) Ele sempre *desejou* a posição de diretor. (aspirar)

_____

b) Lamentavelmente, não pudemos *presenciar* a chegada das autoridades. (assistir)

_____

c) Com esta campanha, *pretendemos* diminuir o número de acidentes de trabalho. (visar)

_____

d) *Gosto* mais das críticas sinceras que dos elogios interesseiros. (preferir)

_____

4. Complete os espaços em branco com uma das formas colocadas entre parênteses:

a) O aluno saiu da sala _____ prova ter começado. (antes de a, antes da)

b) Apesar _____ matéria ser pouca, acho que a prova não será fácil. (da, de a)

c) Todos aguardavam ansiosamente a hora _____ espetáculo começar. (do, de o)

d) Todos alimentavam a esperança _____ voltar atrás em sua decisão. (de ele, dele)

e) É imperiosa a necessidade _____ pais orientarem os filhos na escolha de sua profissão. (de os, dos)

f) Julgo ser esta a melhor oportunidade _____ gaúchos promoverem seus produtos. (dos, de os)

28 – A crase – emprego do sinal crase

28.1 – CONCEITOS

A crase pode resultar:

a) da contração da preposição *a* com o artigo definido *a*:
Assisti **à** *(a + a) sessão inaugural.*
Dirija-se **à** *(a + a) seção ao lado.*
A assistência **às** *(a + as) aulas é indispensável* **à** *(a + a) aprovação.*

b) da contração da preposição *a* com o pronome demonstrativo *a*:
Não me refiro a essas caixas, mas **às** *(a + as = a + aquelas) que estão na prateleira.*
Prefiro esta caneta **à** *(a + a = a + aquela) que você me mostrou há pouco.*

c) da contração da preposição *a* com o *a* inicial do pronome demonstrativo *aquele* (*aqueles, aquela, aquelas, aquilo*):
Não deverias ter faltado **àquela** *(a + aquela) reunião.*
Refiro-me **àquilo** *(a + aquilo) que combinamos ontem.*
Nunca fui **àquelas** *(a + aquelas) reuniões.*

28.2 – SOLUÇÕES PRÁTICAS

O problema da crase pode ser resolvido, com relativa facilidade, mediante a aplicação dos seguintes artifícios:

a) Para substantivos comuns

Se, ao trocar o feminino por um masculino qualquer, aparecer a combinação *ao*, craseie o *a* que precede o feminino:
Fomos **à** *cidade (ao centro) comprar mantimentos.*
Peça papel **à** *secretária (ao secretário).*
Fez um discurso alusivo **à** *data (ao acontecimento).*
Ninguém é insensível **à** *dor (ao cansaço).*
Já me acostumei **à** *vida (ao clima) da cidade.*

b) Para nomes de lugar

Troque a preposição *a* por *para, de* ou *em*: se der *para a, da* ou *na*, craseie o *a* substituído; se der, simplesmente, *para, de* ou *em*, não craseie o *a* substituído:

Com crase

Pretendo ir à (para a) Europa.
Enviou emissários à (para a) Bahia.
O aviso dirigia-se à (voltava da) Argentina.
Voltarei à (ficarei na) encantadora Porto Alegre.
Gostaria de ir à (morar na) Curitiba dos pinheirais.
Fui à (estive na) Guanabara.
Irei à (para a) Copacabana dos meus sonhos.

Sem crase:

Chegamos a (voltamos de) Fortaleza.
Pretendo ir a (para) Curitiba.
Foi a (para) Copacabana, a negócios.
Disse que voltaria a (para) Porto Alegre.

Nota – Para o caso dos *nomes de lugar*, pode-se lançar mão, também, destes dois versinhos, ao que parece, do *folclore didático*: "Quem vai *a* e volta *da*, crase há. Quem vai *a* e volta *de*, crase para quê?" Apliquemos os versos:

Vou à Holanda. (Volto *da* Holanda.)
Foi à Jordânia. (Voltou *da* Jordânia.)
Foi a Israel. (Voltou *de* Israel.)
Foi a Manaus. (Voltou *de* Manaus.)

28.3 – CRASE COM PRONOMES ADJETIVOS POSSESSIVOS

a) No *singular*, é facultativa:

Pediu favores a/à minha família.
Não deram ouvidos a/à nossa recomendação.
Submeto meu parecer a/à sua consideração.

b) No *plural*, será necessário o sinal da crase se, além da preposição *a*, aparecer o artigo *as* (a + as = às); se aparecer apenas a preposição *a*, é óbvio, não ocorrerá a crase:

O cônsul enviou várias cartas às suas filhas.
O cônsul enviou várias cartas a suas filhas.
Não deram atenção às nossas queixas.
Não deram atenção a nossas queixas.
Atribuíram sentido irônico às suas palavras.
Atribuíram sentido irônico a suas palavras.

28.4 – CRASE COM NOMES PRÓPRIOS PERSONATIVOS

Diante dos nomes próprios personativos do gênero feminino, a crase é facultativa:

Diga a/à Maria que a estamos esperando.
Dei um ramalhete de rosas a/à Cíntia.

28.5 – INEXISTÊNCIA DE CRASE

Não se usa o sinal da crase, pela inocorrência da fusão de dois *aa*:

a) Antes da palavra *casa* no sentido de *lar, domicílio*, quando não acompanhada de adjetivo ou locução adjetiva:
*Voltamos **a** casa* (saímos *de* casa) *contentes.*
*Chegou **a** casa e logo se atirou na cama.*
*Irei **a** (para) casa logo mais.*

Mas:
*Ela foi **à** Casa das Bonecas.*
*Irei **à** Casa da Moeda.*
*Dirigiu-se **à** casa do zelador.*

b) Antes da palavra *terra* usada em oposição a *mar, ar* e *bordo*:
*Ainda hoje chegaremos **a** terra.*
*Aposto em como ele não vai **a** terra.*
*Os marinheiros voltaram **a** (voltaram de) terra.*

Mas:
*O astronauta voltou **à** Terra.*
*Voltou **à** terra de seus sonhos.*

c) Antes de palavra masculina, exceto quando se subentende a expressão *à moda de* ou *à maneira de*:
*Falaram **a** respeito de você.*
*A punição fica **a** critério do chefe.*
*Espero levar **a** bom termo a incumbência.*
*Deixou-me um bilhete escrito **a** lápis.*
*A gripe vem **a** cavalo e volta **a** pé.*

Mas:
*Tens um estilo **à** Jorge Amado.*
*Quando for **a** São Paulo, comprarei um chapéu **à** Napoleão.*
*Ela é apaixonada por homens com bigodes **à** Salvador Dali.*

d) Antes de pronome pessoal:
*Contaram tudo **a** ela.*
***A** ti jamais confiaria um segredo.*

e) Antes das expressões de tratamento:
*Respondemos **a** Vossa Senhoria em maio último.*
*Sugerimos **a** Vossa Excelência que proveja os dois recursos.*
*Fomos apresentados **a** Sua Excelência pelo Senhor Ministro da Justiça.*

Notas
1ª – O pronome de tratamento *Senhora* admite crase, uma vez que, ao contrário das expressões de tratamento (*Vossa Excelência, Vossa Senhoria*, etc.), diante dele se emprega artigo definido:
Diga **à** *Senhora Diretora* (**ao** *Senhor Diretor*) que está tudo pronto para a reunião.
Encaminhamos um ofício **à** *Excelentíssima Senhora Ministra* (**ao** *Excelentíssimo Senhor Ministro*).
Encarregaram-me de entregar este convite **à** *senhora* (**ao** *senhor*).

2ª – Não recebe o sinal da crase o *a* antes da locução *Nossa Senhora* ou de nomes de santas:
Nos momentos de perigo, recorria **a** *Nossa Senhora*.
Durante as tempestades, acendia uma vela **a** *Santa Bárbara*.

f) Antes dos pronomes demonstrativos *este* (*esta, estes, estas, isto*) e *esse* (*essa, esses, essas, isso*):
   Não dou importância **a** essas teorias arcaicas.
   Ninguém deu resposta satisfatória **a** esta questão.

g) Antes de pronome indefinido:
   Atendemos **a** qualquer hora do dia.
   A certa altura começou **a** ofender os ouvintes.

h) Antes de artigo indefinido:
   Estou falando **a** uma plateia seleta.
   Dirija-se, de preferência, **a** uma pessoa especializada.

i) Antes de verbo no infinitivo:
   A julgar pelos depoimentos, o acusado não tem defesa.
   A partir de amanhã, atenderemos em nossa nova sede.
   Estou disposto **a** colaborar com a turma.

j) Entre palavras repetidas (expressões tautológicas):
   Ficamos frente **a** frente.
   Tomou o elixir gota **a** gota.
   Li seu relatório página **a** página.

k) Quando o *a* está no singular (preposição pura) e a palavra próxima no plural:
   A questão foi discutida **a** portas fechadas.
   Prendeu-se **a** questões de pouca importância.
   Não vai **a** festas em sua homenagem.
   Distribuímos víveres **a** pessoas pobres.

l) Antes dos pronomes relativos *que, quem* e *cujo*:
   Encontrei-me com a funcionária **a** quem você me apresentou ontem.
   Não me lembro do processo **a** que te referes.
   Qual o nome do funcionário **a** cuja família foi dado este auxílio?

   Nota – Antes do pronome relativo *que* ocorrerá a crase quando o *a* equivaler à contração da preposição *a* com o pronome demonstrativo *a* (= aquela):
   Estas cadeiras são iguais **às** (a + as = a + aquelas) *que estão na sala ao lado.*
   Essa sua camisa é semelhante **à** (a + a = a + aquela) *que comprei para meu filho.*

m) Antes da palavra *distância*, salvo quando se trata de distância determinada:
   Fiquem **a** distância.
   Estamos **a** pouca distância da fronteira.
   A bomba explodiu **a** grande distância do alvo.
   Eu estava **a** pequena distância do acidente.
   Vejo um navio **a** distância.
   Vê-se um barco **à** distância de oitocentos metros.
   Estávamos **à** distância de cinquenta metros do local.

   Nota – Apesar da lição tradicional contrária, é significativo o número de escritores – antigos (clássicos) e modernos – em cujos textos o *a* da locução *a distância*, sem nenhum qualificativo, vem assinalado com o sinal da crase. Entre esses escritores estão mestres de indiscutível prestígio, como Rui Barbosa, Raul Pompeia,

Gilberto Amado, Ciro dos Anjos, Guimarães Rosa, Graciliano Ramos, José Lins do Rego, etc. Entre os gramáticos atuais, não é unânime a posição sobre a matéria.

n) Após preposição, exceto *até*, caso em que a crase é facultativa:
A reunião ficou marcada para as dezoito horas.
Estou à espera do médico desde as nove horas.
Ante a escassez de provas, o réu foi absolvido.
Durante a madrugada, choveu intensamente.
Estarei no consultório até as/às vinte horas.
Ficamos a conversar até a/à meia noite.
O que se aprende no berço dura até à sepultura. (Provérbio português)

Nota – Não haverá crase após a palavra *até* se ela indicar *inclusão*:
Todos ficaram em dúvida, até (= inclusive) **a** professora.
Compare a diferença de sentido:
Tudo foi destruído pelo fogo, até (= inclusive) **a** casa.
Tudo foi destruído pelo fogo, até **à** casa (= até junto à casa – proximidade).

28.6 – CRASE COM LOCUÇÕES

Ocorre crase:

a) Nas locuções adverbiais femininas iniciadas por *as*:
Faremos tudo às claras.
Às vezes perco a paciência.
Saiu de casa às pressas.
Não podemos agir às escuras.

b) Nas locuções que indicam hora *determinada*:
A aula começa às oito horas e termina às onze e meia.
Saí de casa às quatro horas da tarde.
À zero hora, ele saiu de casa; à uma hora, sofreu um mal súbito.
Saiu de casa às seis da tarde e voltou às cinco da madrugada.
O expediente é das oito às dezoito horas, ininterruptamente.

c) Nas locuções prepositivas formadas por palavra feminina:
Vimos à procura de informações mais seguras.
Isso aconteceu devido à negligência do juiz.
Ficamos à espera de informações mais objetivas.

d) Nas locuções conjuntivas formadas por palavra feminina:
À medida que o tempo passa, fico mais nervoso.
À proporção que você progredir no serviço, melhorarei seu ordenado.

Notas
1ª – Há certas locuções em que o acento grave não constitui propriamente crase (fusão de dois *aa*), mas é empregado para contornar possíveis ambiguidades. Comparem-se, por exemplo, estas locuções:
cheirar **à** gasolina x cheirar **a** gasolina (= inalá-la)
matar **à** sede x matar **a** sede (= saciá-la)
comprar/pagar/vender **à** vista x comprar/pagar/vender **a** vista (= o panorama, a paisagem, o visual)
cortar **à** mão (= cortá-la) x cortar **a** mão (= decepá-la)
pintar **à** mão x pintar **a** mão (= pintá-la)
iluminar **à** noite (= durante a noite) x iluminar **a** noite (= iluminá-la)

2ª – Quando não há risco de ambiguidade, o sinal da crase é facultativo, embora a tradição seja empregá-lo. Na forma sem o sinal da crase, o *a* é interpretado como simples preposição. Já na forma com o sinal da crase, o *a* é interpretado como preposição + o artigo feminino *a*:
cortar *a* faca / *a* tesoura (= cortar com faca/com tesoura)
cortar *à* faca / *à* tesoura (= cortar com a faca/com a tesoura)

28.7 – CRASE NO HINO NACIONAL

Observe a oração inicial do Hino Nacional do Brasil:
Ouviram do Ipiranga as margens plácidas
De um povo heroico o brado retumbante
Note que o *as* de *as margens plácidas* está sem o sinal da crase.

Não se trata de erro! O que ocorre é que essa oração não está na ordem direta, que é a seguinte:
As margens plácidas do Ipiranga ouviram o brado retumbante de um povo heroico.

Mediante a análise sintática da oração, vemos que seus termos *essenciais* são estes: as margens plácidas do Ipiranga: sujeito simples; e ouviram o brado retumbante de um povo heroico: predicado verbal.

A condição de sujeito do termo *as margens plácidas do Ipiranga* constitui um dos tipos das chamadas *figuras de pensamento*. Trata-se, no caso, da figura específica denominada *prosopopeia, personificação* ou *animização*, que consiste em emprestar vida aos seres inanimados, fictícios, ausentes ou mortos.

Para os poetas, as margens podem ouvir, como também o podem as paredes. E, como todos sabem, nosso Hino Nacional é uma genuína composição poética, da autoria de Joaquim Osório Duque Estrada, que foi poeta, crítico literário, professor e ensaísta.

28.8 – CRASE E SENTIDO

Há casos em que emprego, ou não, do sinal da crase diante de palavra feminina no singular tem caráter distintivo, por implicar diferença de sentido à construção, como nestes exemplos:
Não dê esmola *a* criança (= a qualquer criança).
Não dê esmola *à* criança (= a uma criança específica, determinada).
A omissão desses dados sujeita o contribuinte *a* multa (= a alguma multa, não especificada).
A omissão desses dados sujeita o contribuinte *à* multa de dez salários mínimos.
Ele não dá atenção *a* moça (= a qualquer moça que seja).
Ele não dá atenção *à* moça (= a determinada moça).

Nota – Confira a mota ao item **28.6** – **Crase com locuções**, letra *d*.

28.9 – EXERCÍCIOS

Use o sinal da crase quando convier:
a) A ONU enviou emissários a Portugal, a Jordânia e a Turquia.

b) Diga a Sua Excelência que o Rio Grande do Sul continua fiel a missão que lhe foi confiada.

c) A servidora gestante será concedida licença de três meses.

d) A aluna continuou a reclamar e foi chamada a presença da Diretora, a fim de justificar-se.

e) Quanto a sugestão de Vossa Excelência, propusemos a Assembleia uma reunião extraordinária, a fim de estudá-la a fundo.

f) De 14 a 20 do corrente, diariamente, de segunda a sexta-feira, das oito as dezenove horas, ininterruptamente, estaremos a disposição dos candidatos as provas.

g) Passaram a pouca distância de nós, tomando a direção do centro.

h) Quem falta as suas obrigações não merece a estima da sociedade.

i) Darei um prêmio a que obtiver a primeira colocação.

j) A cidade fica a leste, a seis quilômetros daqui.

k) Refiro-me aquela moça com quem conversávamos há pouco.

l) Chegamos a conclusão de que o regulamento não se refere a pessoas aposentadas.

m) Volte a esta seção sempre que quiser, pois aqui sempre estaremos as suas ordens.

n) Desde que se transferiu para a Alemanha, dedica-se as artes.

o) Espero que respondam objetivamente a essa questão.

p) A remuneração da hora excedente nunca será inferior a da hora normal.

q) Essa questão é semelhante a que discutimos na sessão anterior.

r) Ante a falta de recursos, a compra dos equipamentos foi adiada.

s) A uma hora, chegamos a Uruguaiana; as duas horas, procedemos a reconstituição do crime.

t) Não devemos dar maior importância aqueles incidentes.

u) Dirijo-me a Vossa Senhoria a fim de expor-lhe alguns aspectos a respeito de minha viagem a Santa Cruz do Sul.

v) Este aviso destina-se aquelas alunas que estão com excesso de faltas.

w) Não fugiremos a responsabilidade de nos unirmos as pessoas que já iniciaram a empresa.

x) Se for a Bahia, não deixe de fazer uma visita a Igreja do Divino.

y) Refiro-me a esta senhora e não aquela que vimos ontem a noite.

z) Diga a Cibele que eu a esperarei em frente a Igreja do Rosário.

29 – Colocação dos pronomes pessoais oblíquos átonos

Há três posições para o pronome átono dentro da oração:
Antes do verbo – *próclise*:
*Jamais **me** esquecerei de vocês.*

No meio do verbo – *mesóclise*:
*Apresentar-**lhes**-ei provas irrefutáveis.*

Depois do verbo – *ênclise*:
*Convocaram-**me** para uma reunião extraordinária.*

29.1 – COLOCAÇÃO DOS PRONOMES ÁTONOS JUNTO ÀS FORMAS VERBAIS SIMPLES

29.1.1 – Próclise

Usa-se a *próclise*:

a) Nas orações exclamativas:
*Quantos erros **se** encontram nos jornais!*
*Como **se** fala mal no Brasil!*

b) Nas orações que expressam desejo (optativas):
*Deus **lhe** dê em dobro o que você **me** está desejando.*
*Bons olhos **o** vejam.*

c) Nas orações interrogativas:
*Quem **lhe** deu essa ordem?*
*Quanto **lhe** custou esse automóvel?*
*O que **se** faz com isso?*

d) Com os advérbios que modificam diretamente o verbo (advérbios não virgulados):
*Muito **nos** honra seu convite.*
*Não **se** intrometa em assuntos alheios.*
*Por que **nos** avisaram tão tarde?*
*Hoje **nos** reuniremos pela manhã.*
*Talvez **te** convidem para gerente.*
*Aqui **se** trabalha; lá **se** divertem.* (advérbios não virgulados)

Mas:
Aqui, trabalha-se; lá, divertem-se. (advérbios virgulados)

Notas
1ª – Se, entre o elemento que exige próclise e a continuação da frase, houver um termo ou oração intercalada, manter-se-á a posição proclítica do pronome átono:
São singulares os bens que, embora reunidos, **se** *consideram de per si* [= isoladamente], *[...]* (Código Civil/2002, art. 89)
Quando, nos termos dos artigos precedentes, **se** *houver de aplicar a lei estrangeira, ter-se-á em vista a disposição desta, [...]* (Lei de Introdução às Normas do Direito Brasileiro [LINDB], art. 16)
2ª – Seguidamente lemos e ouvimos frases como estas:
Os alunos **me** *fizeram diversas perguntas.*
O pai **te** *manda um abraço.*
As recepcionistas **nos** *trataram com extrema cortesia.*
A telefonista **lhes** *informou que o sistema estava fora do ar.*
Os professores **se** *consideram injustiçados.*

Todas as frases têm algo em comum: contêm um pronome pessoal átono em função proclítica, sem que haja uma razão para o emprego da próclise. Mas um fato é inegável: as frases soam bem, são eufônicas, harmoniosas, suaves, o que não ocorrerá se colocarmos os pronomes em destaque em posição enclítica. A ênclise, no caso, tornaria as frases mais formais, algo ríspidas, meio duras. Frases com pronome proclítico, sem uma regra específica que abone essa colocação, são cada vez mais frequentes, tanto na escrita quanto na fala, principalmente nesta. E isso se observa na fala e na escrita de autores de indiscutível conhecimento de nossas regras gramaticais. Basta ler textos de reconhecido valor e ouvir falas de gosto apurado. Tenho, em minha biblioteca, um livro sob o título *Sintaxe dos pronomes*, da autoria de A. de Sampaio Dória (São Paulo, Companhia Editora Nacional, 430 páginas). Nele, o autor chegou a duas conclusões. Primeira: a posição habitual, numa proporção de 80 para 20, dos pronomes átonos é antes do verbo, que vem logo após um sujeito. Segunda: o que determina a colocação dos pronomes é a eufonia e a ênfase, além do menor esforço de articulação, e maior audibilidade dos vocábulos. E o mais importante de tudo: A. Sampaio Dória apoia suas conclusões em centenas de exemplos colhidos em obras de autores clássicos de incontestável autoridade. Haja vista os seguintes, dum grupo de dez: Camões, Antônio Vieira, Alexandre Herculano, Camilo Castelo Branco, Machado de Assis e Rui Barbosa.

Observação: O caso é que a posição enclítica dos pronomes pessoais oblíquos átonos atende mais aos ouvidos portugueses, ao passo que a proclítica afaga suavemente os ouvidos brasileiros. Quem tem ouvidos, que ouça!

e) Com os pronomes indefinidos:
Tudo **se** *fez como Vossa Senhoria determinou.*
Poucos **se** *apresentaram munidos da documentação necessária.*
Muitos **se** *candidatam, poucos* **se** *elegem.*
Alguns **se** *enganaram de sala.*

f) Com os pronomes relativos:
Desobedecia sistematicamente às ordens que **lhe** *davam.*
Desconheço as razões por que **o** *demitiram.*
Não se satisfez com a resposta que **lhe** *deram.*
O professor a cujas obras **me** *refiro reside em Porto Alegre.*

g) Com as conjunções subordinativas:
Perguntei se lhe faltava algum parafuso.
Quando **nos** *atenderam, já eram onze horas.*
Se **me** *quiserem honrar com sua preferência, ficarei muito satisfeito.*
Tanto o incomodaram, que **se** *mudou para outro bairro.*

Nota – Modernamente, novas palavras estão sendo arroladas entre as que atraem o pronome pessoal átono para antes do verbo, principalmente os pronomes pessoais retos e de tratamento e os pronomes demonstrativos:
*Tu **me** fizeste um grande favor.*
*Eu **te** preveni em tempo.*
*Isso **me** agrada muito.*
*Vossa Senhoria **nos** tirou de um grande apuro.*
*Vocês **me** deixaram emocionado.*

29.1.2 – Mesóclise

Usa-se a *mesóclise* no futuro do presente e no futuro do pretérito, nos casos em que não é obrigatória a próclise:
*Dar-**lhe**-emos uma nova oportunidade.*
*Pedir-**lhe**-ia que tivesse um pouco mais de paciência.*

Nota – O futuro do presente e o futuro do pretérito nunca admitem a ênclise.

29.1.3 – Ênclise

Usa-se a *ênclise*:

a) Em início de oração, já que não se deve iniciar oração por pronome átono:
*Disseram-**me** que já era tarde.*
*Ensinei-**lhe** o caminho do sucesso.*
*Sugerimos-**lhes** que ajam com cautela.*

b) Quando o verbo está no imperativo afirmativo:
*Por favor, retire-**se** da sala.*
*Dona Maria, traga-**me** dois cafezinhos.*

c) Sempre que não houver palavra que atraia o pronome átono:
*O gerente lembrou-**lhe** o compromisso que assumira.*
*Os rapazes diziam-**se** representantes de um laboratório.*

Nota – Confira o **item 29.1.1**, *d*, 2ª nota.

29.2 – COLOCAÇÃO DOS PRONOMES ÁTONOS JUNTO ÀS FORMAS NOMINAIS

29.2.1 – Infinitivo

a) Regra geral: ênclise:
*Viver é adaptar-**se**.*

b) Com o infinitivo impessoal (não flexionado), quando precedido de *preposição* ou *palavra negativa*, pode-se usar, indiferentemente, a próclise ou a ênclise:
*Temos interesse em não prejudicá-**lo**.*

*Temos interesse em não **o** prejudicar.*
*Estamos aqui para servi-**lo**.*
*Vimos aqui para **te** convidar.*

c) Com o infinitivo pessoal (flexionado), prefere-se a próclise:
*Não há dinheiro para **se** sustentarem tantos filhos.*
*Persistiam no propósito de **se** queixarem às autoridades.*
*Julgo oportuno não **se** comprometerem com esses extremistas.*
*Achei estranho não **se** manifestarem sobre a excelente proposta que **lhes** fizemos.*

29.2.2 – Gerúndio

a) Regra geral: ênclise:
*Esgotando-**se** o prazo estipulado, a dívida será cobrada judicialmente.*
*Agradeceu a presença dos amigos, retirando-**se** em seguida.*

b) Com o gerúndio precedido da preposição *em* ou de um advérbio que o modifique diretamente, é obrigatória a próclise:
*Não **lhe** obedecendo, serás punido.*
*Não **se** trabalhando, nada **se** consegue.*
*Em **o** nomeando, fez o Presidente justiça.*

29.3 – COLOCAÇÃO DOS PRONOMES ÁTONOS EM LOCUÇÕES VERBAIS E FORMAS COMPOSTAS

29.3.1 – Auxiliar + infinitivo

Há quatro posições admissíveis:

a) Ênclise ao infinitivo:
*A turma quer fazer-**lhe** uma surpresa.*
*Devem examinar-**se** os precedentes do caso.*

b) Ênclise ao auxiliar:
*A turma quer-**lhe** fazer uma surpresa.*
*Devem-**se** examinar os precedentes do caso.*

c) Próclise ao auxiliar:
*A turma **lhe** quer fazer uma surpresa.*
*Os colegas **me** prometeram apoiar o plano.*

d) Próclise ou ênclise ao infinitivo precedido de preposição:
*Jamais deixamos de **o** atender prontamente.*
*Começamos a escrever-**lhe** semanalmente.*

29.3.2 – Auxiliar + gerúndio

São admissíveis três posições:

a) Ênclise ao gerúndio:
*As águas iam avolumando-**se**.*
*Estamos devolvendo-**lhes** os documentos originais.*

b) Ênclise ao auxiliar:
Os candidatos vinham-se aproximando da mesa.
Estamos-lhes encaminhando novos cartões de identificação.

c) Próclise ao auxiliar:
Eles se foram retirando silenciosamente.
Os professores se consideram desprestigiados.

29.3.3 – Auxiliar + particípio

Há duas possibilidades:

a) Ênclise ao auxiliar:
As mercadorias tinham-se esgotado.
Os manifestantes haviam-se retirado.

b) Próclise ao auxiliar:
Eu lhe tenho falado várias vezes sobre o assunto.
Os condôminos se haviam comprometido a defender a medida.

29.4 – COLOCAÇÃO DOS PRONOMES ÁTONOS COM A CONJUNÇÃO *QUE* SUBENTENDIDA

Quando, por elegância de estilo, se deixa subentendida a conjunção subordinativa integrante *que*, o pronome átono (me, te, se, lhe, etc.) mantém a posição proclítica.

Sicrano de Tal requer a Vossa Excelência determine lhe sejam abonadas as faltas referentes aos dias 25, 26 e 27 junho de 2015.
Solicitamos nos devolvam preenchidos os formulários anexos.
Espero me tenham entendido corretamente.
Peço me informem minuciosamente acerca das conclusões da perícia.

29.5 – COLOCAÇÃO CLÁSSICA DOS PRONOMES ÁTONOS (APOSSÍNCLISE)

Os escritores clássicos praticavam uma colocação pronominal que hoje soa arcaica, denominada apossínclise. Ocorre em frases com dois elementos que exigem a próclise, e, no caso, o pronome átono é posicionado antes do segundo elemento (geralmente o advérbio *não*):

São assuntos que se não comentam em público.
O comer e o vestir são duas coisas sem as quais se não pode viver. (Padre Antônio Vieira)
É possível que o leitor me não creia. (Machado de Assis)
Não é capaz de fazê-lo, porque o não pode. (Rui Barbosa)

29.6 – EXERCÍCIO

Coloque o pronome átono entre parênteses no espaço adequado:

a) Quando _____ falar _____ , _____ transmita _____ meus cumprimentos. (lhe – lhe)

b) Alguns _____ atrapalharam _____ com a grade. (se)

c) Este aviso destina-se aos candidatos que _____ inscreveram _____ mediante procuração. (se)

d) Em _____ tratando _____ de gado, prefiro o holandês. (se)

e) Se o preso _____ considerava _____ culpado, não cabia a ele declará-lo. (se)

f) Já _____ escreveram _____ muitos livros sobre esse assunto, mas, até agora, nenhum _____ agradou _____ tanto quanto o de Érico Veríssimo. (se – me)

g) Tudo _____ obtém _____ com bons modos. (se)

h) Li um romance cujos episódios _____ impressionaram _____ profundamente. (me)

i) Ontem _____ realizaram _____ as provas práticas. (se)

j) Tudo _____ irritava _____ os nervos. (lhe)

k) Eis o que _____ disseram _____ . (me)

l) Essas teorias são boas, todavia ninguém _____ segue _____ . (as)

m) Esta é a obra de cujo autor _____ falei _____ na última aula. (lhes)

n) _____ convenceu _____ de que nada _____ devia _____ . (nos – nos)

o) Haviam _____ prometido _____ que _____ devolveriam _____ o dinheiro em cinco dias. (nos – nos)

p) Teriam _____ cometido _____ muitas injustiças. (se)

q) Peço _____ comuniquem _____ qualquer irregularidade. (me)

30 – Os sinais de pontuação – normas básicas

> *Quem pontua bem, sabe análise sintática.*
> *Pode não saber a nomenclatura correspondente,*
> *mas sente, 'intui' a estrutura das frases.*
> (Celso Pedro Luft)

30.1 – VÍRGULA

30.1.1 – Emprega-se vírgula

a) Para isolar termos deslocados, principalmente adjuntos adverbiais, cuja posição normal é no fim da oração:
Havia, naquela loja, grande sortimento de calçados nacionais e estrangeiros.
Fizemos, na semana passada, o levantamento de todo o estoque.
Diga-nos, sem constrangimento, onde encontrou esse dinheiro.
Durante quase duas horas, o orador somente falou de suas viagens ao exterior.
Por falta de luz, o espetáculo teve de ser adiado.
As autoridades sanitárias fecharam, na semana passada, vários bares.

b) Para isolar o aposto:
Esteve aqui o senhor Bastos, nosso agente em Blumenau.
A reunião foi presidida pelo doutor Macedo, Diretor do Departamento de Audiovisuais.

Nota – Esta norma justifica a vírgula entre o nome e o cargo ou função da autoridade que assina um documento:

Carlos Porto,	Estêvão Maia,
Presidente.	Secretário.

c) Para isolar o vocativo, dentro de uma frase:
Gostaria de dizer-lhes, meus amigos, que nada fiz além do que era de minha obrigação.
Saibam, minhas senhoras, que este produto é inédito no Brasil.

Nota – Na correspondência, empregam-se dois-pontos (:) após o vocativo, já que segue novo parágrafo e inicial maiúscula. *Senhora Diretora: Estimado Professor:*

d) Para separar, nas datas, o nome do lugar:
Porto Alegre, 26 de julho de 2015.

e) Para separar, nos documentos, o número da data de expedição:
Portaria n. 154, de 19 de junho de 2015.

A Lei n. 10.741, de 1º-10-2003, dispõe sobre o Estatuto do Idoso.
A Lei n. 11.419, de 19-2-2006, dispõe sobre a informatização do processo judicial.
A Emenda Constitucional n. 61, de 11 de novembro de 2009, modificou a composição do Conselho Nacional de Justiça.

f) Para isolar certas palavras e expressões explicativas, corretivas, continuativas, preventivas, etc.:

Veja-se, por exemplo, o que informam os jornais de hoje.
O próximo número sairá amanhã, aliás, depois de amanhã.
Quero, além disso, dizer-lhes que o prazo de inscrição terminou ontem.
Você, com a nota deste mês, não conseguiu somar vinte pontos, isto é, já está reprovado.

g) Para separar as conjunções pospositivas em geral:

Tudo acabou bem; eram, pois, infundados nossos temores.
Estão interrompidas as comunicações telegráficas; não podemos, portanto, receber notícias.
Carlos compreendeu, imediatamente, toda a extensão dos danos; era, porém, homem calmo e ponderado.
Soubesse ele, embora, toda a verdade, não diria uma palavra naquela ocasião.
A tarefa foi exaustiva; não me queixo, porém.

h) Para marcar a omissão do verbo:

Eu confiro as portarias; você, as tabelas correspondentes.
Meu irmão casou em maio; eu, em julho.
Os valorosos levam as feridas; e os venturosos, os prêmios.

i) Para separar as orações coordenadas sindéticas adversativas:

Ele passou por aqui, mas não consegui entregar-lhe os abaixo-assinados.
Ele é muito inteligente, porém não dá o devido valor ao estudo.

j) Para separar as orações coordenadas sindéticas explicativas:

Deve ter chovido, porque o pátio está molhado.
Vá andando, que eu irei em seguida.
Fique aqui, pois a chuva não demora.

k) Para separar as orações coordenadas sindéticas alternativas, principalmente as enfáticas e as muito longas:

Ou vocês terminam esse serviço agora, ou serão dispensados no fim do mês.
Ou me engano muito, ou ele não será eleito.
Nesta terra, ou chove e faz frio, ou faz sol, e o calor é insuportável.

l) Para separar as orações coordenadas sindéticas aditivas iniciadas pela conjunção *e*, quando seus sujeitos são diferentes:

Os mantimentos andavam cada vez mais escassos, e doenças de várias espécies dizimavam grande parte da população.
Veio a noite do baile, e a baronesa vestiu-se. (Machado de Assis)
É bom ser importante, mas é muito mais importante ser bom. (Pe. Antônio Vieira)

m) Para separar as orações subordinadas adverbiais (desenvolvidas ou reduzidas), quando enunciadas antes da principal:

Como não houvesse quorum, a sessão foi adiada.
Aberta a sessão, o secretário leu a ata.
Caso não ocorram novos empecilhos, os trabalhos serão encerrados amanhã.

Posto que se apressasse, já não encontrou o médico em casa.
Visto que assim quer, faremos sua vontade.
Se queres a paz, prepara-te para a guerra.
Quando falar, cuide para que suas palavras sejam melhores que o seu silêncio. (Provérbio indiano)

n) Para isolar orações e quaisquer termos intercalados:
Vou, como disse antes, referir o caso.
Seu relatório, embora seja objetivo, poderia ser mais conciso.
O trabalho, conquanto não seja excelente, apresenta alguns dados de real interesse.
Comunicamos a Vossa Senhoria que, na próxima quarta-feira, não haverá expediente nesta Escola.

Notas
1ª – Se não fosse o termo intercalado *na próxima quarta-feira*, não haveria as duas vírgulas da frase anterior.
Informamos a Vossa Senhoria que, nesta data, foi autorizada sua viagem à Espanha.
2ª – Caso se omita o termo *nesta data*, desaparecem as duas primeiras vírgulas da frase anterior.
Sugerimos a Vossa Senhoria que, a fim de não se repetirem situações como a que acabamos de expor, os responsáveis sejam afastados de suas funções.

o) Para isolar as orações subordinadas adjetivas explicativas:
O Brasil, que é nossa pátria, tudo merece de nós.
Os homens, que são seres racionais, muitas vezes se comportam como irracionais.
As crianças, que são a esperança do Brasil, merecem o nosso apoio.

30.1.2 – Não se emprega vírgula

a) Entre o sujeito e o verbo:
O Ministro de Minas e Energia esteve em Porto há duas semanas.
O Diretor da Faculdade de Educação foi a Brasília.

b) Entre o verbo e seus complementos:
Comunicamos a Vossa Senhoria que a venda de títulos patrimoniais está suspensa.
Informamos Vossa Senhoria de que as provas foram adiadas.
Solicitamos a Vossa Senhoria que nos envie uma relação discriminada das máquinas existentes nesse Departamento.
Diga-lhe que o aguardaremos no aeroporto.

c) Antes de oração subordinada substantiva:
Os jornais afirmam que a crise do petróleo está chegando ao seu final.
Lembrei-me de que teria de ir a uma reunião do clube.
Nosso triunfo depende de que cada um cumpra o seu dever.

d) Antes do complemento nominal:
Ensinei-lhes o respeito aos valores culturais.
Sempre insisto na obediência às normas de trânsito.

e) Antes de termos de significação restritiva:
O jogador de futebol Pelé foi campeão mundial aos 17 anos de idade.
O escritor tcheco Franz Kafka denunciou a desumanização do homem pela burocracia.
O escritor brasileiro Machado de Assis nasceu em 1839.

30.2 – ASPAS

Empregam-se as *aspas*:

a) Na transcrição literal de um texto:
"A experiência não é aquilo que sucede a um homem, mas aquilo que ele faz com o que lhe sucede." (Aldous Huxley)
"O tempo é a insônia da humanidade." (Mário Quintana)
"Há livros que devem ser saboreados; outros, engolidos; e bem poucos, mastigados lentamente e digeridos." (Francis Bacon)

b) Para indicar palavras e expressões estrangeiras:
Não pude acompanhá-los, mas notei que seguiram *"pari passu"* pelo atalho que leva à praia.
O testamento é ato *"mortis causa"*, só produzindo efeitos após a morte do testador.

c) Para denotar ironia:
Ele é, de fato, um *"grande"* poeta.

d) Para destacar nomes de obras de arte ou publicações em geral:
Li esta notícia no *"Correio do povo"*.
Já leste *"A arte de comunicar"*, de A. C. Leyton?
"Os Lusíadas" é um poema épico de Luís de Camões.

e) Para destacar letras, palavras e expressões num contexto:
"Quatorze" e *"catorze"* são duas grafias corretas.
Em *"quadragésimo"*, o s tem pronúncia de z.

Notas

1ª – No emprego das aspas, ocorrem duas situações distintas:

a) As aspas abrangem apenas parte do período, frase ou expressão: os sinais de pontuação que encerram o texto ficam excluídos delas:
Comprei um exemplar do "Código tributário nacional".
Diz Schopenhauer: "Ao caminhar pela vida fora, um homem verá a utilidade que tem em fazer duas coisas: olhar para frente e olhar para cima: uma protege-o dos prejuízos e das injúrias; a outra, das disputas e das brigas".
Pensem nesta afirmação do Pe. Antônio Vieira: "Quanto mais longa a explicação, maior a mentira".

b) As aspas abrangem todo o período, frase ou expressão: os sinais de pontuação que encerram o texto ficam abrangidos por elas:
"Discordo do que você diz, mas defenderei até à morte o seu direito de dizê-lo." (Voltaire)
"A palavra é divina, mas o uso que fazemos dela justifica os grandes taciturnos da história." (J. R. Whitaker Penteado)

2ª – Nas transcrições, caso haja mais de um parágrafo, colocam-se aspas no começo de cada um e no fim do último. Se o trecho transcrito ou citado contiver, por sua vez, alguma citação, esta deverá trazer aspas no começo de cada linha e no fim da última.

3ª – Quando há transcrição ou citação contida em outra transcrição ou citação, convém, para evitar excesso de aspas, fazer uso das *aspas simples* (') ou do *itálico*:
"Presunção 'juris et de jure', também chamada presunção legal absoluta, é a presunção de verdade que a própria lei atribui a certos fatos e que não comporta prova em contrário." (Washington de Barros Monteiro)
"É demissível *ad nutum* todo aquele que não goze de estabilidade assegurada em lei."
"A transcrição confere apenas presunção 'iuris tantum' de domínio."

4ª – Atualmente, as aspas vêm sendo substituídas pelo simples emprego do *itálico*:
Os verdadeiros analfabetos são os que aprenderam a ler, mas não leem. (Mário Quintana)

30.3 – DOIS-PONTOS

Empregam-se *dois-pontos*:

a) Antes de uma citação:
Disse Renan: *"A primeira regra do homem que se dedica a grandes empresas é recusar aos medíocres o poder de o desviarem do seu caminho".*

b) Antes de uma enumeração:
Os meios legítimos de adquirir fortuna são três: trabalho, ordem e economia.
Duas coisas te perturbam a vida: o jogo e a bebida.

c) Antes de uma explicação ou reflexão:
Acabe com essas explicações: você está perdendo seu tempo.

d) Depois do vocativo, na correspondência e nos discursos:
Senhores Acionistas:
Senhor Superintendente:

30.4 – PARÊNTESES

Empregam-se *parênteses* para intercalar, num texto, indicações acessórias ou complementares (explicações, reflexões, comentários, etc.):
"Tive (por que não direi tudo?), tive remorsos." (Machado de Assis)
"Ela era calada (por não ter o que dizer), mas gostava de ruídos." (Clarice Lispector)
"Não, filhos meus (deixai-me experimentar, uma vez que seja, este suavíssimo nome); [...] (Rui Barbosa).

Notas

1ª – É frequente o emprego de parênteses em títulos de livros e de artigos de jornal e revistas, e mesmo no interior de frases do texto. Trata-se de recurso que confere um sentido duplo (bifacial) a esses livros, artigos e textos em geral:

Hermenêutica e(m) crise. (título de livro)
Arquitetura como (re)construção. (título de tópico de artigo de jornal)
Por que elas são (in)fiéis. (título de livro)
(Des)caminhos da democracia. (título de artigo de jornal).
(In)imputabilidade dos menores de dezoito anos. (título de artigo de jornal)
A escola (não)ensina a escrever. (título de livro)
Médicos (pr)escrevem. (título de coletânea de textos literários escritos por médicos)
A clareira é o espaço que possibilita(rá) olhar em volta. (texto de livro)

2ª – Outros tipos, normas e exemplos de pontuação, de modo especial acerca de seu emprego nos textos jurídicos, poderão ser encontradas no livro *Habeas verba: português para juristas*, de Adalberto J. Kaspary, 10. ed., rev., atual. ampl. e adaptada ao novo sistema ortográfico – Porto Alegre: Livraria do Advogado Editora, 2014.

30.5 – EXERCÍCIO

Empregue vírgula quando couber:

a) O romancista carioca Raul Pompeia lutou na campanha abolicionista.

b) O autor de *O Ateneu* Raul Pompeia suicidou-se em 1895.

c) Os participantes que assistirem a todas as palestras farão jus a um certificado.

d) O Tribunal considerou a greve abusiva e em face dessa decisão os rodoviários resolveram voltar as suas atividades.

e) O governo brasileiro chegou à conclusão de o desenvolvimento científico pressupõe o desenvolvimento científico e tecnológico.

f) Minha mãe que se aposentou recentemente abriu uma loja de artesanato em Gramado.

g) Dividia seu tempo entre Porto Alegre onde trabalhava e Gramado onde residia.

h) Garantiu-nos quando o visitamos que apesar daquele imprevisto estaria presente à cerimônia.

i) As crianças que são a esperança do Brasil merecem nosso apoio.

j) O vereador diplomado que não tomar posse na data estabelecida em lei tem o prazo de trinta dias para fazê-lo.

k) Sua Excelência o Senhor Ministro da Saúde é favorável à restrição da propaganda de cigarros no rádio e na televisão.

l) Pouco depois quando chegaram outros convidados a conversa ficou mais animada.

m) "Nós não conhecíamos a cidade e as pessoas estranhavam nossos trajes." (Adão Myszak)

n) A Lei n. 11.419 de 19 de dezembro de 2006 dispõe sobre a informatização do processo judicial.

31 – Expressões e vocábulos latinos de uso frequente

Ab initio: desde o princípio.
Ab origine: desde a origem, desde os primórdios.
Abusus non tollit usum: o abuso não tira o uso. O abuso que se pode fazer de uma coisa não deve obrigar necessariamente a abster-se dela.
A contrario sensu: em sentido contrário, pela razão contrária.
Ad hoc: a isto, para isto, para o caso, eventualmente. Diz-se especialmente em relação à pessoa que, de modo eventual, exerce função transitória. Escolheram-no para secretário "ad hoc".
Ad libitum: à escolha, à vontade. Usa-se para dizer que determinado ato pode ser praticado à vontade, livremente, a critério do interessado.
Ad nutum: segundo a vontade, ao arbítrio de. Diz-se da demissibilidade do funcionário público que depende só da vontade do Governo ou do agente da Administração, sem precedência de causa justificada.
Ad referendum: sob condição de referir a, pendente de aprovação. Diz-se do ato pendente de aprovação ou ratificação de outrem.
Ad valorem: segundo o valor, com relação ao valor. Diz-se dos direitos de alfândega estabelecidos, para os objetos importados, proporcionalmente ao valor desses objetos.
A limine: desde o limiar, desde o começo, sem maior exame.
A posteriori: pelo que segue, depois de um fato. Diz-se do raciocínio em que se remonta do efeito à causa. Argumentar *a posteriori*: argumentar segundo as consequências de uma hipótese ou proposição. Não tem o significado de *posteriormente*.
A priori: segundo um princípio anterior, admitido como evidente; antes de argumentar, sem prévio conhecimento. Não tem o significado de *inicialmente*.
Apud: em, junto a, junto em. Emprega-se em citações *indiretas*, isto é, em citações colhidas numa obra, e não diretamente.
Bona fide: de boa-fé.
Causa mortis: a causa (determinante) da morte. Diz-se do imposto que é pago sobre a importância líquida da herança, ou legado. Nos casos em que se quer dar a ideia de "por causa da morte", é preferível dizer *mortis causa*.
Condicio sine qua non: condição sem a qual não.
Curriculum vitae: carreira da vida (literalmente); conjunto de dados relativos ao estado civil, ao preparo profissional e às atividades anteriores de quem se candidata a um emprego. Pl.: *curricula vitae*.
Data venia: concedida a licença, com a devida vênia. É uma expressão respeitosa com que se inicia uma argumentação discordante da de outrem.
De facto: de fato, realmente, efetivamente.

Deficit: designa o excesso do passivo sobre o ativo, ou da despesa sobre a receita; défice. Deriva do verbo *deficere*: faltar, falhar.

De plano: sem dificuldade, sem formalidade, imediatamente, sem inquérito prévio (em linguagem jurídica).

Dura lex, sed lex: a lei é dura, mas é lei. Máxima citada quando se alude a uma regra ou proibição severa, mas que é forçoso acatar.

Et cetera (*etc.*): e as outras coisas, e os outros, e assim por diante, e o restante. A expressão pode referir-se, atualmente, tanto a *coisas* quanto a *pessoas*. Uma vez que começa com *et* (= *e*), é dispensável (não errada, porém), antes dela, a vírgula.

Ex cathedra: de cátedra, do alto da cadeira, em função do próprio cargo, com autoridade. O Papa falou *ex cathedra*, isto é, como chefe da Igreja Católica.

Exempli gratia (abreviadamente *e. g.*): por exemplo.

Ex officio: por dever do cargo, oficialmente, por lei. Diz-se do ato oficial realizado sem a provocação das partes. Medida tomada no serviço público segundo a rotina.

Ex tunc: desde então, isto é, com efeito retroativo.

Ex vi: por força de, por efeito de.

Ex vi legis: por força de lei, em virtude de lei.

Grosso modo: por alto, resumidamente, sumariamente.

Honoris causa: por motivo de honra, a título de honra, honorificamente.

Id est: isto é, quer dizer. Muitas vezes aparece abreviadamente: *i. e.*

In dubio pro reo: em caso de dúvida, a favor do réu. Quer significar que, havendo dúvida, a decisão deve ser a favor do réu.

In fine: no fim (de um parágrafo, capítulo, etc.).

In loco: no (próprio) lugar. Fazer uma observação "in loco".

In memoriam: em comemoração, para memória, para lembrança.

Inter vivos: entre vivos. Doação feita *inter vivos*.

In verbis: nestes termos, nestas palavras. Emprega-se para exprimir as citações ou as referências feitas com as palavras da pessoa que se citou ou do texto a que se alude.

Ipsis verbis: pelas próprias palavras, (com as) mesmas palavras, exatamente.

Iure et de facto: de direito e de fato. Diz-se de quem se encontra na posse efetiva de alguma coisa que lhe pertencia por direito.

Lapsus calami: lapso da pena, erro da pena. Erro que escapa, por inadvertência, a quem escreve.

Lapsus linguae: lapso da língua, erro ao falar. Erro que se comete, por distração, falando.

Lato sensu: em sentido amplo, em sentido geral.

Libertas quae sera tamen (Virgílio, *Éclogas*, I, 27): a liberdade, ainda que tardia.

Loco citato: no lugar citado, no lugar mencionado.

Mens legis: o espírito da lei.

Mens sana in corpore sano (Juvenal, *Sátiras*, X, 356): alma (mente) sã num corpo sadio.

Modus faciendi: modo de proceder, de agir em certas situações.

Modus vivendi: modo de viver

Mutatis mutandis: mudando-se o que se deve mudar, fazendo-se as mudanças devidas.

Nemine discrepante: por unanimidade, sem voto ou parecer contrário.

Nihil obstat: nada obsta, nada impede. Fórmula de licença que se costuma imprimir nos livros submetidos à censura da Igreja.

Nomem iuris: denominação legal. Significa o nome atribuído a qualquer fato, ato ou ação pela própria lei.

Non bis in idem: não duas vezes em relação à mesma coisa. Significa que não se deve julgar de novo uma relação jurídica já decidida (aplicação de duas penas sobre a mesma falta, por exemplo).

Nota (ou *notate*) *bene* (abreviadamente N. B.): nota bem, note-se, advirta-se, ou no plural: notai bem.

Onus probandi: a obrigação de provar, o encargo de provar.

Pari passu: com passo igual, simultaneamente.

Passim: aqui e ali, isto é, em várias partes do livro. Emprega-se, depois do título de uma obra citada, para indicar que se encontram nela numerosas referências, em diversas passagens, a um certo assunto.

Per capita (pronúncia: per cápita): por cabeça, para cada indivíduo. Nossa renda *per capita* está subindo.

Persona non grata: pessoa indesejável, desagradável. Expressão empregada, na terminologia diplomática, para indicar a pessoa que não é mais aceita com satisfação pelo governo junto do qual estava acreditada.

Pro forma: por mera formalidade.

Quantum satis: o bastante, quanto baste; o que basta.

Quod erat demonstrandum: o que se queria demonstrar, o que se tinha a demonstrar. Emprega-se no final de uma argumentação. Abreviadamente: Q. E. D.

Quorum: número mínimo de membros presentes necessário para que uma assembleia possa funcionar ou deliberar regularmente.

Requiescat in pace: descanse em paz. Palavras que se cantam ou rezam no ofício dos mortos e que se gravam nas pedras tumulares. Abreviadamente: R. I. P.

Res, non verba: fatos, não palavras. Emprega-se para indicar que determinada situação exige mais do que meras promessas.

Sic: assim, assim mesmo, exatamente, nada mais nada menos. Pospõe-se a uma citação, ou nela se intercala, entre colchetes, para indicar que o texto original é bem assim, por errado ou estranho que pareça.

Sine die: sem dia, isto é, sem dia fixado, sem se fixar a data. A reunião foi adiada *sine die*.

Sine qua non: sem a qual não, isto é, indispensável. A saúde é a condição *sine qua non* da felicidade.

Si vis pacem, para bellum: se queres a paz, prepara-te para a guerra. Quer significar que, para evitar ser atacado, o melhor é fazer os necessários preparativos para a defesa.

Sponte sua: espontaneamente, por sua própria iniciativa, por sua própria vontade.

Stricto sensu: em sentido restrito, no sentido literal.

Sub iudice: em juízo, sob apreciação judicial. Designa a questão que está ainda pendente de julgamento ou que não foi ainda objeto de decisão por parte do juiz.

Sufficit: basta, é suficiente.

Sui generis: de seu próprio gênero. Diz-se do que é especial a uma pessoa, a uma coisa. Ele tem um modo de discordar "sui generis".

Superavit: excesso da receita sobre a despesa, saldo positivo.

Ut infra: como (está escrito) abaixo.

Ut retro: como (ficou dito ou escrito) atrás.

Ut supra: como (ficou escrito) acima.

Verbi gratia (abreviadamente *v. g.*): por exemplo.

Verbum ad verbum: palavra por palavra, textualmente, literalmente.

Vide: vê, veja, veja-se, veja em. Usa-se quando se quer que o leitor consulte outra palavra, expressão ou trecho.

Vox populi, vox Dei: Voz do povo, vós de Deus. (Ocorre que, com base na voz do povo, Jesus foi crucificado!)

Gabarito

1.3 – EXERCÍCIO SOBRE ACENTO ADEQUADO – página 22

Acidez
(os) aluguéis
apoiem
(eles) arguem
Bocaiuva
Camboriú
caracteres
cartomancia
centopeia
constroem
constrói
decano
delinquência
destroem
distinguiram
feiura
filantropo
gratuito
hifens
ibero-americano
inaudito
ínterim
irmãmente
itens
Jéferson
Luís
(eles) mantêm
(é) mister
novel
paióis
paraquedas
(ele) para
(tu) paras
(eu) perdoo
(eles) preveem
pudico
raízes
recém
refém
(tu) reténs
(a) rubrica
suéter
Taís
tramoia
uísque
veículos

2.9 – EXERCÍCIOS
1 – Encontros vocálicos – página 29

quiproquó – qui e quó: ditongos crescentes
níveo – eo: ditongo crescente
quanto – uan: ditongo crescente (nasal)
cruel – ue: hiato
apoias – oi: ditongo decrescente; ia – hiato
(ele) denuncia – ia: hiato
(a) mágoa – oa: ditongo crescente
redarguiu – uiu: tritongo
investiu – iu: ditongo decrescente
(ele) restitui – ui: ditongo decrescente

véu – éu: ditongo decrescente
fortuito – ui: ditongo decrescente
valia – ia: hiato
heresia – ia: hiato
exigência – ia: ditongo crescente
(a) denúncia – ia: ditongo crescente
(ele) magoa – oa: hiato
conceito – ei: ditongo decrescente
concluiu – ui: hiato; iu: ditongo decrescente
quatro – ua: ditongo crescente

2 – Dígrafos – página 29

crescer – sc
gargalhada – lh
inquérito – in, qu
excluir – -------
quaisquer – qu (-quer)

cassar – ss
borracha – rr e ch
excessivo – xc e ss
charque – ch e qu
quinquilharia – qu, in, qu e lh

3 – Partição silábica – página 29

de-sobs-tru-ir
di-mi-nu-em
co-lap-so
ins-tan-tâ-neo
pes-so-a
su-pe-rin-ten-den-te
e-xí-mio
a-poi-em
ob-te-rí-a-mos
gra-tui-to
trans-gres-são
pa-la-vra
in-te-ra-gir
en-xa-gu-ou
in-subs-ti-tu-í-vel
su-ben-ten-di-do
ca-na-vi-ais

in-con-sis-tên-cia
ar-ren-da-tá-rio
am-né-sia
bi-sa-vô
de-si-guais
de-sen-cai-xar
di-sen-te-ria
tran-se-un-te
pe-rí-o-do
de-ses-ti-mu-lan-te
re-mo-vi-am
a-per-fei-ço-ar
quais
tran-sa-ma-zô-ni-co
ta-pui-as
de-sau-to-ri-zar
abs-ces-so

3.17 – EXERCÍCIO, EMPREGO DE LETRAS:
1 – S ou Z – página 42

amenizamos
atualização
baronesa
colisão
apaziguar
defesa
fusível
palidez
quiseram
anarquizar
primazia
escocês
paralisação

arborização
atrasado
cortesmente
camiseiro
desparafusar
envernizado
gasômetro
princesa
revezamento
agasalhado
camponeses
improvisação
catequese

aneizinhos
amortizar
caracterizar
cotizar
Sousa
escassear
grisalho
propusemos
sintetizamos
botõezinhos
carreteizinhos
Teresinha
usina

2 – C, Ç, S, SS ou SC – página 42

assimétrico
concessionário
desassossegado
exceção
intercessão
omissão
septuagésimo
repercussão
admissão
agressivo

abstenção
compreensivo
discussão
expansivo
Juçara
Paraguaçu
pretensão
transcurso
acetinado
acessível

sucinto
depressão
dissociar
imissão
microssaia
percussão
quadragésimo
transgressão
ascensão
cansativo

Canguçu
desossar
parassintético
excessivo
impressionado

demissão
detenção
distensão
excursionista
incursão

desopressão
dissílabo
pretensioso
Iguaçu
monossílabo

3 – X ou CH – página 43

engraxate
xícara
chuchu
xucro
enxotamos
Chapecó
desleixado
cochilamos
salsicha
enxurrada
capacho
xucro

enfeixamos
fecho
caxumba
beliche
comichão
xavante
piche
charque
enxaqueca
preenchemos
vexatório
mixórdia

atarraxado
xingamos
enxergamos
queixume
mochila
trapiche
encharcado
enxovalhado
faxina
chaleira
coqueluche
sanduíche

4 – J ou G – página 43

agiota
anteprojeto
encorajemos
gengiva
giz
manjerona
vertiginoso
aragem
cerejeira
ferruginoso
gesticulamos
majestade
tigela
vigência

ajeitar
canjica
fuligem
gorjeta
lisonjeiro
rijeza
ultraje
berinjela
desajeitado
garagem
lisonjeado
rigidez
sarjeta
gorjeio

argila
estrangeiro
enjeitado
manjedoura
rabugento
tangente
traje
egrégio
enrijecer
jerimum
herege
viajemos
lajeadense
sargento

5 – X ou S – páginas 43, 44

destreza
extinguimos
explanamos
estrangeiro
espirrar
extorquiram
extrovertido
extraviado
escavação
justaposição
explodiram

exigimos
esclerose
hesitante
expusemos
esquisito
espontâneo
(a) esplanada
extravagante
exoneração
escoriação
misto

exortamos
estremecer
escusas
exuberante
extravasar
explícito
escancarar
espargir
expandimos
inexaurível
inesgotável

estranhamos	extração	esdrúxulo
esplendor	estorno	estropiado
extenuante	espremer	expurgamos
estrutura	espoliação	escorrer

6 – E ou I – página 44

candeeiro	desequilíbrio	despender
discrição	empecilho	disenteria
digladiar	frontispício	irrequieto
periquito	quase	terebintina
casimira	cumeeira	dirimir
antipático	penico	eletricitário
escárnio	(a) destilaria	estripulia
meritíssimo	petiço	sequer
privilégio	indiscrição	enticar

7 – O ou U – página 44

curtume	óbolo	engolir
tabuada	(de) supetão	jabuticaba
espoleta	usufruto	cutucar
goela	bueiro	tabuinha
burburinho	cumbuca	entabular
entupir	cumprimentar	bruxulear

8 – Formas corretas – página 44

acriano	aeroporto	caramanchão
cinquenta	asterisco	beneficente, beneficência
irascível	cateter, cateteres	ciclope
desconcertante	hilaridade	reiterar
mandado de segurança	cabeleireiro	entretenimento
mal-humorado	misto	(caixa) torácica
reivindicar, reivindicação	(soma) vultosa	meteorológico, meteorologia
prazerosamente		

4.5 – EXERCÍCIO: sobre os *porquês* – páginas 46, 47

a) Por que   b) por quê   c) porque
d) por que   e) por que   f) por que
g) por que   h) por que   i) por que
j) porquê   k) por que   l) porquês

5.3 – EXERCÍCIO: sobre homônimos e parônimos – página 59

a) discriminação   b) discrição   c) intercessão
d) discrimine   e) a fim   f) há cerca de
g) infestam   h) acerto   i) sessões
j) vultosa   k) apóstrofo   l) subentende
m) seção   n) arresto   o) extrato
p) acerca   q) se não   r) ao encontro dos

s) cessão
v) cariados
t) consumem
w) incipiente
u) perfilham
x) concerto

8.2 – EXERCÍCIO: sobre o processo de formação das palavras – página 69
antever: derivação prefixal
esclarecer: derivação parassintética
deslealdade: derivação prefixal e sufixal
(a) procura: derivação regressiva, ou deverbal
planalto: aglutinação
sociólogo: hibridismo
ambiental: derivação sufixal
vandalismo: derivação sufixal
descomunal: derivação prefixal e sufixal
rainha-mãe: justaposição
descascar: derivação prefixal e sufixal
jeitoso: derivação sufixal
lealdade:derivação sufixal
empobrecer: derivação parassintética
micro-ondas: derivação prefixal
sambódromo: hibridismo
entristecer: derivação parassintética
astronauta: aglutinação
(o) levante: derivação regressiva, ou deverbal
Damasco: derivação imprópria
Oliveira: derivação imprópria
sub-raça: derivação prefixal

9.4 – EXERCÍCIOS
1 – Emprego do hífen – página 75

coassinado
correlator
expatriar
ante-estreia
birretangular
miniauditório
coabitação
autossuperação
transexual
super-resistente
contra-ataque
autorretrato
plurirracial
anti-hepático
posto-chave

cocontratante
cossignatário
vice-campeão
antirroubo
cardiorrenal
neurossensitivo
pan-arábico
norma-padrão
intersexual
sub-rogar
antissocial
semirreta
coxofemoral
afro-cubano
reumanização

2 –
cidade-sede
francofalante
pé de chinelo
procurador-geral
balão de ensaio
sinal da cruz
hora aula
licença-saúde
tendão de aquiles

estrela-guia
carro-forte
mais-valia
recém-doutor
olho-de-gato (erva)
conto do vigário
inspetor chefe
mega-acidente
testa de ferro

(os) sem-partido
à toa
auxílio-doença
(os) fora da lei
não devolução
(o) corpo a corpo
lava rápido
vale-transporte
mototáxi

tão somente
orçamento-programa
preço-teto
mãe de santo
quase contrato
homem-bomba
pé de pato (calçado)
antiofídico

13.42 – EXERCÍCIO:

1 – Voz passiva sintética – página 130

a) *Esgotar-se-ão* todos os recursos.
b) *Manter-se-iam* as atuais condições de segurança.
c) *Obtêm-se* bons resultados com o novo método.
d) Não *se podem usar* materiais sensíveis ao calor.
e) Não gostei das alterações que *se fizeram*.
f) *Abrir-se-iam* novas estradas na região.
g) *Preveem-se* muitas chuvas para o próximo inverno.
h) Os males não *se remedeiam* com palavras bonitas.

2 – Formas verbais – página 131

a) deem (dar, presente do subjuntivo)
b) Dize-me (dizer, imperativo afirmativo)
c) procura-o (procurar, imperativo afirmativo)
d) encoraje (encorajar, presente do subjuntivo)
e) Caso haja, ajas (presente do subjuntivo)
f) Faze (fazer, imperativo afirmativo)
g) Espera-me (esperar, imperativo afirmativo)

3 – Pronome enclítico – página 131

a) devolvemo-los
b) remetemos-lhes
c) despedimos-nos
d) interditam-nas
e) distraí-los
f) expô-los
g) compõem-nas

4 – Formas verbais – página 131

a) convêm (convir, presente do indicativo)
b) vimos (vir, presente do indicativo)
c) intervierem (intervir, futuro do subjuntivo)
d) previram-se (prever, pretérito perfeito do indicativo)
e) virmos (ver, futuro do subjuntivo)
f) provieram (provir, pretérito perfeito do indicativo)
g) contém (conter, presente do indicativo)
h) entretiveram-se (entreter, pretérito perfeito do indicativo)

5 – Formas verbais – página 132

a) passeemos (passear, presente do subjuntivo)
b) regrida (regredir, presente do subjuntivo)
c) sobrestivesse (sobrestar, pretérito imperfeito do subjuntivo)
d) divirjo (divergir, presente do indicativo)
e) precaveu (precaver, pretérito perfeito do indicativo)
f) vigerá (viger, futuro do presente)

14.5 – EXERCÍCIO: formas pronominais – página 136
a) com você (consigo, com você)
b) a senhora (si, a senhora)
c) mim, ti (tu, ti)
d) com o senhor (com o senhor, consigo)
e) eu (eu, mim)
f) com nós (conosco, com nós)
g) eu (mim, eu)
h) eu (eu, mim)
i) eu (mim, eu)
j) você (você, si)

19.3 – EXERCÍCIOS: pronomes relativos – página 154
a) a que
b) de que, ou das quais
c) a cuja
d) a que
e) a que, ou ao qual
f) por que
g) de que
h) a que
i) de cujos
j) a cujas

20.8 – EXERCÍCIOS: pronomes indefinidos, pronomes relativos e advérbios – página 157
a) pouca: pronome adjetivo indefinido
b) que: pronome relativo
c) alguns: pronome substantivo indefinido
   pouco: pronome indefinido
d) que: pronome relativo
e) onde: advérbio interrogativo de lugar
f) muito: advérbio de intensidade
g) quando: pronome relativo (= no qual)
h) aí: advérbio de lugar
   quem: pronome relativo
   seriamente: advérbio
i) muito: pronome adjetivo indefinido
j) tanto: advérbio
   mal: advérbio
k) meio: advérbio de modo
l) menos: pronome adjetivo indefinido
m) como: advérbio interrogativo de modo
n) como: advérbio
o) mais: advérbio de intensidade
p) que: pronome relativo
q) Provavelmente: advérbio

21.3 – EXERCÍCIOS: conjunções – páginas 163, 164
a) ainda que: conjunção subordinativa concessiva
b) que: conjunção subordinativa consecutiva

c) para que: conjunção subordinativa final
d) por isso: conjunção coordenativa conclusiva
e) portanto: conjunção coordenativa conclusiva
f) à medida que: conjunção subordinativa proporcional
g) como: conjunção coordenativa causal
h) senão: conjunção coordenativa adversativa
i) conquanto: conjunção subordinativa concessiva
j) No entanto: conjunção coordenativa adversativa
k) pois: conjunção coordenativa conclusiva
l) que: conjunção subordinativa consecutiva
m) se: conjunção subordinativa integrante
n) como: conjunção subordinativa conformativa

23.3 – EXERCÍCIOS:

1 – Função sintática – páginas 173, 174
a) ótimas condições de trabalho: sujeito
b) mau: adjunto adnominal
c) anexo: predicativo (do sujeito)
d) prêmios: objeto direto
e) a base: predicativo (do sujeito)
f) pelo patrão: agente da passiva
g) aos novos: complemento nominal
h) Pouco: adjunto adnominal
i) as honras: sujeito
j) de vontades: complemento nominal
k) todas as ruas do bairro: sujeito
l) meios: sujeito
m) pela inexperiência: agente da passiva
n) às aulas: complemento nominal
o) imóveis: predicativo (do sujeito)
p) Esses assuntos: objeto direto
q) o fornecimento de credenciais: sujeito
r) o professor: sujeito
s) eu: sujeito
t) essa alteração contratual: sujeito

2 – Função sintática dos pronomes relativos – página 174
a) que: sujeito
b) a que: objeto indireto
c) que: objeto direto
d) por quem: agente da passiva
e) de que: objeto indireto
f) que: sujeito

24.6 – EXERCÍCIOS: classificação das orações pelos conetivos – páginas 180 e 181

a) por que: oração subordinada adjetiva restritiva
b) que: oração subordinada adverbial consecutiva
c) pois: oração coordenada sindética explicativa
d) Como: oração subordinada adverbial causal
e) mas: oração coordenada sindética adversativa
f) Posto que: oração subordinada adverbial concessiva
g) se: oração subordinada substantiva objetiva direta
h) todavia: oração coordenada sindética adversativa
i) onde: oração subordinada adjetiva restritiva
j) a fim de que: oração subordinada adverbial final
k) que: oração subordinada substantiva objetiva indireta
l) À medida que: oração subordinada adverbial proporcional
m) ou: oração coordenada sindética alternativa
n) desde que: oração subordinada adverbial condicional
o) contanto que: oração subordinada adverbial condicional
p) que: oração subordinada substantiva apositiva
q) Conquanto: oração subordinada adverbial concessiva
r) porquanto: oração subordinada adverbial causal

25.3 – EXERCÍCIOS: concordância verbal – páginas 197, 198

a) existem (existir, pretérito imperfeito do indicativo)
b) faz (fazer, presente do indicativo)
c) seja (seja, ou sejam)
d) existissem, haveria (existir, pretérito imperfeito do subjuntivo; haver, futuro do pretérito)
e) pode (poder, presente do indicativo)
f) era (ser, pretérito imperfeito do indicativo)
g) construir-se-ão, houver (construir-se, futuro do presente; haver, futuro do subjuntivo)
h) deve (dever, presente do indicativo)
i) seu (vosso ou seu)
j) requerem-se (requerer, presente do indicativo)
k) sua (vossa ou sua)
l) distinguiam (distinguir, pretérito imperfeito do indicativo)
m) bastam (bastar, presente do indicativo)
n) convêm (convir, presente do indicativo)
o) batem (bater, presente do indicativo)
p) gosta (gostar, presente do indicativo)
q) devem-se (dever, presente do indicativo)
r) há (tem ou há)
s) fazia (fazer, pretérito imperfeito do indicativo)
t) consultar (consultar ou consultarem)
u) incumbem (incumbe ou incumbem)
v) pesem (pese ou pesem)
w) proceda (proceda ou procedam)
x) for (for ou forem)

26.3 – EXERCÍCIOS: concordância nominal – páginas 206, 207
a) menos (menos)
b) bom (bom)
c) próprias (próprio)
d) laranja (laranja)
e) meio (meio)
f) econômico-financeira (econômico-financeiro)
g) todo (todo o ou todo)
h) bastantes (bastante)
i) alerta (alerta)
j) Dadas (dado)
k) anexos (anexo)
l) azul-claro, gelo (azul-claro, gelo)
m) areia (areia)
n) caro (caro)
o) dois (dois ou duas)
p) necessário (necessário)
q) francesa, italiana e alemã (francês, italiano, alemão)
r) toda a (toda ou toda a)
s) sós (só)
t) piores (pior)

27.4 – EXERCÍCIOS: concordância nominal – página 225
1 – O ou LHE e suas variações – página 229
a) o
b) a
c) o (ou a)
d) perdoá-lo, o
e) –os
f) o
g) lhe
h) o (ou a)
i) a
j) o (ou a), o (ou a)

2 – Preposições adequadas – página 225
a) a
b) a
c) a

3 – Substituição da expressão ou verbo – páginas 225, 226
a) Ele sempre *aspirou à* posição de diretor. (aspirar)
b) Lamentavelmente, não pudemos *assistir à* chegada das autoridades. (assistir)
c) Com esta medida, visamos a diminuir o número de acidentes de trabalho. (visar)
d) Prefiro críticas sinceras *a* elogios interesseiros. (preferir)

4 – Substituição da expressão – página 226
a) antes de a (antes de a, antes da)
b) de a (da, de a)
c) de o (do, de o)
d) de ele (de ele, dele)
e) de os (de os, dos)
f) de os (dos, de os)

28.9 – EXERCÍCIOS: emprego da crase – páginas 232, 233

a) A ONU enviou emissários a Portugal, à Jordânia e à Turquia.
b) Diga a Sua Excelência que o Rio Grande do Sul continua fiel à missão que lhe foi confiada.
c) À servidora gestante será concedida licença de três meses.
d) A aluna continuou a reclamar e foi chamada à presença da Diretora, a fim de justificar-se.
e) Quanto à sugestão de Vossa Excelência, propusemos à Assembleia uma reunião extraordinária, a fim de estudá-la a fundo.
f) De 14 a 20 do corrente, diariamente, de segunda a sexta-feira, das oito às dezenove horas, ininterruptamente, estaremos à disposição dos candidatos às provas.
g) Passaram a pouca distância de nós, tomando a direção do centro.
h) Quem falta às suas obrigações não merece a estima da sociedade.
i) Darei um prêmio à que obtiver a primeira colocação.
j) A cidade fica a leste, a seis quilômetros daqui.
k) Refiro-me àquela moça com quem conversávamos há pouco.
l) Chegamos à conclusão de que o regulamento não se refere a pessoas aposentadas.
m) Volte a esta seção sempre que quiser, pois aqui sempre estaremos às suas ordens.
n) Desde que se transferiu para a Alemanha, dedica-se às artes.
o) Espero que respondam objetivamente a essa questão.
p) A remuneração da hora excedente nunca será inferior à da hora normal.
q) Essa questão é semelhante à que discutimos na sessão anterior.
r) Ante a falta de recursos, a compra dos equipamentos foi adiada.
s) À uma hora, chegamos a Uruguaiana; às duas horas, procedemos à reconstituição do crime.
t) Não devemos dar maior importância àqueles incidentes.
u) Dirijo-me a Vossa Senhoria a fim de expor-lhe alguns aspectos a respeito de minha viagem a Santa Cruz do Sul.
v) Este aviso destina-se àquelas alunas que estão com excesso de faltas.
w) Não fugiremos à responsabilidade de nos unirmos às pessoas que já iniciaram a empresa.
x) Se for à Bahia, não deixe de fazer uma visita à Igreja do Divino.
y) Refiro-me a esta senhora, e não àquela que vimos ontem à noite
z) Diga à Cibele que eu a esperarei em frente à Igreja do Rosário.

29.6 – EXERCÍCIOS: pronomes átonos – páginas 238, 239

a) Quando lhe falar, transmita-lhe meus cumprimentos. (lhe – lhe)
b) Alguns se atrapalharam com a grade. (se)
c) Este aviso destina-se aos candidatos que se inscreveram mediante procuração. (se)
d) Em se tratando de gado, prefiro o holandês. (se)
e) Se o preso se considerava culpado, não cabia a ele declará-lo. (se)
f) Já se escreveram muitos livros sobre esse assunto, mas, até agora, nenhum me agradou tanto quanto o de Érico Veríssimo. (se – me)
g) Tudo se obtém com bons modos. (se)
h) Li um romance cujos episódios me impressionaram profundamente. (me)
i)) Ontem se realizaram as provas práticas. (se)
j) Tudo lhe irritava os nervos. (lhe)
k) Eis o que me disseram. (me)
l) Essas teorias são boas, todavia as ninguém segue. (as)

m) Esta é a obra de cujo autor lhe falei na última aula. (lhes)
n) Convenceu-nos de que nada nos devia. (nos – nos)
o) Haviam-nos prometido que nos devolveriam o dinheiro em cinco dias. (nos – nos)
p) Ter-se-iam cometido muitas injustiças. (se)
q) Peço me comuniquem qualquer irregularidade. (me)

30.5 – EXERCÍCIOS: sinais de pontuação: vírgula – páginas 244, 245

a) O romancista carioca Raul Pompeia lutou na campanha abolicionista.
b) O autor de *O Ateneu*, Raul Pompeia, suicidou-se em 1895.
c) Os participantes que assistirem a todas as palestras farão jus a um certificado.
d) O Tribunal considerou a greve abusiva e, em face dessa decisão, os rodoviários resolveram voltar às suas atividades.
e) O governo brasileiro chegou à conclusão de o desenvolvimento científico pressupõe o desenvolvimento científico e tecnológico.
f) Minha mãe, que se aposentou recentemente, abriu uma loja de artesanato em Gramado.
g) Dividia seu tempo entre Porto Alegre, onde trabalhava, e Gramado, onde residia.
h) Garantiu-nos, quando o visitamos, que, apesar daquele imprevisto, estaria presente à cerimônia.
i) As crianças, que são a esperança do Brasil, merecem nosso apoio.
j) O vereador diplomado que não tomar posse na data estabelecida em lei tem o prazo de trinta dias para fazê-lo.
k) Sua Excelência o Senhor Ministro da Saúde é favorável à restrição da propaganda de cigarros no rádio e na televisão.
l) Pouco depois, quando chegaram outros convidados, a conversa ficou mais animada.
m) "Nós não conhecíamos a cidade, e as pessoas estranhavam nossos trajes." (Adão Myszak)
n) A Lei n. 11.419, de 19 de dezembro de 2006, dispõe sobre a informatização do processo judicial.

Bibliografia

Academia Brasileira de Letras. *Vocabulário ortográfico da língua portuguesa*. 5. ed. São Paulo: Global, 2009.

Academia das Ciências de Lisboa/Fundação Calouste Gulbenkian. *Dicionário da língua portuguesa contemporânea*. Lisboa: Verbo: 2 v.

ALI, M. Said. *Gramática secundária da língua portuguesa*. 3. ed. São Paulo: Melhoramentos, s.d.

——. *Dificuldades da língua portuguesa*. 5. ed. Rio de Janeiro: Acadêmica, 1957.

ALMEIDA, Napoleão Mendes de. *Dicionário de questões vernáculas*. 4. ed. São Paulo: Ática, 1998.

——. *Gramática metódica da língua portuguesa*. 46. ed. São Paulo: Saraiva, 2009.

BARBADINHO NETO, Raimundo. *Sobre a norma literária do modernismo*. Rio de Janeiro: Ao Livro Técnico, 1977.

BARROS, Albertina Fortuna; JOTA, Zélio dos Santos. *Verbos*. Rio de Janeiro: Fundo de Cultura, 1960.

BECHARA, Evanildo. *Lições de português pela análise sintática*. 2. ed. Rio de Janeiro: Fundo de Cultura, 1961.

——. *Gramática escolar da língua portuguesa*. 2. ed. Rio de Janeiro: Nova Fronteira, 2010

——. *Moderna gramática portuguesa*. 37. ed, Rio de Janeiro: Nova Fronteira, 2009.

BELLARD, Hugo. *Guia prático de conjugação de verbos*. São Paulo: Cultrix, 1969.

BELTRÃO, Odacir. *Correspondência*. 12. ed. São Paulo: Atlas, 1972.

BERGO, Vitório. *Os verbos portugueses ao alcance de todos*. São Paulo: Irradiante, 1971.

BORBA, Francisco S. *Dicionário de usos do português do Brasil*. São Paulo: Ática, 2002.

BORBA (Coord.) et al. *Dicionário gramatical de verbos do português contemporâneo do Brasil*. São Paulo: Editora Unesp, 1990.

BUSSE, Winfried (Coord.). *Dicionário sintáctico de verbos portugueses*. Coimbra: Almedina, 1994.

COSTA, Maria Rosa. *A pontuação*. Porto (Portugal): Porto Editora.

CEGALLA, Domingos Paschoal. *Novíssima gramática da língua portuguesa*. 48. ed. São Paulo: Companhia Editora Nacional, 2008.

CUNHA, Celso; CINTRA, Luís F. Lindley. *Nova gramática do português contemporâneo*. Rio de Janeiro: Nova Fronteira, 1985.

ESTRELA, Edite. *A questão ortográfica – reformas e acordos da língua portuguesa*.Lisboa: Editorial Notícias, s. d.

FERREIRA, Aurélio Buarque de Holanda. *Dicionário Aurélio da língua portuguesa*. 5. ed. Curitiba, Positivo: 2010.

GARCIA, Othon M. *Comunicação em prosa moderna*. 27. ed. Rio de Janeiro: Fundação Getúlio Vargas, 2010.

Governo do Brasil. *Manual de redação da presidência da república*. 2. ed. revista e atualizada, Brasília: Presidência da República, 2002.

HOUAISS, Antônio. *Elementos de bibliologia*. Rio de Janeiro: Ministério da Educação e Cultura/Instituto Nacional do Livro, 1967. 2 v.

——; VILLAR, Mauro de Salles. *Dicionário Houaiss da língua portuguesa*. Rio de Janeiro: Objetiva, 2009.

KASPARY, Adalberto J. *Habeas verba: português para juristas*. 10. ed. rev., atual., ampl. e adaptada ao novo sistema ortográfico. Porto Alegre: Livraria do Advogado Editora, 2014.

——. *O verbo na linguagem jurídica: acepções e regimes*. 8. ed. rev., atual., ampl. e adaptada ao novo sistema ortográfico. Porto Alegre: Livraria do Advogado Editora, 2014.

——. *Nova ortografia integrada: o que continuou + o que mudou = como ficou*. 22. ed., 2013. Porto Alegre: EDITA

KURY, Adriano da Gama. *Ortografia, pontuação e crase*. FENAME/Ministério da Educação e Cultura, 1982.

LESSA, Luiz Carlos. *O modernismo brasileiro e a língua portuguesa*. Rio de Janeiro: Fundação Getúlio Vargas, 1966.

LIMA, Carlos Henrique da Rocha. *Gramática normativa da língua portuguesa*. 15. ed. Rio de Janeiro: José Olympio, 1972.

LOPES, João Antunes. *Dicionário de verbos portugueses*. 2. ed. (revista e aumentada). Porto: Lello & Irmão, 1987.

LUFT, Celso Pedro. *Gramática resumida*. 3. ed. Porto Alegre: Globo, 1976.

——. *Grande manual de ortografia Globo*. Porto Alegre: Globo, 1983.

——. *Dicionário prático de regência verbal*. São Paulo: Editora Ática, 1987.

MACHADO, Josué. *Manual da falta de estilo*. São Paulo: Círculo do Livro, 1994.

MELO, J. Nelino de. *Análise sintática*. Rio de Janeiro: Melso, s.d.

NASCENTES, Antenor. *O idioma nacional*. 4. ed. Rio de Janeiro: Acadêmica, 1964.

NÁUFEL, José. *Novo dicionário jurídico brasileiro*. 9. ed. inteiramente revista, atualizada e aumentada, 2000.

NEVES, Maria Helena de Moura. *Gramática de usos do português*. São Paulo: Editora UNESP, 2000.

SACCONI, Luiz Antonio. *Grande dicionário Sacconi da língua portuguesa*. São Paulo: Nova Geração, 2010.

SAMPAIO, A. de Sampaio. *Sintaxe de pronomes*. São Paulo: Companhia Editora Nacional, 1959

SÉGUIER, Jaime. *Dicionário prático ilustrado*. Porto: Lello & Irmão Editores, 1979.

SILVA, Emídio; TAVARES, António. *Dicionário dos verbos portugueses*. Porto (Portugal): Porto Editora, 1984.

SPALDING, Tassilo Orpheu. *Dicionário brasileiro de gramática*. São Paulo: Cultrix, 1971.

SPINA, Segismundo. *Dicionário de verbos conjugados*. 3. ed. São Paulo: Livraria Editora Fernando Pessoa, s.d.

Índice

Abreviaturas e siglas..6
Prefácio da primeira edição..7
Introdução..11
1 – Tonicidade e acentuação gráfica..13
    1.1 – Noções preliminares..13
        1.1.1 – Tonicidade silábica...13
        1.1.2 – Tonicidade vocabular...13
        1.1.3 – Posição da sílaba tônica...14
    1.2 – Regras de acentuação gráfica..14
        1.2.1 – Proparoxítonos...14
        1.2.2 – Paroxítonos..15
        1.2.3 – Oxítonos..15
        1.2.4 – Ditongos ei, eu e oi..16
            1.2.4.1 – Oxítonos..16
            1.2.4.2 – Paroxítonos...16
        1.2.5 – Hiato..16
            1.2.5.1 – Acentuados graficamente..16
            1.2.5.2 – Não acentuados graficamente.................................17
        1.2.6 – Trema..17
        1.2.7 – Til..18
        1.2.8 – Acento diferencial..18
        1.2.9 – Formas verbais de acentuação especial...............................18
        1.2.10 – Dúvidas de tonicidade e acentuação..................................20
        1.2.11 – Dúvidas de timbre...20
    1.3 – Exercício..22
2 – Constituição da sílaba..23
    2.1 – Fonemas..23
        2.1.1 – Vogais..23
        2.1.2 – Semivogais..23
        2.1.3 – Consoantes...23
    2.2 – Letras...23
    2.3 – Encontro vocálico..24
        2.3.1 – Ditongo..24
        2.3.2 – Tritongo...25
        2.3.3 – Hiato..25

2.4 – Encontro consonantal...25
2.5 – Dígrafo..25
2.6 – Sílaba...26
2.7 – Divisão silábica..26
    2.7.1 – Regra geral...26
    2.7.2 – Regras especiais...26
2.8 – Translineação..28
    2.8.1 – Regra geral...28
    2.8.2 – Regras especiais...28
2.9 – Exercícios...29

3 – Emprego de letras..30
    3.1 – Empredo de *S*...30
    3.2 – Empredo de *Z*...32
    3.3 – Emprego de *SS*...33
    3.4 – Emprego *Ç (C)*..34
    3.5 – Emprego *SC*...35
    3.6 – Empredo de *X*..35
    3.7 – Emprego de *CH*..36
    3.8 – Emprego de *G*..37
    3.9 – Emprego de *J*...37
    3.10 – Emprego de *H*..38
    3.11 – Oposição *E/I*..39
    3.12 – Oposição *O/U*..39
    3.13 – Oposição *S/X*...40
    3.14 – Correlação grafia *versus* pronúncia de *X*...................................40
    3.15 – Dupla grafia...41
    3.16 – Dúvidas de grafia e de pronúncia..41
    3.17 – Exercícios..42

4 – Grafia e emprego dos porquês (regras práticas)..........................45
    4.1 – Separado e com acento circunflexo...45
    4.2 – Separado e sem acento..45
    4.3 – Junto e sem acento..46
    4.4 – Junto e com acento circunflexo...46
    4.5 – Exercício...46

5 – Homônimos e parônimos..48
    5.1 – Conceitos..48
    5.2 – Exemplos de homônimos e parônimos...48
    5.3 – Exercício...59

6 – Emprego de iniciais maiúsculas e minúsculas............................60
    6.1 – Emprego de maiúsculas (casos mais comuns)...............................60
    6.2 – Emprego de iniciais minúsculas (casos mais comuns)....................63

7 – A estrutura das palavras...65
    7.1 – Raiz..65
    7.2 – Radical...65

7.3 – Vogal temática...65
7.4 – Tema..66
7.5 – Afixos...66
7.6 – Desinências..66
7.7 – Vogais e consoantes de ligação...67
7.8 – Cognatos..67
8 – Processos de formação de palavras...68
    8.1 – Tipos...68
        8.1.1 – Derivação..68
        8.1.2 – Composição..69
        8.1.3 – Hibridismo..69
    8.2 – Exercícios...69
9 – Emprego do hífen..70
    9.1 – Hífen com vocábulos compostos..70
    9.2 – Hífen com sufixos de origem tupi-guarani....................................72
    9.3 – Hífen com prefixos e pseudoprefixos (radicais gregos ou latinos)....73
    9.4 – Exercício...75
10 – Abreviações – abreviaturas, siglas e símbolos..............................76
    10.1 – Conceito de abreviação..76
        10.1.1 – Abreviatura...76
        10.1.2 – Sigla..76
        10.1.3 – Símbolo...78
    10.2 – Abreviaturas usuais..78
    10.3 – Abreviaturas de palavras com acento gráfico.............................81
    10.4 – Abreviaturas de títulos, postos e formas de tratamento.............82
    10.5 – Abreviaturas dos meses (segundo a ABNT)................................83
    10.6 – Abreviaturas típicas do estilo comercial.....................................84
    10.7 – Siglas usuais (próprias e impróprias)..84
    10.8 – Siglas das unidades federais...86
    10.9 – Siglas dos pontos cardeais colaterais e subcolaterais..................87
    10.10 – Símbolos das unidades de medida...87
    10.11 – Unidades monetárias..89
    10.12 – Prefixos decimais..89
11 – Grafia, leitura e emprego dos numerais......................................90
    11.1 – Grafia e leitura dos cardinais compostos...................................90
    11.2 – Grafia e leitura dos cardinais e dos ordinais..............................90
    11.3 – Corespondência entre os algarismos arábicos e romanos..........91
    11.4 – Grafia por extenso dos numerais...92
    11.5 – Emprego dos cardinais e dos ordinais.......................................93
    11.6 – Opções de construção e concordância com numerais ordinais....93
12 – Flexão nominal – normas básicas...94
    12.1 – Flexão de número dos substantivos...94
        12.1.1 – Plural de substantivos simples...94
            12.1.1.1 – Substantivos em geral (exemplos).........................94

12.1.1.2 – Substantivos em –ão..95
12.1.1.3 – Formas diminutivas...96
12.1.1.4 – Letras..96
12.1.2 – Plural dos substantivos compostos ligados por hífen...........97
12.2 – Gênero dos substantivos...98
12.3 – Gênero dos nomes designativos de funções públicas................99
12.4 – Formação do feminino dos substantivos.................................101
12.5 – Flexão de gênero dos adjetivos...103
12.5.1 – Adjetivos simples (exemplos).......................................103
12.5.2 – Adjetivos compostos...104
12.6 – Flexão de número dos adjetivos..104
12.6.1 – Adjetivos simples (exemplos).......................................104
12.6.2 – Adjetivos compostos...104
12.6.3 – Adjetivos designativos de cores...................................105
12.6.4 – Flexão de grau dos adjetivos.......................................105

13 – Flexão verbal...108
13.1 – Esquema dos tempos e modos do verbo.................................108
13.2 – Conjugações..109
13.3 – Classificação do verbo...109
13.3.1 – Verbo regular..109
13.3.2 – Verbo irregular..109
13.3.3 – Verbo anômalo..109
13.3.4 – Verbo defectivo...109
13.3.5 – Verbo abundante...110
13.3.6 – Verbo principal..110
13.3.7 – Verbo auxiliar..110
13.4 – Paradigmas (= modelos) das três conjugações regulares nas formas simples...111
13.5 – Voz verbal..113
13.5.1 – Voz ativa..113
13.5.2 – Voz passiva...113
13.5.2.1 – Voz passiva analítica....................................114
13.5.2.2 – Vos passiva sintética....................................114
13.5.3 – Voz reflexiva..114
13.6 – Modo verbal (noções básicas)...114
13.6.1 – Indicativo..115
13.6.2 – Subjuntivo...115
13.6.3 – Imperativo...115
13.7 – Formas nominais..115
13.7.1 – Infinitivo...115
13.7.2 – Gerúndio...116
13.7.3 – Particípio..116
13.8 – Formas verbais rizotônicas e arizotônicas..............................116
13.9 – Formação do presente do subjuntivo......................................116
13.10 – Formação dos imperativos..117
13.11 – Formação do pretérito imperfeito do indicativo.....................118

13.12 – Derivados do pretérito perfeito do indicativo....................................118
13.13 – Formação do futuro do presente e do futuro do pretérito do indicativo 119
13.14 – Conjugação do verbo com pronome enclítico (= posposto)......................119
13.15 – Verbos em *uir*, *oer* e *air* no presente do indicativo....................................120
13.16 – Modificações ortográficas nos verbos..121
13.17 – Formas verbais de acentuação especial..121
13.18 – Verbos em *ear*..122
13.19 – Verbos em *iar*..122
13.20 – Verbos com pronúncia especial..123
13.21 – Verbos *aprazer*, *caber*, *saber* e *trazer* no pretérito perfeito do indicativo.........123
13.22 – Verbos *agredir*, *cerzir*, *denegrir*, *prevenir*, *progredir*, *regredir* e *transgredir*.........123
13.23 – Verbo *aderir* e outros..124
13.24 – Verbos *convergir*, *emergir*, *imergir* e *submergir*..124
13.25 – Verbos *ver* e *vir* no presente e no pretérito perfeito do indicativo................125
13.26 – Compostos de *pôr*, *ter*, *ver* e *vir*..125
13.27 – Verbos *abolir*, *colorir*, *demolir* e *usucapir*..126
13.28 – Verbos *aguar* (e seus derivados: *desaguar* e *enxaguar*), *apaniguar*, *apaziguar*, *apropinquar* (= aproximar), *minguar* (= diminuir, escassear), *obliquar* e *delinquir* (= cometer ato ilícito civil ou penal) 126
13.29 – Verbo *adequar*..126
13.30 – Verbo *falir*..127
13.31 – Verbo *perder*..127
13.32 – Verbo *poder* no pretérito perfeito do indicativo..127
13.33 – Verbo *polir*..127
13.34 – Verbo *precaver(-se)*..128
13.35 – Verbo *reaver*..128
13.36 – Verbo *requerer*..129
13.37 – Verbos *Dignar-se*, *indignar-se* e *impugnar*..129
13.38 – Verbo *mobiliar*..129
13.39 – Verbo *sobrestar*..129
13.40 – Verbo *ressarcir*..130
13.41 – Verbo *viger*..130
13.42 – Exercícios..130

14 – Pronomes pessoais..133
  14.1 – Conceito..133
  14.2 – Divisão..133
  14.3 – Quadro dos pronomes pessoais..133
  14.4 – Emprego dos pronomes pessoais (observações)..134
  14.5 – Exercício..136

15 – Formas de tratamento..137
  15.1 – Conceito..137
  15.2 – Emprego das formas de tratamento..137
  15.3 – Outros tratamentos..139

16 – Pronomes possessivos..140
  16.1 – Conceito..140

16.2 – Emprego especiais dos possessivos..140
16.3 – Substituição dos pronomes possessivos...141
16.4 – Função substantiva..141
16.5 – Ambiguidade dos possessivos...141
16.6 – *Todos* ou *ambos* mais pronome possessivo......................................142
16.7 – Omissão do pronome possessivo..142
16.8 – *Seu respectivo*...142
16.9 – *Seu fulano*..143

17 – Pronomes demonstrativos...144
    17.1 – Conceito..144
    17.2 – Funções..144
    17.3 – Correlação entre as pessoas gramaticais, os pronomes e os advérbios
        (de lugar)..145
    17.4 – Emprego de *este*, *esse* e *aquele* 145
    17.5 – O pronome demonstrativo *o* 147
    17.6 – O pronome demonstrativo *mesmo*..147
    17.7 – Emprego impróprio do pronome *mesmo*..147

18 – Pronomes indefinidos...148
    18.1 – Conceito..148
    18.2 – Distinção entre pronomes indefinidos e advérbios..............................148
    18.3 – *Todo* e *todo o*..149
    18.4 – *Todo e qualquer* 149
    18.5 – *Tudo* (*o*)..150
    18.6 – *Cada* (emprego correto de)...150

19 – Pronomes relativos...152
    19.1 – Conceito 152
    19.2 – Emprego dos pronomes relativos...153
    19.3 – Exercício...154

20 – Advérbios..155
    20.1 – Conceito..155
    20.2 – Classificação 155
    20.3 – Locuções adverbiais 156
    20.4 – Adjetivos adverbializados...156
    20.5 – Sucessão de advérbios em *–mente*..157
    20.6 – *Pois sim! pois não!*..157
    20.7 – As formas opostas (as oposições) *bem/mal* e *bom/mau*................157
    20.8 – Exercício sobre pronomes indefinidos, pronomes relativos e advérbios.........157

21 – Conjunções – conceito e classificação..159
    21.1 – Conceito..159
    21.2 – Classificação...159
        21.2.1 – Conjunções coordenativas...159
        21.2.2 – Conjunções subordinativas..160
        21.2.3 – Conjunções polissêmicas...163
    21.3 – Exercício sobre as conjunções..163

22 – Preposições 165
   22.1 – Conceito 165
   22.2 – Classificação 165
   22.3 – Locuções prepositivas 166
   22.4 – *Até* e *até a* 166
   22.5 – *Para com* 167
23 – A oração e seus termos 168
   23.1 – Conceito de oração 168
   23.2 – Termos da oração 168
      23.2.1 – Termos essenciais 168
         23.2.1.1 – Sujeito 168
         23.2.1.2 – Predicado 169
      23.2.2 – Termos integrantes 170
         23.2.2.1 – Objeto direto 170
         23.2.2.2 – Objeto indireto 170
         23.2.2.3 – Complemento nominal 171
         23.2.2.4 – Agente da passiva 171
      23.2.3 – Termos acessórios 171
         23.2.3.1 – Adjunto adnominal 171
         23.2.3.2 – Adjunto adverbial 172
         23.2.3.3 – Aposto 172
      23.2.4 – Vocativo 172
   23.3 – Exercício 173
24 – Estrutura do período – processos sintáticos – classificação das orações 175
   24.1 – Estrutura do período 175
   24.2 – Os processos sintáticos 175
      24.2.1 – Coordenação 175
         24.2.1.1 – Orações coordenadas sindéticas 175
         24.2.1.2 – Orações coordenadas assindéticas 176
   24.3 – Subordinação 176
      24.3.1 – Orações subordinadas adverbiais 176
      24.3.2 – Orações subordinadas substantivas 177
      24.3.3 – Orações subordinadas adjetivas 178
   24.4 – Orações reduzidas 179
   24.5 – Orações subordinadas coordenadas 179
   24.6 – Exercício 180
25 – Concordância verbal 182
   25.1 – Regra geral 182
   25.2 – casos especiais 182
      25.2.1 – Voz passiva sintética 182
      25.2.2 – Sujeitos de pessoas gramaticais diferentes 182
      25.2.3 – Sujeitos ligados por ou 183
      25.2.4 – Sujeito constituído de coletivo partitivo 183
      25.2.5 – Sujeitos complexos 183
      25.2.6 – Verbos *bater*, *soar* e *dar* 184

25.2.7 – Pronomes (formas) de tratamento...184
25.2.8 – Sujeito posposto..185
25.2.9 – Verbos impessoais..185
25.2.10 – Sujeito representado por *quem*..186
25.2.11 – Sujeito representado por *que*..186
25.2.12 – Sujeitos ligados por *nem*...186
25.2.13 – *Nem um nem outro*..187
25.2.14 – *Um ou outro*...187
25.2.15 – *Um e outro*..187
25.2.16 – *Um dos que*...188
25.2.17 – *Mais de um*..188
25.2.18 – Sujeitos ligados *por tanto... quanto/como, não só/somente... mas também/mas ainda/senão também, quer... quer*.............189
25.2.19 – A expressão *haja vista*...189
25.2.20 – Sujeito constituído de nome próprio no plural..........................189
25.2.21 – Sujeito formado por expressão fracionária................................190
25.2.22 – Expressões indicativas de percentagem....................................190
25.2.23 – Sujeitos ligados por *com*..190
25.2.24 – Sujeito oracional..191
25.2.25 – *Parecer* + infinitivo..192
25.2.26 – Locução verbal de auxiliar + infinitivo......................................192
25.2.27 – Concordância do verbo *ser*..192
25.2.28 – Silepse – concordância ideológica..194
25.2.29 – Plural de *modéstia* e de *majestade*...195
25.2.30 – Infinitivo flexionado e não flexionado......................................196
25.3 – Exercício...197
26 – Concordância nominal..199
26.1 – Regra geral...199
26.2 – Casos especiais..199
26.2.1 – Substantivo em função adjetiva..199
26.2.2 – Adjetivos compostos ligados por hífen.....................................199
26.2.3 – Dois ou mais adjetivos e um substantivo..................................200
26.2.4 – Um adjetivo e dois substantivos de gêneros diferentes........200
26.2.5 – *Menos*..200
26.2.6 – *Meio*...200
26.2.7 – Expressão fracionária..201
26.2.8 – Numerais ordinais..201
26.2.9 – *Anexo, incluso* e *apenso*..201
26.2.10 – Numerais cardinais com função de ordinais..........................201
26.2.11 – *Quite*..202
26.2.12 – *Mesmo, próprio*...202
26.2.13 – *Só*...202
26.2.14 – *Por si só*..202
26.2.15 – *Alerta*...203
26.2.16 – *Caro, barato*..203

26.2.17 – *Muito obrigado*(!) *Obrigado*(!)..203
26.2.18 – *Dado*..203
26.2.19 – *Extra*...204
26.2.20 – *É bom, é proibido, é necessário*, etc..204
26.2.21 – *Bastante*..204
26.2.22 – Formas de tratamento..204
26.2.23 – *Todo*..204
26.2.24 – Adjetivo em função adverbial...205
26.2.25 – Particípios..205
26.2.26 – *Melhor*..206
26.3 – Exercício..206
27 – Regência verbal..208
27.1 – Observações preliminares..208
27.2 – Regência de verbos da linguagem usual....................................209
27.2.1 – *Aceder* (= aquiescer, anuir, aceitar)....................................209
27.2.2 – *Agradar*...209
27.2.3 – *Aguardar*...209
27.2.4 – *Aconselhar*..209
27.2.5 – *Adentrar*...209
27.2.6 – *Advertir*..210
27.2.7 – *Agradecer*...210
27.2.8 – *Alertar*..210
27.2.9 – *Alugar*...210
27.2.10 – *Ansiar*...211
27.2.11 – *Anteceder*...211
27.2.12 – *Aspirar*...211
27.2.13 – *Assistir*...212
27.2.14 – *Atender*..212
27.2.15 – *Autorizar*..213
27.2.16 – *Avisar*...213
27.2.17 – *Chegar*..214
27.2.18 – *Cientificar*..214
27.2.19 – *Coligir*..215
27.2.20 – *Comparecer*...215
27.2.21 – *Comunicar*...215
27.2.22 – *Congratular*...215
27.2.23 – *Constar*..216
27.2.24 – *Convidar*..216
27.2.25 – *Custar*..216
27.2.26 – *Deparar*..217
27.2.27 – *Ganhar*...217
27.2.28 – *Implicar*...217
27.2.29 – *Importar*..218
27.2.30 – *Incentivar*..218
27.2.31 – *Ir*..218

27.2.32 – *Morar, residir, estabelecer-se, situar-se*...................................219
27.2.33 – *Obedecer* e *desobedecer*....................................219
27.2.34 – *Ombrear*..219
27.2.35 – *Pagar*..219
27.2.36 – *Participar*..220
27.2.37 – *Pedir*..220
27.2.38 – *Perder*...221
27.2.39 – *Perdoar*..221
27.2.40 – *Preferir*..221
27.2.41 – *Presidir*..222
27.2.42 – *Proceder*...222
27.2.43 – *Responder*...222
27.2.44 – *Querer*...222
27.2.45 – *Solicitar*...223
27.2.46 – *Suceder*...223
27.2.47 – *Visar*..223
  27.3 – Casos especiais...224
    27.3.1 – Combinação de preposição com sujeito.................224
    27.3.2 – Verbos de regência diversa...........................224
    27.3.3 – *Ter de* e *ter que*....................................224
    27.3.4 – Relação de verbos transitivos diretos...................224
  27.4 – Exercícios..225

28 – A crase – emprego do sinal crase.........................227
  28.1 – Conceitos..227
  28.2 – Soluções práticas.......................................227
  28.3 – Crase com pronomes adjetivos possessivos................228
  28.4 – Crase com nomes próprios personativos..................228
  28.5 – Inexistência de crase....................................228
  28.6 – Crase com locuções.....................................231
  28.7 – Crase no hino nacional..................................232
  28.8 – Crase e sentido...232
  28.9 – Exercícios..232

29 – Colocação dos pronomes pessoais oblíquos átonos........234
  29.1 – Colocação dos pronomes átonos junto às formas verbais simples........234
    29.1.1 – Próclise..234
    29.1.2 – Mesóclise..236
    29.1.3 – Ênclise..236
  29.2 – Colocação dos pronomes átonos junto às formas nominais......236
    29.2.1 – Infinitivo..236
    29.2.2 – Gerúndio..237
  29.3 – Colocação dos pronomes átonos em locuções verbais e formas compostas....237
    29.3.1 – Auxiliar + infinitivo..................................237
    29.3.2 – Auxiliar + gerúndio..................................237
    29.3.3 – Auxiliar + particípio.................................238
  29.4 – Colocação dos pronomes átonos com a conjunção *que* subentendida......238

29.5 – Colocação clássica dos pronomes átonos (apossínclise) 238
29.6 – Exercício. 238
30 – Os sinais de pontuação – normas básicas. 240
    30.1 – Vírgula. 240
        30.1.1 – Emprega-se vírgula. 240
        30.1.2 – Não se emprega vírgula. 242
    30.2 – Aspas. 243
    30.3 – Dois-pontos. 244
    30.4 – Parênteses. 244
    30.5 – Exercício. 244
31 – Expressões e vocábulos latinos de uso frequente. 246
Gabarito. 249
Bibliografia. 261

Impressão:
Evangraf
Rua Waldomiro Schapke, 77 - POA/RS
Fone: (51) 3336.2466 - (51) 3336.0422
E-mail: evangraf.adm@terra.com.br